Quae Supersunt...

Choerilus (Samius), August Ferdinand Naeke

CHOERILI SAMII
QVAE SVPERSVNT

COLLEGIT ET ILLVSTRAVIT

DE

CHOERILI SAMII AETATE VITA ET POESI ALIISQVE CHOERILIS

DISSERVIT

AVGVSTVS FERDINANDVS NAEKIVS

PHIL. D. LITTERAR. HVM. IN ACAD? HALENSI MAG.
PAED. R. COLL.

INEST DE SARDANAPALI EPIGRAMMATIS
DISPVTATIO.

LIPSIAE
IN LIBRARIA WEIDMANNIA
MDCCCXVII

PATRI OPTIMO

IOANNI THEOPHILO NAEKIO

S. D.

AVGVSTVS FILIVS.

Tuus ad Te redit libellus. Tuum enim est, quod his litteris me addixi. Tu puerum Portae me tradidisti, quae primum litterarum antiquarum amorem me docuit; tum permisisti, vt Lipsiam Hermannumque adirem, et studia ea, quae diligere coepissem, vt amplecterer ante alia.

At quum Portae me tradebas, non praesagiueras, quemnam hoc exitum habiturum esset, et Te renuente potius, quam adhortante, hanc vitae rationem, quae nunc mea est, amplexus sum. Sed haec grauissima caussa est, cur hunc librum Tibi inscripserim. Nimirum scio, quam saepe securitatem otii Tui, quod exiguum propter muneris amplitudinem, disturbauerit, quam de me fouebas, cura et dubitatio, an viam nimis spinosam ingressus essem. Quare si quando laeta et bona mihi euenerunt, vel quae boni augurium habere viderentur, ea mihi laetiora fuerunt propter Te. Sic hunc Tibi libellum sacrum esse volui, de quo quae narrauissem, intellexi Tibi grata fuisse, et magis grata erunt, quae alii narraturi sunt, si aequis ille iudicibus non displicuerit.

Haec scribenti ante animum reuixit paternae domus consuetudo, quam omni re optatiorem esse nuper admodum edoctus scio. Surgit Tua imago, venerande pater; surgit Eius, quam illo, quod Horatius Tuus dicit, desiderio, cui nec pudor est nec modus, prosequeris. Occurrunt sorores dilectissimae fratresque carissimi. Quae cogitatio dum pectus meum dulci amaritie perturbat, vnum sentio ante omnia, et in hoc vnum omnia vota mea exeunt, vt Deus Optimus Maximus vitam Tuam ad terminum producat quam remotissimum.

Dabam Halis Sax. III. Id. Maias, a. cIↃIↃcccxvii.

PRAEFATIO.

Choerilum qui factum sit vt edam, miror ipse. Aq
pæne irascor fortunæ illi ludibrio vel ingenii mei per-
versitati, per quam factum est, vt leuiora proferam,
quam fortasse exspectauerunt, qui benigne de me sentiunt. Equidem si libero prorsus consilio hoc mihi pro-
posuissem, vt scriptoris alicuius deperditi reliquias col-
ligerem, facile alium scriptorem electurus fuissem, non
Choerilum. Sed inter alia versanti.Choerilus se obtu-
lit. Cuius notitiam quum mature intellexissem valde
adhuc mancam et obscuram esse, nouitas rei me alle-
xit, detinuit, abripuit. Conscripsi quæ obseruassem;
primum meos in vsus: mox natum est consilium edendi, quæ conscripsissem. Ita vt quæ aliquot schedulis
continebantur primitus, paullatim iusti libri modum
expleuerint. Choerili Samii memoriam redintegrare
omnino operæ pretium erat. Vt enim eius studii, quod
collocatur in reliquiis scriptorum deperditorum, multiplex est vtilitas et apud alios alia: ita, quibus illud
adhibeatur, ante omnes digni sunt hi, qui vel in eo litterarum genere elaborauerint, cuius exempla integra
plane non supersunt, vel ea ætate elaborauerint, vnde
integra opera ad nos transmissa nulla. Sic demum eo
peruenietur, vt penitus cognoscatur litterarum antiquarum inter se nexus et amplitudo. De aliis Choeri-

lis quæstio non declinanda fuit. Denique quæ ad Sardanapalum referuntur epigrammata, vel per se ipsa merebantur, vt excuterentur et illustrarentur. Est vbi prorsus aliena inserui, sed raro. Longius excurrere, vbi occasio ita ferret, non piguit: nec tamen vltra id, quod permittere videretur finis disputationis. Prudentius vtique facturus eram, et offensionem magis euitaturus, si arctiore spatio me continuissem. Nunc, si crebrius errauerim, opto, vt excusationis loco habeatur ipsa rerum, quæ mihi tractandæ fuerunt, multitudo et varietas.

Quod in publicum editur hic liber, si bene editur, gratiam habeo Schæfero, per quem opportunitatem edendi, eamque honestam, nactus sum. Qua re antiquam ille erga me voluntatem et beneuolentiam lætissimo exemplo approbauit. Idem, quod exspectare vix ausus eram, hoc mihi tribuit, vt operas regere, ingratissimum laborem, non recusaret. Quod peragenti quum fieri non posset, quin me quoque castigandi materia offerretur, ego quæ ea de re ad me scripsit, extremo libro addi iussi tamquam ornamenta.

DE

CHOERILI SAMII

AETATE VITA ET POESI

ALIISQUE CHOERILIS

DISSERTATIO

A

CAPUT I.

Choerilus Atheniensis Tragicus.

Choerili Samii in poesi Græcorum epica insignes fuerunt partes. Quo magis dolendum est, nec versuum eius satis superesse, neque aliorum scriptorum tam clara testimonia, vt hominem inde, et qualis eius fuerit poesis, accuratius cognoscamus. Sed quid adminiculis illis, quæ quidem suppeditauerit antiquitas, effici possit, animus est experiri. De Choerilo Samio qui dixerint, nunc sufficit laudare Suidam, Eudociam, Hesychium Milesium; ex recentioribus, G. J. Vossium de poetis gr. cap. V. ad Olymp. LXXV. pag. 206. tom. III. ed. Amstel. de historicis gr. lib. IV. cap. VII. pag. 203. tom. IV. et Fabric. Bibl. gr. vol. II. p. 292. sq. ed. Harles. Alii suo loco a me laudabuntur.

Quæ primaria mihi fuit quæstio, de ætate poetæ, coniunxi eam cum altera, quæ est de aliis eiusdem nominis poetis. Id quod propter illos operæ pretium, propter Choerilum Samium fuit necessarium.

Ac primo sine magno negotio distingui poterunt Choerilus, quem nostrum dicimus, antiquus poeta epicus, Samius, et Choerilus Atheniensis tragicus, antiquissimus huius nominis poeta. De vtroque Fabricius et Harlesius l. l. Choerilus Tragicus, non paullo antiquior Aeschylo, certare coepit Olymp. LXIV. te-

A 2

stantibus Suida et Eudocia. Nam dubitatione exemtâ esse videtur Kusteri ex libro ms. emendatio: καθεὶς εἰς ἀγῶνας. Ante Kusterum, etiam in Mediolanensi editione, fuit: καὶ εἰς ἀγῶνας; quod et apud ipsam Eudociam legitur, quæ Suidam exscripsit. Eadem vel similis quædam emendatio obuersabatur Casaubono de sat. poesi pag. 159. ed. Par. Choerilum Tragicum Aeschylo priorem diserte statuit auctor vitæ Aeschyli in cod. Oxon. et edit. Robort. pag. 696. ed. Pau. λογιζέσθω δ᾽ ὅτι χαλεπώτερον ἐπὶ Θέσπιδι ἦν, Φρυνίχῳ τε καὶ Χοιρίλῳ, εἰς τοσόνδε μέγεθος τὴν τραγῳδίαν προςαγαγεῖν, ἢ ἐπὶ Αἰσχύλῳ εἰπόντι εἰς τὴν Σοφοκλέους ἐλθεῖν τελειότητα. Quæ vbi laudat Stanleius pag. 705. habet: πολλῷ χαλεπώτερον et τὴν τοῦ Σοφοκλέους. Cum hoc Choerilo Aeschyloque Olympiade LXX. certauit Pratinas, teste Suida in v. Πρατίνας. Quod testimonium suo loco inseruit Scaliger descriptioni Olympiadum in thesauro temp. ed. Amstel. p. 318. b. Hinc apud Suidam in v. Αἰσχύλος, vbi est: ἠγωνίζετο δὲ αὐτὸς ἐν τῇ θ᾽ Ὀλυμπιάδι, restituendum esse numerum ο᾽, viderunt alii, atque est ea emendatio certissima. Tum, si Olympiadis LXX. annum accipimus primum, Aeschylus, cuius natalis ponitur Ol. LXIII. 4. annum agebat vicesimum quintum; Choerilus inter annum ætatis versabatur quadragesimum et quinquagesimum, sed quinquagesimo propior. Si quidem posuerimus, Olymp. LXIV. 1. annos natum fuisse Choerilum quinque et viginti. Hæc ita bene conueniunt, atque huc fere redeunt, quæ effecerunt viri docti, iisdem testibus vsi, quos ego posui. Verum vt tam venerabili antiquitati vindicemus et in ipsis initiis artis tragicæ collocemus Choerilum, etiam alia et reconditiora testimonia postulant. Exstat alicubi auctoris nescio cuius, sed antiqui, versus:

ἡνίκα μὲν βασιλεὺς ἦν Χοιρίλος ἐν Σατύροις.

De quo versu quæ pendet inquisitio alia, ad alium locum a me reiecta est. Ex ea hoc præcipiam, in quo

facile quemque assentientem habebo, Choerili nomine
in illo versu designari antiquissimam tragoediae aetatem. Porro tragoediae primum auctorem, vel potius
primum tragoediarum scriptorem facit Choerilum Alexis in Lino apud Athenaeum IV. p. 164. C. Versus sunt
valde memorabiles. Admonet Herculem Linus:

— βιβλίον
ἐντεῦθεν, ὅ τι βούλει, προσελθὼν γὰρ λάβε,
ἔπειτ' ἀναγνώσει, πάνυ γε διασκοπῶν
ἀπὸ τῶν ἐπιγραμμάτων, ἀτρέμα τε καὶ σχολῇ.
Ὀρφεὺς ἔνεστιν, Ἡσίοδος, τραγῳδία,
Χοιρίλος, Ὅμηρος, Ἐπίχαρμος, συγγράμματα
παντοδαπά. δηλώσεις γὰρ οὕτω τὴν φύσιν,
ἐπὶ τί μάλισθ' ὥρμησε.

Priora nullam vitii suspicionem habent. Vid. Schaeferi
viri celeberrimi Meletemata p. 76. Qui hoc sibi per-
misissent, vt quinto loco ponerent particulam γάρ, etiam sexto non dubitauerunt ponere. Quippe non tam
quaerendum est, ad quotum vsque locum differri possit particula γάρ, quam hoc, qualia sint vocabula, quae
praecedant. Hic quidem ὅ τι βούλει quasi per parenthe-
sin dictum est. Vs. 5. Schweighaeuserus nescio vnde
dedit τραγῳδίαι, et vs. seq. Χοιρίλος. Antea legebatur
Χοιρίλλος. Verum quem hic versus spondeum habet in
quarto pede, non immerito offensioni fuit viris prae-
clarissimis. Verborum ordinem mutandum esse coniecerunt Iacobsius in Addit. animaduers. p. 103. sq. et
olim Porsonus Aduers. pag. 65. Porsonus et nimis vio-
lenter egit, et poetas partim nimis diligenter disposi-
tos, partim nimis negligenter exhibuit. Hoc etiam
contra Iacobsium monuerim. *Choerilus* nulla conditione depelli poterit sede sua: hunc enim tamquam *tra-*
goediae exemplum posuit Alexis. Omnino hac ratione
nihil efficies, quod probabilitatis speciem habeat. Non
putidum ac diligentem ordinem in enumerandis poetis
seruauit Alexis, sed aliquem tamen ordinem. Qui nunc

optimus est apud Athenæum. Antiquissimos quosque laudat. Primus nominatur Orpheus. Orpheo adiungitur Hesiodus, et poeseos argumento et ætate, vt multi iudicauerunt, antiquissimis vatibus, Musæo Orpheoque, propior, quam Homerus. Sequitur Tragoedia, et primus tragoediæ scriptor, Choerilus Atheniensis. Ad tragoediam additur Homerus. Homerum post Orpheum, Musæum, et Hesiodum, vltimo loco ponit Aristophanes in Ranis v. 1066. Agmen claudit Comoedia, et primus comoediæ auctor, Epicharmus. Primum auctorem dico, qui primus comoediam scripserit. Qua ratione tragicis poetis adnumeretur Homerus, nota res est. Apposite Plato in Theæteto pag. 152. E. καὶ τῶν ποιητῶν οἱ ἄκροι τῆς ποιήσεως ἑκατέρας· κωμῳδίας μὲν Ἐπίχαρμος· τραγῳδίας δὲ Ὅμηρος. Alia coniectura, sed de qua non habeo quod dicam, Alexidis versum sextum tentauit Erfurdius. Quod didici ex Meinekii Curis criticis pag. 20. Pro *Epicharmo* ille substituit *Aeschylum*. Quod qua auctoritate fecerit Erfurdius nescio. Nam certe non sine auctoritate fecit. Si eiiciendus esset Epicharmus, ego pæne præferrem *Phrynichum*. Mihi, quo diutius versaui Alexidis versus, et quo sæpius emendationem tentaui, quæ quidem in promptu est, eaque non nimis audax, eo visum est certius, aut nihil hic vitii esse, aut perparuum. Quid si Alexis scripserit Ἐπίχραμος? Hoc vero nomini sonabat simillime, et excusabat licentiam tantus nominum propriorum concursus. Sana sunt postrema. Hercules, qui arreptum Simi libellum cupide percurrere coeperat, mirabundus exclamat:

βούλιμός ἐσθ' ἄνθρωπος·

tum ad Lini verba, quæ non bene perceperat, sed quæ tamen in Simi inuidiam dicta esse animaduerterat, respondet: ὅ τι βούλει, λέγε etc.

Choerilum quod attinet, clara et certa est Alexidis sententia, et tam consentanea antea disputatis, vt

ab hoc quasi fundamento egredi et vlteriora persequi
liceat. Ac statim in suspicionem erroris veniunt, qui
cum Choerilo Sophoclem certasse tradunt, scholiastes
Aristophanis ad Pacem v. 75. et auctor vitæ Sophoclis.
Quis enim est, qui sibi persuadeat, Choerilum octogenarium cum Sophocle certasse; Choerilum præsertim,
cuius tum gloria, quæ olim fuisset, præ Aeschylea arte
dudum euanuisset? Ne autem nimis seuerum habeatur, duos testes mendacii arguere, obseruandum est,
vnum tantum, si res accurate spectetur, testem esse.
Alter alterum exscripsit. Res clara, quicumque scholiastam Aristophanis cum vita Sophoclis comparauerit.
Non solum ea, quæ de Sophoclis cum Choerilo certamine habet scholiastes, simillima sunt iis, quæ in vita
scripta leguntur, sed etiam proxime apud scholiastam
præcedentia de Sophocle et Iophonte totidem verbis leguntur in vita. Exscripsit autem scholiastes vitam.
Scholiastes: οὐ μόνον δὲ Χοιρίλῳ καὶ τοῖς περὶ Αἰσχύλον
καὶ Εὐριπίδην, ἀλλὰ καὶ Ἰοφῶντι συνηγωνίσατο τῷ υἱῷ. Vita
paullo plenius: συνηγωνίζετο δὲ Αἰσχύλῳ καὶ Εὐριπίδῃ, καὶ
Χοιρίλῳ, καὶ Ἀριστίᾳ, καὶ ἄλλοις, καὶ Ἰοφῶντι τῷ υἱῷ.
Apparet, quæ auctor vitæ pro suo consilio in vniuersum scripsisset, ab scholiasta Aristophanis ita deflexa
esse, vt suo illa consilio accommodaret, qui de Iophonte maxime dicturus esset. Cæterum nolim asseuerare, scholiastam prorsus eam ipsam vitam, quam nunc
tenemus, ante oculos habuisse. In hac igitur, modo
remoueas Choerilum, recte habent, quæ ad Aeschylum, Euripidem, Aristiam, Iophontem pertinent. Atque eo ordine enumeratos vides poetas, quo vixisse
probabile est: primum Aeschylum; deinde Sophocle
posteriores, Euripidem, Aristiam, Pratinæ filium, de
quo v. Toup. in Suidam epist. crit. pag. 50. sqq. ed.
Lips. denique Iophontem. Errauit autem, vt monui,
quicumque Choerilum cum Sophocle certasse primus
tradidit; potuitque hac in re eo errari facilius, quo ob-

scuriorem Choerili Tragici, hominis valde antiqui, historiam fuisse patet. Itaque accidere potuit, vt aliquis, qui cum Choerilo Aeschylum, et cum Aeschylo Sophoclem certasse nosset, hinc etiam Sophoclem cum Choerilo certasse colligeret. Potuit praesertim ei accidere, qui septemdecim tantum annis iuniorem Aeschylo crederet Sophoclem.

Dixi hoc accidere potuisse. Enimuero euidentior quaedam ratio suppetit, qua illius erroris caussam primamque originem explicemus. Namque reuera Sophoclis quoddam cum Choerilo certamen fuit. Suidas in v. Σοφοκλῆς: ἔγραψεν ἐλεγείαν τε, καὶ παιᾶνας, καὶ λόγον καταλογάδην περὶ τοῦ χοροῦ, πρὸς Θέσπιν καὶ Χοιρίλον (legitur Χοίριλον) ἀγωνιζόμενος. καταλογάδην cum Eudocia agnoscit codex Suidae Lugduno - Batauus, ex quo lectionis varietatem suo cuidam Suidae Kusteriani exemplari inseruit Iacobus Gronouius. Hoc exemplar penes Augustum Seidlerum est, cuius amicitia per multos annos gauisus sum, nunc consuetudine quoque post longum temporis spatium instaurata gaudeo. Idem codex male: ἀγωνιζόμενον. Contrario vitio peccat liber ms. Kusteri: καὶ Χοίριλος ἀγωνιζόμενος. Tam plana et luculenta Suidae sententia turbas peperit Kustero. Quas tantum dimidia ex parte composuit Fabricius in bibl. graeca vol. II. p. 215. Harles. Contra Thespin et Choerilum dudum defunctos scripserat Sophocles. Ad excusandam virorum doctorum perturbationem hoc facit, quod etiam antiquioribus hominibus fraudi fuit Suidae locus. Nimirum ex hac Suidae narratione fluxisse videtur error ille, quem scholiastae Aristophanis communicauit vitae Sophoclis auctor. Qui quum legisset illud: πρὸς Θέσπιν καὶ Χοίριλον ἀγωνιζόμενος, ambiguitate dictionis deceptus, inde hoc effecit, Sophoclem tragico certamine certasse, συναγωνίσασθαι, cum Choerilo. Thespin omisit, quem intelligeret non potuisse certare cum Sophocle. Legerat autem illud non apud Suidam, sed apud antiquiorem

auctorem, ex quo habet Suidas. Quæ præcedunt apud
Suidam, ita concepta fuerunt in Gronouii libro: ἦρξε
τὸ δρᾶμα π. δ. ἀγωνίζεσθαι ἀλλὰ μὴ στρατολογεῖσθαι. Id est,
τετραλογεῖσθαι: quæ lectio exquisitior est vulgata. Sed
ferri poterit vulgata, si præpositio restituatur: διὰ τε-
τραλογίαν. Tum codex pergit: καὶ ἔγραψεν ἐλεγείαν etc.

Hieronymus in chronicis Eusebianis ad Olymp.
LXXIV. *Choerilus et Phrynichus illustres habentur.*
Vbi in numero et verbis cum Scaligero consentiunt ve-
tustiores libri, quos ego contuli, Veneta a. 1483. quam
impressit Erhardus Ratdolt Augustensis, maxima cura
plurimis vndique comparatis exemplaribus, vt affirma-
tur in fine libri, et quæ ex hac Radolti expressa est, Parisina per Henricum Stephanum a. 1512. Georgius Syncellus in chronographia pag. 202. E. ed. Ven. pag. 254.
Paris. *Χοίριλλος καὶ Προύνικος ἐγνωρίζοντο.* vbi Iac. Goarius in emendationibus pag. 60. *Phrinicum* scribi ab
Eusebio animaduertit, et *Φρίνιχος* in margine adscribi
curauit. Scaliger, apud quem ista leguntur inter græca
Eusebii pag. 54. *Χοίριλος* edidit, et in notis p. 420. pro
Προύνικος ex latinis Hieronymi *Φρύνιχος* legi iubet. Recte vtrumque: cf. Schurzfleischium loco statim laudando. Nisi forte *Προύνικος* ferendum sit in Syncello, antiquorum illorum nominum ignaro. Ac sane vtrumque
nomen, et Choerili et Phrynichi, multis modis depra-
vatum in Hieronymi chronicis. Veneta Radolti et Parisina 1512. *Cherilus et Phrinicus. Phrynicus* ipsa Ron-
callii editio. Adde codicum Palatinorum monstra, *Cyrillus et Frynicus, Cherulus, Choralus,* in H. L.
Schurzfleischii notitia bibl. princ. Vinar. pag. 259. Choerilum epicum poetam non intelligi ab Eusebio, mox
certum fiet. Qui si forte natus, certe non illustris dici
poterat Olymp. LXXIV. Intelligi tamen putauit, præter Torrentium ad Horatium, Scaliger in animaduers.
pag. 101. Quem in eo sequutus est, quod nollem factum, Dan. Heinsius de sat. Horat. pag. 268. Vtique

recte Schurzfleischius: *Intelligitur Choerilus Tragicus.* Etenim hic non solum cum Aeschylo, sed etiam cum Phrynicho componi potest, nempe cum illo Phrynicho, vnico tragico, qui primum vicit Olymp. LXVII. neque ante Ol. LXXV. exeuntem fabulas docere desiit: vt demonstrauit Bentleius in resp. ad Boyl. p. 286. sqq. Lips.

Caeterum Choerilum Tragicum, si rationes instituantur, eo, quod Eusebius indicat, tempore, Olymp. LXXIV. 2. iam senuisse liquet. Et Phrynichi quoque flos paullo supra Ol. LXXIV. remouendus est. Ita vt, si florem et vigorem utriusque poetae indicare voluisset Eusebius, remotiori eos anno adscribere debuisset. Verum hoc credimus Eusebio, Olympiade LXXIV. vt Phrynichum, ita et Choerilum superstitem fuisse et quadam celebritate illustrem.

De Choerilo Tragico Gyraldus de poet. hist. dial. VI. pag. 249. tom. II. ed. Bas. quaedam ex Suida, perturbate alia ex coniectura prodidit. Veluti hoc statim falsissimum est, quod Choerilum Tragicum apud Stephanum Byzantinum dicit Iassaeum vocari. Quaedam Sam. Petitus in Obseruat. lib. II. cap. II. pag. 169. sq. vsus Suidae locis in v. Χοιρίλλος et in v. Πρατίνας, et Eusebio: nam de tragico poeta loqui Eusebium in chronicis, iam ante Schurzfleischium vidit Petitus. Suidae locum illum ita legit Petitus: Χοιρίλλος, Ἀθηναῖος Τραγικὸς, ξδ Ὀλυμπιάδι: securus de iis quae sequuntur, καὶ εἰς ἀγῶνας. Hinc Choerilum inclaruisse scribit Olympiade LXIV. Quem sequutus Corsinus in Fastis Atticis tom. III. pag. 120. Choerilum Olympiade LXIV. floruisse tradit. Non prorsus diligenter. Eum illa Olympiade in certamina descendisse recte dicit Laurentius Crassus in historia poetarum gr. italice scripta, pag. 110. Sed idem paullo post ex Patricio et alia parum accurate et hoc tradit, Choerilum floruisse circa Olymp. LXXV. Quod ex Eusebii loco fluxisse videtur. At Eusebius Olympiadem LXXIV. indicat, non LXXV. Nec floruit ea Olympiade Choerilus, sed, quod paullo ante significabam, tum iam senuit.

Quod Harlesius in bibl. graeca hunc Choerilum Atheniensibus iucundum fuisse scripsit ita, vt sub illo primum exstruerent theatrum, scripsit id inductus a Barnesio tract. de tragoedia vet. Gr. cap. III. Nihil ea de re Suidas in v. Πρατίνας. Qui quum tabulata, Pratina docente, lapsa esse narret, credibile quidem est, hoc illa ipsa die accidisse, qua cum Aeschylo et Pratina certaret Choerilus: sed illud nec Suidas, neque alius quispiam prodidit, propter Choerilum, et in gratiam Choerili exstructum fuisse theatrum. Deinde quae apud Suidam in v. Χοερίλλος, itemque apud Eudociam leguntur, καὶ τῇ σκηνῇ τῶν στολῶν ἐπεχείρησε, fraudem fecerunt et Gyraldo et Patricio, ex quo Crassus l. l. scribit, Choerilum primum scenae forma accommodata tragoediae, et inde tragica dicta, vsum esse. Id non inest in Suidae verbis. Praeterea ea verba de mendo suspecta sunt. Equidem quum sciam, defendi posse σκηνῇ, tamen praetulerim facilem Kusteri emendationem: καὶ τῇ σκευῇ τῶν στολῶν. Eudociam non moramur, cuius dubia est ad tuendum Suidam auctoritas. Suidae codice non optimo vsa est Eudocia.

Porro prorsus inani coniectura Barnesius l. l. hunc Choerilum eius, de quo statim dicturus sum, patrem fuisse opinatus est.

Res in tragoedia nouas Choerilo tribuit Suidas, et cum Suida Eudocia: οὗτος κατά τινας τοῖς προσωπείοις καὶ τῇ σκευῇ τῶν στολῶν ἐπεχείρησεν. Res talis est, vt negare nefas sit; affirmare imprudentis: credere licet. In fabularum numero differunt Suidae libri. Editum est; πεντήκοντα καὶ ρ', etiam in Mediolanensi. At Kusterus affirmat, libros mss. omnes habere ἑξήκοντα καὶ ρ'. Gronouii ille liber non integer fuit: incipit in media littera A. et litterae X. tantum initium habet vsque ad v. Χαλ-

δαλικοῖς. Verum non sine codicibus illud ediderunt Mediolanenses, et est *πεντήκοντα* apud Eudociam. Deinde Eudocia: *ἐνίκησε δὲ ρ΄*, manifesto errore, quem iam castigauit Harlesius. Probabilius Suidas: *ἐνίκησε δὲ ιγ΄*. Vnde corrigenda est Eudocia. Qui ex Suida CL fabulas dat Choerilo, Casaubonus de sat. Gr. poesi p. 166. in earum numero saltem aliquas fuisse satyricas non dubitat. Dubitet tamen aliquis, quum Choerilus, vt videtur, prior fuerit Pratina, Pratinas autem, quod scimus, primus satyrica, id est, cultioris generis satyrica, ediderit. Paucis hanc rem complectar. Fuit Choerilus, si non primus, at ex primis tamen siue discipulis siue imitatoribus Thespidis. In eius fabulis quaedam fuerunt, quae tragoediae nomine dignae haberentur. Vnde Tragicus dictus est. Vnam alteramque scriptam exstitisse olim, non iniuria argumentemur ex Alexidis versibus. Vnam, Alopen, commemorat Pausanias I. pag. 34. Atque hae potissimum fuisse videntur, quibus vicerit Choerilus. Quamquam, si Suidas Choerilum Ol. LXIV. in certamina descendisse, atque eumdem terdecies vicisse scribit, cauendum est, ne certamina illa, quae cum Choerilo Phrynichum inter alios habuisse putabimus, tam grauia, tamque legitimo ordine ac ritu instituta, aut victoriam tam splendidam fuisse existimes, quam quae proxima aetas vidit, Aeschylo et Sophocle florentibus, certamina et victorias. At longe plurimae Choerili fabulae nec scriptae nec iustae tragoediae nomine dignae, sed magis satyricae fuerunt: non ex eo genere, quod vere satyricum dicitur, a Pratina inuentum, sed ex illo, quo Thespis tragoediam praeparauerat. An forte serius et Pratinam imitatus etiam ad eam satyricam, quae Pratinae inuentio, appulerit animum Choerilus, id nemo pro certo affirmet. Illas igitur Choerili fabulas, quas dixi, maximam partem rudes et ex tempore factas, si omnes in numerum redegit auctor ille, quem sequutus est Suidas, centum et

quinquaginta vel sexaginta non videbuntur esse nimium.
Rudem tragoediæ Choerileæ formam respexit poeta ille,
quisquis fuit, qui hunc versum fecit:

ἡνίκα μὲν βασιλεὺς ἦν Χοιρίλος ἐν Σατύροις.

Hæc diu scripta fuerunt, quum accepi Hermanni
de choro Eumenidum Aeschyli dissertationes. Qui de
tabulatorum illo lapsu disputauit vberius, et quem obiter attigi, auctoris vitæ errorem, qui septemdecim annorum interuallum posuerit inter Aeschylum et Sophoclem, eum errorem ingeniose correxit et explicuit. Qui
autem ad Choerilum spectant, vitæ Sophoclis et scholiastæ Aristophänis loci, eos commemorauit quidem vir
celeberrimus pag. XVIII. sed alio consilio.

Vt Scaliger ad Choerilum epicum poetam retulit
Eusebii locum, quem debebat ad Choerilum tragicum,
ita iam antiquis scriptoribus accidit, vt Choerilos inter
se confunderent. Cuius rei videbimus exempla. Ex quibus vnum hic attingendum est, scholiastæ Aristotelis,
pro Choerilo epico ponentis tragicum poetam. Adscripsi
verba ad Choerili fragmentum primum.

CAPUT II.

Panyasis. De ætate Choerili Samii diuersa et secum pugnantia tradere Suidam.

Iam de Choerili, antiqui poetæ epici, ætate proponam, quod post diuturnam meditationem, veterum scriptorum testimoniis non semel collatis inter se et perpensis, persuasum habeo. In qua disputatione id maxime vereor, ne quis singula captans, dubitationes moueat et obiectationes, quæ per se speciosæ totam quæstionem denuo implicent. Itaque tales antequam proferat aliquis, cogitet, an forte eædem mihi quoque subortæ, sed seuera contemplatione adhibita, compositæ fuerint ac remotæ. Dubitandi finis is est, vt non amplius dubitemus. Sed omnino longe difficilius est opinionem proponere, quam contra propositam dubitationem mouere. Cæterum quum res paucissimis testibus agatur, et his quoque parum largis, lex disquisitionis primaria hæc fuit, vt quam cautissime versaremur, nec pauca illa, quæ traduntur, temere et sine necessitate labefactaremus. Fidem scriptorum imminuere facile, sed si non habes, vnde certiora substituas, periculosissimum est.

Choerilum Samium, vel secundum nonnullos Iasensem, vel secundum alios Halicarnassensem, Suidas tradit γενέσθαι κατὰ Πανύασιν τοῖς χρόνοις· ἐπὶ δὲ τῶν Περσικῶν, ὀλυμπιάδι οε, νεανίσκον ἤδη εἶναι. Eudocia nonnisi hæc: γέγονε δὲ κατὰ Πανύασιν τοῖς χρόνοις.

Dicetur primo de Panyasi. Panyasis, qui et ipse dubium, Samiusne, an Halicarnassensis, an aliunde

fuerit, *γέγονε κατὰ τὴν οἱ ὀλυμπιάδα,* vel, *κατά τινας,
πολλῷ πρεσβύτερος. γέγονε γὰρ ἐπὶ τῶν Περσικῶν.* Vide
Suidam, Eudociam, Vossium de hist. gr. IV. VI. et
eumdem de poetis gr. cap. V. ad Ol. LXXII. et ad Ol.
LXXVIII. et Bibl. gr. Harles. vol. I. p. 734. Vere autem
iudicasse eos, qui supra Olympiadem LXXVIII. assurgere facerent Panyasin, non vna ratio euincit. Placet
rem exponere, quum ex recentioribus plerique, contrariam rationem sequuti, Panyasin Olympiadi LXXVIII.
assignent: v. c. Heynius ad Apollodorum p. 991. Schellenbergius in Antimachi Reliqq. pag. 9. qui vellem ad
Suidam potius quam ad descriptionem istam Olympiadum prouocasset. adde Harles. l. l. cuius tamen mentem non prorsus perspicio. Quibus omnibus id quidem
lubenter concedimus, vixisse Panyasin Ol. LXXVIII.
sed iidem florem eius priorem, at multis annis priorem
ponimus. Non vna, vt dixi, ratione. Primum, quod
Suidas, vel ex sua, vel ex quorumdam, *τινῶν,* sententia, diserte addit, Panyasin *γεγονέναι ἐπὶ τῶν Περσικῶν.* Deinde ex iis, quæ Suidas de cognatione inter
Panyasin Herodotumque tradit, etsi nihil certi de cognatione illa, at hoc tamen, quod Panyasin quidam Herodoti auunculum tradiderunt, patrocinatur ei sententiæ,
quæ *multo antiquiorem, πολλῷ πρεσβύτερον,* faciebat
Panyasin. Adde, quod Herodotus testimonium edidit
de Panyasi, teste Suida. Denique Suidas ipse ea, quæ
vidimus, de Choerili ætate scribere non potuisset, nisi
tum Panyasin satis longe ante Olympiadem LXXVIII.
fuisse credidisset, quum credibile non sit, Suidam ad
definiendam Choerili ætatem, eum commemorasse,
quem ipse Choerilo multis annis minorem habuerit. Secundum hæc omnia apparet, Suidam, quum ista scriberet, *γέγονε γὰρ ἐπὶ τῶν Περσικῶν,* cogitasse aut cogitare
debuisse de primo Persarum contra Græcos bello, quod
Darius suscepit. Sic demum *πολλῷ πρεσβύτερος,* quam
ex eorum sententia, qui Ol. LXXVIII. fuisse dicebant,

fiet Panyasis. Quod et confirmat, immo, quod efflagi-
tat Eusebii vel potius Hieronymi auctoritas, quam nescio cur non sequamur, nisi grauiora obloquantur. Chro-
nica Hieronymi igitur ad Olymp. LXXII. annum 4. hæc
habent: *Panyasis poeta habetur illustris.* Consentiunt in his cum Scaligero, quas commemoraui, editiones, Veneta Radolti et Parisina. Georgius Syncellus
pag. 198. B. ed. Ven. Πανολας ποιητὴς ἐγνωρίζετο. vbi Πα-
νίασος restitui vult Jac. Goarius. Male. Nisi hic quoque
Syncellus antiquum et sibi ignotum nomen corruperit.
Scaliger, apud quem hæc inter græca Eusebii pag. 53.
tacite correxit Πανύασις. In quo nomine Hieronymi exemplaria, quantum sciam, consentiunt. Alibi in nomine Πανύασις aberrarunt librarii. Ex schol. Apollonii
IV. 1149. Vossius de hist. gr. IV. VI. laudat: Πανίασ-
σις. Quo loco nunc post Stephanum Πανύασις legitur,
et in schol. Paris. Πάντασις. Non notaturus fuissem rem
tam leuem, nisi locus aliam ob rem memorandus esset.
Nimirum quum in vulgatis scholiis Stephani editio, et
quæ eam sequutæ; habeant: Πανύασις δέ φησιν ἐν Λυδίᾳ,
νοστήσαντα Ἡρακλέα — inde auctor indicis a Fabricio
editi exsculpsit carmen, quo nomine nullum vsquam
scripsit Panyasis, Lydiam. Repetiit errorem Harlesius
l. l. V. 1. p. 754. Melius est, quod apud Vossium l. l.
commate post φησιν interpunctum est. Sed verum cod.
Paris. præbuit: Π. δέ φησιν, Ἡρακλέα νοστήσαντα ἐν Λυδίᾳ τυχεῖν. Fragmentum ad Heracleam referendum esse,
vidit iam Vossius. Cæterum qui ex Georgio Syncello
annum Panyasidis colligere vellet, frustra foret. In serie rerum ordinem annorum non anxie seruat homo ille.
Tempus ab Hieronymo siue ab Eusebio assignatum con-
venire cum Suidæ testimonio, ipse Scaliger animaduertit, in Euseb. pag. 100. Ac conuenit, si de Suidæ testimonio ita statuas, vti nos statuimus. Quamquam ex
Suidæ verbis non sequitur necessario, quod traditur ab
Eusebio, Olympiade LXXII. exeunte iam illustrem fuisse

Panyasin. Id tamen non prorsus incredibile. A vero fortasse aberrabit proxime, qui Panyasin Olympiade LXXII. annum egisse posuerit tricesimum. Quæ via inter diuersas sententias medium tenet, et vtramque conciliat. Panyasin sic potuit vnus Olympiadi LXXII. asserere, alter Olympiadi LXXVIII.

Hinc quid efficiatur ad definiendam Choerili ætatem, statim apparebit. Attamen antequam deseramus Panyasin, Suidæ locum, quem adhibui, illustratum dabo collatione codicis Lugduno - Bataui. Qui liber quum in ea re, quæ nobis primaria fuit, nihil differat a vulgato Suida, tamen alia quædam singularia habet, quæ si quidem in publicum proponere per Seidleri beneuolentiam licet, negligentia foret, si non proponerem. Difficile autem fuit signa, quibus hoc loco vsus est Gronouius, quæ signa partim sibi repugnant, interpretari, et quid codex habuerit, inde diuinare. Quod coniuncta opera ego et Seidlerus extudimus, hoc est. Priora, Πανύασις Πολυάρχου vsque ad vocabulum ἀδελφοῦ, eodem fere modo scripta habuit codex, quo vulgo scripta leguntur. In codice fuit: ἀνήγαγε — ὁμοίως καὶ — et quod paullo grauius, Ξύλου, non Λύξου. Mox quæ sequuntur, τινὲς δὲ — ἱστόρησαν, desunt in codice, qui post vocabulum ἀδελφοῦ ita pergit: Πανύασις δὲ ἀνῃρέθη ὑπὸ Λυγδάμιδος τοῦ τρίτου τυραννήσαντος Ἁλικαρνασοῦ. ἐν δὲ ποιηταῖς τάττεται μεθ᾽ Ὅμηρον. ἔγραψεν Ἡρακλειάδα καὶ Ἰωνικὰ καὶ τὰ περὶ Κόδρον καὶ Νήλεα καὶ τὰς Ἰωνικὰς ἀποικίας εἰς ἔπη ζ. ὁ δὲ Πανύασις οὗτος γέγονε κατὰ τὴν οή ὀλυμπιάδα. κατὰ δέ τινας πολλῷ πρεσβύτερος. γέγονε γὰρ ἐπὶ τῶν Περσικῶν. Vides ordinem verborum alium esse, quam vulgo est, et quædam deesse, quæ leguntur in vulgatis Suidæ libris. Vt omnino hic liber valde memorabilis est propter ea, quæ non habet. Quod et Seidlerus me monuit, et ipse alibi exemplo probaturus sum. Desunt hæc: τινὲς δὲ οὐ Λύξην, ἀλλὰ Ροιὼ τὴν μητέρα Ἡροδότου, Πανυάσιδος ἀδελφὴν ἱστόρησαν. Quæ sane, vt nunc legun-

B

tur, non bene cohærent cum præcedentibus. Sunt ea
tamen ex antiquo fonte ducta, et egregie concinunt
cum eorum sententia, quos Suidas Panyasin multo
Olympiade LXXVIII. priorem feci se dicit. Quam sententiam qui fecimus nostram, multo id probabilius habebimus, auunculum Herodoti fuisse Panyasin, quam
patruelem. Ita bene inter se coeunt, quæ de Panyasidis nece et Herodoti ex patria discessu habet Suidas.
Quum Panyasis, senex quippe, nam multa scripserat,
interemtus fuisset, Herodotus iuuenis, auunculi sortem
metuens, Halicarnasso abiit. Deinde a codice Gronouii
abfuerunt hæc: κατὰ δέ τινας καὶ μεθ' Ἡσίοδον καὶ Ἀντί-
μαχον. Atque hæc quod desint, pæne laudauerim. Hesiodus quidem vt in hac re commemoraretur, nulla ne-
cessitas fuit. Scilicet non dubito, quin Hesiodus statim
post Homerum positus fuerit in canone Alexandrinorum. Verum Hesiodea poesis talis fuit, quod et Quinctilianus significauit, vt præteriri posset Hesiodus, vbi
cum Homero compararentur Pisander, Panyasis, Antimachus. Antimachum quod attinet, licet demonstrari
possit ex Quinctiliano, fuisse qui Antimachum præfer-
rent Panyasidi, fuit tamen ea sententia magis singulorum et priuata, quam publica. In canone hanc obser-
varunt legem, vt qui recepti essent scriptores, in suo
genere quisque, secundum temporum seriem insere-
rentur et enumerarentur. Quæ quum ita sint, inter
Homerum et Panyasin, præter Hesiodum, vnus inter-
fuit Pisander, sed quem hoc loco prætermisit Suidas, vt
minus notum. Denique, vbi Panyasidis opera recenset
Suidas, verba, ἐν πενταμέτρῳ, desunt Gronouii codici.
At eidem in hac operum recensione desunt alia quædam, quæ efficiunt, vt hactenus præferenda esse videantur vulgata Suidæ exemplaria. Non alia autem Suidæ
exemplaria, quam quæ vulgata dico, ante oculos fuerunt Eudociæ.

Igitur Panyasis Herodotum, cuius natalis figitur

Ol. LXXIV. 1. multis annis praegressus est. Choerilus autem, qui teste Suida adolescens, *νεανίσχος*, fuit Ol. LXXV. *ἐπὶ τῶν Περσικῶν*, id est, eo tempore, quo Graeciam inuasit Xerxes, quam expeditionem in Ol. LXXV. 1. incidere, constat, ab eodem Suida optime dicitur *γενέσθαι κατὰ Πανύασιν τοῖς χρόνοις*. Hoc tantum dubium, quanto Panyasi posterior fuerit Choerilus. Nam posterior fuit.

Verum his, quae de Choerili aetate disputata sunt, Suida duce, apte et conuenienter, non leuem difficultatem obiiciunt ea, quae de Choerilo, eiusque vitae ratione et cum Herodoto commercio subiicit Suidas. Quum Choerilus, Olympiade LXXV. adolescens, *νεανίσχος*, Herodoto octo aut decem, si non pluribus, annis maior fuerit, quomodo idem Herodoti discipulus siue auditor et deliciae, *παιδικά*, fuisse potest? Sunt haec primo statim adspectu tam discrepantia, vt facile aliquis narrationes iam antiquitus diuersas exstitisse coniecerit: vnam eorum, qui Choerilum Olympiade LXXV. iam adolescentem, itaque Herodoto priorem, alteram eorum, qui Herodoto minorem, adeoque Olympiade LXXV. vel nondum natum vel vix natum fuisse crederent: quas Suidas in vnam narrationem conflauerit. Sed vt hoc ita fuerit, nihil iuuamur: quaestio oritur non minus impedita, vtra ex ambabus narrationibus vera fuerit. Praeterea nullum est apud Suidam indicium, quod coniecturam illam adiuuet. Qui patriam quidem quod attinet, dissensionem auctorum notat, sed reliqua vno tenore enarrat. Itaque duplex datur via. Aut ea, quae Suidas de Choerili Herodotique commercio narrat, concilianda sunt cum illis, quae idem de aetate Choerili. Aut alterutrum falsum est: vel illud, quod de aetate Choerili tradit Suidas, vel hoc, quod Choerilum Herodoti auditorem et delicias fuisse narrat.

Iam primo loco videamus, an Suidas secum ipso possit conciliari. Qui quod Herodoti discipulum siue

B 2

auditorem fuisse Choerilum dicit, etsi ita fert natura rei, vt discipuli magistris iuniores sint, potest tamen et contraria ratio fingi, et nonnumquam accidit, vt aliquis, sero litteris imbutus, hominis iunioris quidem, sed eruditioris, discipulus factus fuerit. Praesertim si verum est, quod scribit Suidas, seruili conditione fuisse Choerilum. At enimuero in re incerta non ex eo, quod fieri potuerit, sed ex eo, quod factum fuisse verisimile est, coniecturam facere debemus. Quicumque audierit, Choerilum Herodoti discipulum siue auditorem fuisse, illum Herodoto iuniorem fuisse credet. Id autem manifesto repugnat iis, quae dixerat Suidas, Choerilum Ol. LXXV. adolescentem fuisse. Multo etiam magis repugnat id, quod additur a Suida, delicias Herodoti fuisse Choerilum. Qui Ol. LXXV. adolescens fuerit, is amasiùs, ἐραστής, potuit, παιδικὰ non potuit esse Herodoti.

CAPUT III.

Choerili Samii quæ fuerit ætas.

Itaque aliquid erratum est a Suida, siue ab eo, quem exscripsit Suidas. Id tantum quæritur, vtrum in illo sit error, quod Choerilum Olympiade LXXV. iam adolévisse ille affirmauerit, an in hoc, quod eumdem Herodoti auditorem et delicias fecerit.

Illud differo. Nunc eum locum, qui est de Choerilo Herodoti auditore et deliciis, dispiciamus, an probabili ratione labefactari atque eleuari possit. Est autem non vna ratio, sed plures, eæque tam speciosæ, vt me quoque aliquantisper dubium tenuerint. Quare non superuacaneum videtur, in his aliquantulum morari. Singula notabo. Primo loco illud ipsum, quod Herodoti discipulus fuisse, vel certe, quod Herodoti auditione ad litteras impulsus esse narratur Choerilus. Grammatici, nec Suidas solum, sed etiam præstantiores, antiquissimum habent, hominum inclytorum enumerare, si qua possint exquirere, magistros. Nimirum, quum ipsis res esset longe grauissima, vnde vel ipsi vel alii grammatici suam qualemcumque eruditionem accepissent, ex sua conditione metiebantur viros antiquos. Sane, si qua alibi, in Græcia, etiam antiqua, hunc morem obseruatum videmus, vt quæuis disciplina per scholas et viua voce propagaretur: sed in eo errare solent grammatici, quod hominibus inclytis magistros quærunt quam maxime inclytos, et sine magistro esse vix vllum patiuntur, Ita nonnumquam factum est, vt magistros et discipulos dixerint eos, inter quos illud doctrinae commercium fuisse vel non probabile est, vel esse non potuisse demonstrari potest. Sic, vt exemplis vtar notissimis, Euripidem quidam Socratis discipulum fecerunt; v. Suidam in v. *Εὐριπίδης.* Socratem quidam Anaxagorae: quidam Archelai Physici, cuius et deliciae fuisse, prorsus vt Choerilus Herodoti, dicitur, sed sine crimine, vt aliquis, Porphyrius, affirmat; quidam Damonis; alii aliorum: v. Diog. Laert. in Socrate init. ibique Menag. In quibus ambigas, imperitiamne grammaticorum accuses, an malam fidem. Nam quod Euripidem Socratis discipulum faciunt, falsum est; quod Socratem Anaxagorae, incertum; caeteris, qui enumerantur, Socratem assedisse omnibus, nemo facile crediderit. De vno et altero, res probabilis esse dicatur ac vera; de aliis, dubia ac falsa. Addam tria alia exempla. Arctinus non solum Tzetzae, in quo homine nihil nimis portentosum, sed etiam Artemoni apud Suidam in v. *Ἀρκτῖνος,* audit *Ὁμήρου μαθητής.* Quod sic prorsus ineptum est. Etsi aliquid veri inesse potest. Suidas mendacii arguit eos, qui Antimachum Panyasidis seruum fuisse dixerint: auditorem fuisse Panyasidis et Stesimbroti. Schellenbergius illam narrationem explodit, hanc pro incerta habet, pag. 9. seq. Bene. Nos etiam magis incertam habebimus, qui Panyasin longius ab Antimacho remouerimus, quam facit Schellenbergius. Empedocles cuius non discipulus fuit? Vide Sturzii Empedoclem pag. 15. sqq. Idem Pausaniae medici amasius fuit. Quod vt credamus, nam antiquis illud ex testibus refert Diogenes Laertius: num et id credemus, quod Suidas ex Porphyrio illo suo recitat, Parmenidis delicias fuisse Empedoclem? Hac obseruatione ductus si Suidae de Choerilo Herodoti auditore narrationem in dubitationem voces, neque hoc praetermittes, quod eadem, quae hic de Choerilo, certe simillima, de Thucydide

traduntur, et ab Suida et ab aliis auctoribus, fide, vt
videtur, non indignis. Incitatum fuisse Herodoti auditione. Deinde, quum Suidas, vbi de Herodoto agit, Samum insulam potissimum Herodoto domicilium et stu-
diorum quasi arenam fuisse tradat, hoc mir subeat,
quod idem Suidas Choerilum, e Samo profugum, Herodoto assedisse tradat: ῾φυγεῖν τε ἐκ Σάμου, καὶ ῾Ηροδότῳ
τῷ ἱστορικῷ παρεδρεύσαντι λόγων ἐρασϑῆναι. Praeterea
nescio, an futurus sit, cui tota ista narratio de Choerilo
seruo, profugo, et quæ sunt reliqua, iam per se ipsa
aliquid fabulosi habere videatur.

Has ego dubitationes in medium proferendas esse
duxi, non, acsi graues esse putem et tales, quibus aliquid efficiatur, sed quo appareat, me in eam sententiam, in quam eundum esse putaui, non temere iuisse,
sed argumentis vtrimque perpensis. Equidem diu est,
quum mihi persuasi, eam, quam adhuc dubitanter tractauimus, Suidæ narrationem, si summam rei spectes,
veram, contra illud, quod de Choerili ætate præmisit
Suidas, adolescentem fuisse Olympiade LXXV. falsum
esse. Quæ enim apposui, narrationem Suidæ de Choerilo, Herodoti discipulo et deliciis, eleuaturus, speciem
habent, sed tantum speciem. Sane grammatici nonnumquam siue ex lubidine siue propter errorem viris doctis
et poetis magistros affinxerunt, quos illorum magistros
fuisse negandum est. Rem demonstraui exemplis. Verum ea ipsa exempla maximam partem talia sunt, vt
ab nostro Choerili multum differant. Socrati atque Euripidi mirum quam multi ac diuersi magistri tribuuntur
a grammaticis, mirum quam multa ac varia facta et
fata affinguntur. Atque in hac magistrorum et factorum
fatorumque multitudine grauissima caussa sita est, cur
de singulis dubitare incipiamus. De Choerilo autem profugo, et de eius institutione atque Herodoti in eum amore
quæ narrat Suidas, vnica sunt; eaque in dubitationem
vocare ac negare, propter id ipsum periculosum foret,

quoniam vnica sunt. Quod vero innuebam, fore, cui fabulosi aliquid in tota Suidae narratione inesse videatur, id magis ex consuetudine nostrae aetatis iudicatum est, quam ex conditione antiquorum temporum. Sed nolo iurare in verba Suidae. Incertum sit, et profecto incertum est, quantum in illa narratione veri insit. An forte hoc etiam, quod Persicum bellum canendum sibi sumpsit Choerilus, fecerit Herodotum respiciens et Herodotum imitatus. Hoc manet, ista omnia, quae apud Suidam leguntur, fingi non potuisse, nisi tum communis hominum sententia Choerilum Herodoto minorem habuisset. Eam igitur nunc quoque nostram facimus. Hinc sequitur, vt falsum sit, quod dixit Suidas, Choerilum Olympiade LXXV. iam adolescentem fuisse. Quod qui primus scripsit, oblitus esse Choerili cum Herodoto commercium, vel temporum rationem non curasse videtur. Eam non magis curauit Suidas. Caussas erroris primas nemo nunc dispiciet. Potest in carmine Choerili fuisse, vnde colligeretur, poetam tum, quum Graeciam inuaderet Xerxes, adoleuisse. Quomodocumque de caussis erroris statuamus, facilius accidere potuit, vt annum adolescentiae Choerili aliquis falso poneret, quam vt longa de vita Choerili fingeretur et continua narratio, temporum Choerili calculis prorsus aduersa.

Haec ita disputata sunt, vt fortasse multis de veritate persuaserim. Sed aliquis dubitandi locus relictus est. Quare ad alia procedam argumenta, quibus demonstrem et Herodoto minorem fuisse Choerilum, et quanto minor fuisse putandus sit.

Addit Suidas, obiisse Choerilum in Macedonia apud Archelaum regem. Quae res dubio caret. Choerilum apud Archelaum vixisse, etiam Athenaeus probat, quem infra videbimus, lib. VIII. pag. 345. E.

Euripidem apud Archelaum regem obiisse vulgo constat. Qua de re quae congesta sunt in Barnesii vita Euripidis et in bibliotheca gr. Harles. ea augeri possunt

Hermesianactis testimonio in præclarissimo fragmento
v. 65. 66. Archelaus, vnicus hoc nomine rex Macedonum, nam somniarunt, qui duos Archelaos breui sese
sequutos statuunt, a Cratero interfectus, decessit Olympiadis XCV. anno 1. teste Diodoro Sic. XIV. XXXVII.
Id nunc accipere solent, et conuenit de hoc anno, ne
alios nominem, Scaligero Animaduers. in Euseb. pag.
108. b. et p. 122. d. cum Casaubono in Athen. p. 385.
Quod enim hic, obseruante Schweighæusero tom. III.
Animaduers. pag. 234. pro anno primo annum dixit secundum, id, nisi erratum est, discrimen est nullius
momenti. Regni Archelai initium illi ipsi, quos dixi,
Scaliger et Casaubonus, ponebant in Olymp. XCIII. 3.
Diodorum sequuti, qui Archelaum regnasse scribit ἔτη
ἑπτά. Quod si verum, necesse est, Euripidem, cuius
obitus illi ipsi anno, Ol. XCIII. 3. vel quarto eiusdem
Olympiadis anno asseritur, apud Archelaum et vixisse
et obiisse, quum ille regnare vix coepisset. Idque disertis verbis affirmat Scaliger l. l. p. 108. Tum Choerilum,
qui Olympiade LXXV. id quod nunc ponimus, adolescens fuit, hoc est, certe duodecim annis, si non pluribus, Euripide maior, pæne nonagenarium ab Archelao arcessitum fuisse et post Euripidem, certe non ante
Euripidem, obiisse necesse est. Hæc omnia talia sunt,
vt nemini facile credibilia videantur. Et quid tum, si
demonstrari possit, quod fuerunt qui contenderent, iique viri non contemnendi, Euripidem anno iam secundo vel primo Olympiadis XCIII. decessisse? Quare ac-
cedendum eorum sententiæ, qui, aliis argumentis moti,
Archelao non septem, sed quatuordecim annos assigna-
verunt. Sunt autem hi, præter Petauium in rationario
temp. bene multi: v. quem Schweighæuserus excitat l.
l. Wesselingium ad Diod. XIV. XXXVII. t. I. pag. 671.
atque nostris temporibus vulgata est ea opinio. Ac Pe-
tauius quidem Dexippi auctoritate nititur: vid. græca
Eusebii apud Scalig. pag. 57. quem sequutus Georgius

Syncellus etiam ipse pag. 202. D. vel pag. 254. Paris. et apud Scalig. pag. 54. annos dat Archelao quatuordecim. Quid? quod vel ea, quæ Archelao tribuit Thucydides II. C. regnum non septem annorum, sed longius exigunt. Vixit igitur Euripides in Macedonia, vel potuit viuere, per tempus satis longum. His Euripidi prospectum est, Choerilo non item. Qui si Olympiadis LXXV. anno 1. duodecim annos natus fuisset, quo modo definire volumus νεανίσκου ætatem, eo tempore, in quod incidunt Archelai initia, Olymp. XCI. 3. annum acturus fuisset septuagesimum octauum. Vt tam remotam ætatem attigerit Choerilus, res et per se parum probabilis, nec credi potest, senem octogenarium ab Archelao arcessitum fuisse. Sane vixerunt, et viuunt etiamnum, senes octogenarii, iique cruda viridique senectute: at, quod semel monui, in re incerta non ex eo, quod fieri potuerit, coniecturam facere debemus, sed ex eo, quod factum fuisse probabile, et quod fieri soleat. Vt hinc quoque recte colligatur, falsum esse, quod scribit Suidas, Olymp. LXXV. iam adolescentem fuisse Choerilum.

Restat testis grauissimus, qui et confirmet ea, quæ disputaui, et paullo, quam adhuc protuli, accuratiora atque clariora de temporibus Choerili præeat. Plutarchus, vbi de fastu Lysandri et poetarum circa eum celebritate agit, in vita Lys. pag. 443. C. *Choerilum*, inquit, *semper secum habuit*. De quo loco infra longius disputabitur. Nunc ex ea disputatione vnicum occupabo hoc, quod post diligentem et diuturnam disquisitionem asseuerandum esse existimo; Plutarchum de nostro Choerilo, epico poeta, loqui, non de alio. Lysander autem, quod, etiamsi Plutarchi loco id non diserte confirmaretur, quisque sine teste crederet, tum demum, a quibus celebraretur, poetas habuit, quum gloriam suam ad summum euexisset. Iam vero facta ea, quæ Lysandri gloriam condiderunt, victa Alcibiadis classis,

fracti ad Aegos flumen Athenienses, et captae Athenae,
haec omnia incidunt in Olympiadem XCIII. Hinc vide,
quam longa et vere Pylia senectus accrescat Choerilo
nostro, si Olympiade LXXV. νεανίσκος, hoc est, anne
eius Olympiadis primo duodecim annos natus fuerit.
Lysandrum secum duxisse senem paene nonaginta annos
natum, eumque, quae verba sunt Plutarchi, ὡς κοσμήσοντα τὰς πράξεις διὰ ποιητικῆς. Deinde, quod hinc sequitur, eumdem Choerilum, nonaginta annos natum,
ab Archelao arcessitum fuisse. Haec credat, qui volet.
Sophoclem nonaginta annos vel etiam plus eo natum
fato functum esse credimus, quia hoc diserte traditur.
Atque hoc decebat virum nonagenarium, mori, in patria sua, tranquilla morte, dum muris minaretur Lysander. Quam in rem suauissime ficta sunt, quae narrant Plinius et alii, de sepultura, quam, Baccho intercedente, impetrauerit Sophocles ab imperatore Lace-
daemoniorum. Sed quod circa idem tempus Choerilus,
pariter nonagenarius, turbulenta acerrimi imperatoria
castra frequentauerit, deinde Lysandrum cum Archelai
contubernio commutaturus: hoc vero fabulam sapit.
Quare Plutarchi quoque locus, grauissimo argumento,
demonstrat, non potuisse adolescentulum esse Olymp.
LXXV. Choerilum.

Nunc, quum abunde declarauerimus, quam aetatem non attigerit Choerilus, breuiter videbimus, quae
vere illius tempora fuerint. Choerilo tribuimus annos
plus minus septuaginta. Aetas per se iusta, nec longa
nimis, nec iusto breuior. Ponamus autem, quoniam
aliquid certi ponendum est, septuaginta, plenum numerum. Igitur Choerilus apud Archelaum obiit, septuaginta annos natus, Olympiadis XCIV. anno 3. quum
eodem anno vel praecedente in Macedoniam venisset.
Inde sequitur, vt cum Lysandro versatus fuerit Olympiade XCIII. exeunte vel Olympiadis XCIV. initio. Quo
ipso tempore Lysander bellica laude fuit cumulatissi-

mus. Annus Ol. XCIV. primus, Choerili est sexagesi-
mus octauus. Qua ætate longa quidem carmina non
erat cantaturus, sed imperatori vel præsentia sua orna-
mentum additurus. Ab hoc tempore si assurgas, natum
inuenies Choerilum Olymp. LXXVII. 1. Sic Herodoti,
quo ille duodecim annis minor esset, commode potest
et auditor et deliciæ fuisse. Potest fuisse: nam decla-
ratum est supra, me nihil aliud tenere, quam hoc, vt
esse potuerit per temporum rationem. Sed vt accipia-
mus illa, quæ prodidit Suidas, Choerilus fortasse Ol.
LXXXI. 4. quo anno annum ætatis decimum octauum
expleuerat, Samo profugus Herodoti discipulus, vel
quod malo auditor factus est et deliciæ. Hinc efficitur,
vt Choerileæ poeseos florem iis temporibus assignemus,
quæ fuerunt inter pacem, quam solent a Cimone appellare, et belli Peloponnesiaci initia. In quod tempus quæ
cadit Sami per Periclem expugnatio, a Diodoro com-
memorata, nescio et frustra quæratur, an quodam
modo ad Choerili res et conditionem pertinuerit.

Hæc, nisi fallor, stare poterunt, donec aliquis alia
probet ex aliorum scriptorum, quæ me latuerint, testimoniis. Qualia quin exstent, ego dubito. De singulis annis disceptandi copia datur. Sic Choerilum sede-
cim annis Herodoto minorem et anno ætatis sexagesimo
sexto mortuum facere possis. Sed malui numerum tenere septuagenarium. Vnum addo, quod ad temporum
rationes, quæ Choerilum inter et alios intercedant poetas epicos, attinet. Quod Suidas dicit cum Eudocia,
Choerilum γενέσθαι κατὰ Πανύασιν τοῖς χρόνοις, id nunc
quoque, quum de antiquitate Choerili non paullulum
detraxerimus, verum manet. Panyasin etsi nos antiquiorem fuisse demonstrauimus, quam alii statuerunt,
tamen Olympiade LXXVIII. superstitem fuisse conces-
simus. Fuit igitur sane Choerilus multo, sed multo, minor natu quam Panyasis. At nihilominus ille Panyasidis tempore fuisse dici poterat, quandoquidem hominis

alicuius aetas ex alius viri nobilioris aetate definiri potest, etsi hic multo prior fuerit illo. Ac fuit Panyasis
Choerilo nobilior. Tanto quidem minorem Panyasi fuisse Choerilum, vt, quum ipse animum ad artem ap-
pelleret, illius poesin absolutam ante oculos haberet,
etiam aliunde, probabili argumento, patebit, quum de
poesi Choerili, et nouis eius in arte epica conatibus
sermo erit. Si Panyasin Olymp. LXXII. exeunte annum tricesimum egisse statuas, quam meram volo esse
coniectionem, annis paene quinquaginta antecessit Choerilum. Minore interuallo a Choerilo distabat Antimachus, ita tamen, vt quum ille senex esset, floreret Antimachus. Id quod et ipsum ex arte epica, apud vtrumque diuersa, probari potest.

Haec de Choerili nostri aetate. In quibus me pro-
pugnatorem habere video, sed infirmum, et qui multum abest, vt omnia circumspexerit, Tanaq. Fabrum
in vitis poetarum gr. vol. X. Thes. Gron. pag. 772. sq.
Qui quod Archelai initia ponit in Olymp. LXXXVII.
error est etiam Salmasio communis, Plin. Exercit.
pag. 111. Praeiuit errorem, vt Athenaeum taceam, Eusebius. Quid vero? Si verum esset, Archelaum imperium suscepisse Ol. LXXXVII. cur non potuerit Choerilus adolescere Ol. LXXV. et mori apud Archelaum?

Suidam exscripsit Laur. Crassus in hist. poetar. gr.
pag. 110. sq. Omnia confudit, praepostero acumine,
Scaliger Animaduers. in Euseb. pag. 101.

CAPUT IV.

De Choerilo Samio Marcellini locus. Choerili nomen. Scriptorum, qui de Choerilo Samio exposuerunt, auctoritas.

Nefas foret, praetermittere Marcellini locum, qui, etsi ad disputationis eius, quam peregi, discrimen non facit, illustrandus tamen est, quoniam adhuc incertum reliquerunt viri docti, vtrum Choerilum intelligat Marcellinus epicum poetam, an tragicum. Locus est in vita Thucydidis pag. 725. vol. II. ed. Lips. συνεχρόνισε δέ, ὥς φησι Πραξιφάνης ἐν τῷ περὶ ἱστορίας, Πλάτωνι τῷ κωμικῷ, Ἀγάθωνι τραγικῷ, Νικηράτῳ ἐποποιῷ, καὶ Χοιριδίῳ, καὶ Μελανιππίδῃ. Vbi Choerilus, nam Χοιρίλῳ ibi reponendum ex virorum doctorum obseruatione, secundus, antiquus poeta epicus, intelligendus est, non tragicus. Choerilus Tragicus et Melanippides, si quidem Melanippidem priorem intelligas, tantum distant aetate ab Agathone Tragico et Platone Comico, vt vix commode aliquis et cum illis et cum his συγχρονίσαι potuerit. Agatho Tragicus et Athenis, et apud Archelaum regem, hospitalitate in poetas celebrem, Euripidis familiaritate vtebatur, ipse illo iunior, vt vel ex Aristophane liquet. Plato Comicus autem etiam posterior fuit Euripide atque Agathone, ideoque nimis remotus a Choerilo Tragico. Melius omnibus inter se conuenit, si Choerilum epicum intelligamus. Id quod vel ex ordine fit probabile, quo Marcellinus istos poetas enumerat; apud quem

si Choerilus intelligendus esset tragicus poeta, iuxta
scenicos poetas, Platonem Comicum et Agathonem, positum legeremus, non post Niceratum epicum. Vixit
igitur Thucydides cum Choerilo epico, cui ad annum
fere aequalis fuisse videtur; cum Melanippide, cum Nicerato, cum Agathone et Platone Comico. E quibus
vnus, quod iam significaui, dubitationem mouet, nimis, vt videtur, antiquus, Melanippides. Si ex Suida
certo demonstrari potest, circa Ol. LXV. iam vixisse et
floruisse hunc Melanippidem. Sed nihil impedit, quo
minus de altero Melanippide, illius nepote et poeta non
minus celebri, cogitasse Marcellinum statuamus.

Valde obscurus est Niceratus epicus poeta. Meminit eius, et Heracleotam dicit Plutarchus in vita Lysandri eo loco, quem paullo ante indicaui. Ex Plutarchi
verbis si iudicium feras, poeta non valde nobilis fuit.
At commodum mihi succurrit antiquior et aetate Nicerato propior testis, Aristoteles Rhetor. III. XI. Vnde et
hoc disces, Niceratum, quum Lysandro arbitro victoria dignus fuerit, alio tempore iudices minus benignos
expertum esse. Caeterum vt inquiramus in aetatem Nicerati, cum Plutarcho et cum nostra de Marcellino disputatione vide quam egregie concinat Aristoteles. A
quo qui laudatur Thrasymachus, idem est, qui laudatur Rhet. III. I. III. VIII. Thrasymachus Chalcedonius
rhetor. Eius autem aetatem florentissimam non falla-
mur, si Quinctiliano maxime duce ponimus circa Socratis tempora, id est, circa Olympiadem XC. Fuit
igitur Niceratus Choerilo epico aliquanto posterior, Antimachi fere aequalis. Quod inter Nicaeneti epigrammata nunc legitur, Anal. T. I. p. 417. quartum, olim
Nicerato tribuebatur; nescio an eodem iure, quo nunc
Nicaeneto. Alius est Niceratus, symposii xenophontei
conuiua, qui non differre videtur a Nicerato Niciae, cuius Plato meminit in Lachete fin. de Republ. I. init.

Patriam Choerili quod attinet, aliquid subiiciendum

est. Suidas: — Σάμιος. τινὲς δὲ Ἰασέα, ἄλλοι δὲ Ἁλικαρ-
νασσέα ἱστοροῦσι. Eadem Eudocia, cum leuibus mendis: — Σάμιος, κατὰ δέ τινας, Ἰσεὺς, ἢ Ἁλικαρνασσεύς.
Hesychius Milesius, sed is, quem hodie tenemus, Samium dicit simpliciter. Hinc Samium appellare con-
sueuerunt viri docti. Atque huic opinioni aliquid certe
ponderis addunt, quae Suidas de vita Choerili subiicit,
supra a me tractata. Praeterea multum auctoritatis prae
se fert Plutarchi, quem propius inspiciemus, locus. Accedit Photii testimonium, inter fragmenta Choerili ponendum. Qui testium consensus apud nos peruicit, vt
Samium diceremus. Cum his eorum opinio, qui Iasensem dixerunt, quibus adstipulari videtur Stephanus
Byzantinus in v. Ἰασσός, conciliari poterit ita, vt eumdem et Samium et Iasensem fuisse perhibeamus. Inter
veteres poetas non vnus duplex a mutata patria cognomen nactus est. Sed longe aliud suadent aliae rationes,
et Stephani verba ipsa, in quae propius inquiretur,
quum ad tertium Choerilum peruenerimus. Pro Atheniensi Choerilum nostrum habuit Barnesius in vita Euripidis cap. XXX. pag. 31. Lips. nulla alia, puto, ratione ductus, quam quod sibi persuasisset, nostri Choerili patrem fuisse Choerilum Tragicum. Quam coniecturam supra tetigi.

Necdum dimittere possum hunc Choerilum, antequam obseruatum aliquid fuerit super scriptura nominis. Quae obseruatio, quum omnes Choerilos ample-
ctatur, nusquam tamen melius inseretur, quam hoc
loco, vbi in Choerilo versamur eo, qui omnium celeberrimus. Torrentius comment. in Horat. Epist. II. I.
253. pag. 737. Χοίριλον et Χαίριλον, modo idem nomen
sit, vocari a Graecis animaduertit. Itaque scribendum
esse *Choerilus*, non *Cherilus*. Quod monuit contra
Lambinum, qui *Cherilum* appellat, quod in Aristotelis Topicis Χείριλος sit in exemplis Aldinis. Alteram
tamen scripturam, *Choerilus*, non ignorabat Lambinus

ad Art. Poet. 357. Χαίριλος mihi nusquam occurrit, in graecis quidem libris; quamquam viros doctos memini, qui *Chærilum* scribant. Et *Chærilus* Acronis ad Horatium editio princeps. Sed sollemne antiquarum editionum, tum vero et codicum mss. mendum est Χοίριλλος, obseruante iam Menagio ad Diog. Laert. p. 14. Amst. vel etiam Χοιρίλλος. Sic Suidas, vbi de Choerilo Tragico dicit; sic Eudocia et Hesychius Milesius. Sic Plutarchi editiones Iuntina et Aldina; Diogenis Laertii, teste Menagio, editiones antiquiores; sic nunc Stephanus Byzantinus, Proclus, scholiastes Aristotelis ad Rhetorica, iis locis, vbi Choerili mentionem faciunt. Vera huius nominis scriptura fuit Χοιρίλος. Quod dudum obseruauit Gyraldus p. 249. vbi mendosum esse ait Stephani Byzantini codicem, nam *Choerilum*, simplici l, esse legendum. Eamque scripturam passim tenent boni codices et editiones. Veluti dudum hoc vulgatum fuit apud Athenæum; apud Strabonem, quod testatur latina Guarini interpretatio. Idem in scholiis Apollonii Rhodii editio Stephani et codex Parisinus, et Χοιρίλης in Aristotelis Rhetoricis Victorius et codex noster Dresdanus. Mitto alios. Interdum consulto variasse dixeris siue librarios siue editores. Editio Athenæi Basileensis, quam sequitur Casauboniana, quum vbique recte habeat Χοιρίλον, semel Choerili tragici nomen ita scriptum habet: Χοίριλλος. Fortasse vt versui consuleretur. Suidæ etiam Mediolanensis editio eo loco, vbi de Choerilo Samio agitur, præbet Χοιρίλος, quamquam eadem paullo ante, vbi de Choerilo Tragico, Χοιρίλλος habet: nescio an consulto. Certe hinc Sylburgio subnatum esse videtur consilium, ita discernendi hos poetas, vt Samius Χοιρίλος, Atheniensis Χοίριλλος audiuerit. Quod me docuit Buhlius ad Aristot. Topic. locum infra laudandum. Eamdem rationem Crassus in historia poetar. gr. iniit. Verum inanis est ea coniectura. Vnicum nomen fuit, omnium commune, Χοιρίλος. Quod nomen

C

omnino non insitatum fuit in Graecia. Occurrit Choerilus Eleus ap. Pausan. VI. p. 494. quem emendauit Fa-
cius. Sic autem scribendum, non Χοίριλος, vt multi et
codices et critici, etiam recentiores, velut in Cratetis,
quod suo loco dabimus, epigrammate. Alia codicum
graecorum et latinorum errata et portenta passim et notaui et notaturus sum. Nam multifariam deprauatum
fuit nomen.

Denique hic in deliberationem veniet testium, quibus adhuc vsi sumus et deinceps vtemur, eorum, qui
de Choerilorum aetate, vita, patria, diserte exposuerunt, auctoritas. Quam disceptationem, quod hic demum instituam, non verendum est, ne iusto serius fiat.
Manebunt enim et sibi constabunt, quae vsque adhuc a
me disputata sunt. Tres autem sunt testes: Suidas, Hesychius Milesius, Eudocia. Initium faciemus ab Hesychio Milesio. Cuius hac opportunitate verba integra
apponam, ex libello de viris eruditione claris p. 40. sq.
Meurs.

Χοίριλλος σάμιος ποιητὴς ἔγραψε τὴν ἀθηναίων νίκην
κατὰ ξέρξου, ἐφ' οὗ ποιήματος κατὰ στίχον στατῆρα χρυσοῦν ἔλαβε, καὶ σὺν τοῖς ὁμήρου ἀναγιγνώσκεσθαι ἐψηφίσθη.

Haec quicumque legerit, primo obtutu existimabit ex
Suida deriuata et contracta esse. At vero diu ante Suidam vixit et scripsit Hesychius Milesius opus suum; cuius hic libellus, qui hodie exstat, nonnisi epitome est.
Quod quum intellexisset Küsterus ad Suidam in v. Ἡσύχιος Μιλήσιος, satis mirari non possum, quo modo eidem cum aliis viris doctis Suidae verba, quae eam ipsam
rem spectant, dubia vel difficilia videri potuerint. Suidae haec sunt in v. Ἡσύχιος Μιλήσιος:

ἔγραψεν Ὀνοματολόγον, ἢ Πίνακα τῶν ἐν παιδείᾳ ὀνομαστῶν, οὗ ἐπιτομή ἐστι τοῦτο τὸ βιβλίον.

Haec incredibile quantas turbas dederint. Albertus, vbi
Suidae locum exhibet cum variorum notis, in proleg.

ad Hesych. lex. fol. 1. *Is.* Vossii verba apponit, quæ si bene intelligo, hæc fuit Vossii sententia, Suidam lexicon illud suum appellare βιβλίον et epitomen Hesychii Milesii. Meursius mutilum esse censebat Suidam, et ita supplendum: — ὀνομαστῶν, Διογένην τὸν Λαέρτιον μιμησάμενος, οὗ ἐπιτομή etc. Quam coniecturam secure repetiit Thorschmidius in dissertatione de Hesychio Milesio. Albertus eam non refutauit, et Kusterus ad Suidam liberum de ea lectori iudicium reliquit. A vero proxime abfuit Fabricius Bibl. gr. vol. VI. pag. 242. Breuiter loquitur, vt in re nota, Suidas, cuius sententia hoc modo supplenda est: *Hesychius Milesius scripsit* Ὀνοματολόγον ἢ Πίνακα, *cuius epitome est hicce libellus, qui nunc Hesychii Milesii nomine inscribitur.* Innuit autem eumdem libellum, quem hodie nos habemus. Ex quo quæ supra exhibui, ea excerpta sunt ex ipso Hesychii Milesii opere, vbi pleniora exstabant. Hoc autem periit, vt multis grammaticorum operibus accidit, præualente, propter breuitatem, et commodiorem, vt videbatur, vsum, epitoma.

Suidæ tempore non dubito quin exstiterit Hesychii Milesii opus: et ex eo Suidam illa sua de Choerilo hausisse, facili et probabili coniectura ponemus, quum vel pauca ea, quæ conseruauit epitome, tam accurate respondeant Suidæ. Hinc sequetur, vt, quæ super Choerilo tradat Suidas incerta vel falsa, qualia et notauimus et posthac notaturi sumus, ea omnia referenda sint ad prauum iudicium Hesychii Milesii. Quod tamen non ita affirmo, acsi prorsus sit sine controuersia. Nam fieri potuit, etsi factum esse non credo, vt etiam aliunde aliquid admisceret Suidas. Choerili Tragici notitiam, quam habuit Suidas, vtrum ex Hesychio Milesio habuerit, an aliunde, nemo dixerit. Quæ de Choerili Samii ætate et vita habet Suidas, carptim antea a me proposita, nunc subiiciam integra, vt leguntur apud Suidam.

Χοιρίλος, Σάμιος. τινὲς δὲ Ἰασέα; ἄλλοι δὲ Ἁλικαρ-
νασσέα ἱστοροῦσι. γενέσθαι δὲ κατὰ Πανύασιν τοῖς χρό-
νοις· ἐπὶ δὲ τῶν Περσικῶν, ὀλυμπιάδι οέ, νεανίσκον
ἤδη εἶναι. δοῦλόν τε Σαμίου τινὸς αὐτὸν γενέσθαι, εὐει-
δῆ πάνυ τὴν ὥραν φυγεῖν τε ἐκ Σάμου, καὶ Ἡροδότῳ
τῷ ἱστορικῷ παρεδρεύσαντα λόγων ἐρασθῆναι· οὗτινος
αὐτὸν καὶ παιδικὰ γεγονέναι φασὶν ἐπιθέσθαι δὲ ποιη-
τικῇ. καὶ τελευτῆσαι ἐν Μακεδονίᾳ παρὰ Ἀρχελάῳ, τῷ
τότε αὐτῆς βασιλεῖ.

De scriptis Choerili et præmiis quæ prodidit Suidas,
alibi inserentur.

Ex Suida manifesto excerpta sunt, quæ apud Eudociam exstant pag. 437. Præter postrema ea, quæ ad
scripta Choerili Samii pertinent. Quæ quidem ex alio
fonte nescio quo accepit et attexuit Eudocia. Incerta
vero ea sunt et partim inepta, sed ita inepta, vt non
sint contemnenda. Quæ ex Suida habet, hæc sunt:

καὶ ἕτερος Χοιρίλλος Σάμιος, κατὰ δέ τινας, Ἰσεύς, ἢ
Ἁλικαρνασσεύς. γέγονε δὲ κατὰ Πανύασιν τοῖς χρόνοις.

CAPUT V.

Choerilus, Alexandri Magni comes, Iasensis.

Tertius Choerilus est Alexandri Magni aequalis. Vid.
quae Vossius locis laud. de hist. gr. IV. VII. de poetis
gr. cap. V. et ibidem cap. VIII. ad Olymp. CXIII. et
Fabric. β. gr. vol. III. pag. 38. Harl. Cf. si placet, Laur.
Crassi hist. poetar. gr. pag. 111. Absque Horatio esset
et Curtio, hunc hominem prorsus ignoraremus. Atque
Horatius bis eius mentionem fecit, Epist. II. I. 233. sq.
et Art. Poet. 357. Curtius lib. VIII. V. 8. Quos plurimi
laudauerunt. Sed negligi non debuerat, gratus in re
tam obscura testis, Ausonius. Cuius haec sunt verba,
Epist. XVI. *Quumque ego imitatus sim vesaniam Choe-*
rili, tu ignoscas magnanimitate Alexandri. Hunc
Alexandri Magni Choerilum ab antiquiore Choerilo, Samio, iam dudum recte distinxerunt viri docti: Gyraldus de poet. hist. dial. III. pag. 108. tom. II. ed. Bas.
Torrentius comment. in Hor. Epist. lib. II. pag. 737.
Dan. Heinsius de satyra Horat. lib. II. pag. 267. sqq. et
secundum hos alii, vt Freinshemius ad Curtium, Dacerius ad Horatium tom. IX. p. 456. sqq. Cf. et Rutgers.
Lect. Venus. pag. 599. Heinsio annotata repetiit, aliquanto auctiora, Sam. Petitus Obseruat. lib. II. cap. II.
pag. 166. sqq. Qui, quod supra monitum, de Choerilo
Tragico addidit quaedam, quem praetermiserat Heinsius. Quod ad Choerilum Samium et Horatianum Choerilum attinet, de discrepantia temporis primus obser-
vauit Gyraldus. Alteram, qua duo Choerili dirimun-

tur, repugnantiam, quum vnus laudetur et celebretur
ab omnibus, alter irrideatur ab idoneo iudice, Horatio, notauit et excussit Heinsius. Qui omnino ad hanc
rem omnium disseruit doctissime. Quamquam eam non
confecit. Sunt enim apud Heinsium quoque errata et
peruerse obseruata. Inter quae hoc non vltimum, quod
Choerilum etiam a Plutarcho inter scriptores Alexandri poni scribit. Qua in re miro modo fallitur, quum
quae Plutarchi verba ibi apponit ex Alexandro Heinsius, ea non sint in Alexandro, sed in Lysandro : in
Alexandro enim de Choerilo ne verbum quidem Plutarchus. Eum tamen errorem secure repetierunt Petitus pag. 168. et Dacerius l. l. pag. 458. At quod Choerilum, Alexandri Magni aequalem, a Choerilo, antiquo
poeta epico, distinguendum iudicauit Heinsius, rectissime fecit. Et profecto res tam clara est, vt ii potius
notandi sint, qui vel per obstinationem, vel per errorem vtrumque Choerilum confuderunt. Quam obstinationis culpam contraxit Scaliger in Eus. pag. 101. a.
Erroris, multi: P. Victorius comment. in Aristot. Rhetor. Florent. 1548. pag. 587. Muretus Var. Lect. XII.
XIV. Turnebus Aduers. XIX. IX. fin. et XXVII. IV.
qui tamen vno loco, XXVI. XXV. verum suspicatus
est. Porro eumdem errorem errauerunt Lambinus ad
Horat. Epist. II. I. 233. idemque ad Lucret. l. 514. Meursius in Bibl. Gr. lib. II. pag. 1500. sq. vol. X. Thes.
Gron. et ad Hesychium Miles. pag. 220. sq.

Quae de suo addiderunt, Choerilum Alexandri il-
lustraturi, Acro et Porphyrio ad Art. Poet. 357. etsi,
quo auctore addiderint, non constat, haud prorsus re-
pudianda sunt. Sunt tamen falsa mixta veris. Illud statim valde incertum est, an, quod inest in verbis isto-
rum hominum, magno et continuo carmine bella Alexandri comprehenderit Choerilus. Deinde quae de colaphis addit Acro, fabulas puto esse ac nugas. Nimirum quum alterum Horatii locum ex Epist. II. I. sic,

ac recte quidem, intelligerent, vt pro singulis versibus
singulos nummos acceperit Choerilus, grammatici, e
quibus profecit Acro, hanc adiecerunt conditionem, vt
pro bonis tantum versibus praemium illud retulerit, pro
malis autem poenam, id est, colaphos. Iam alius viderit, quo sensu *nectus est* dixerit Acro: vtrum ita, vt
sit *paene vsque ad necem fatigatus*, an *reuera inter-*
fectus. Hoc fortasse dignius grammatico. Denique difficillimum est dictu, vnde Porphyrio habeat haec: *Hu-*
ius omnino septem versus laudabantur. Vel, vt commentator Cruquianus: *Choerilus, qui gesta Alexandri*
describens, septem tantum versus laudabiles fecit.
Est vero res etiam per se non parum mira; Tynnichum
nouimus Chalcidensem, qui, quum nullum vspiam poema fecisset memoria dignum, paeanem scripsit longe
praestantissimum, cuius pulcritudinem aequari posse
ipse negabat Aeschylus, ab omnibus frequentatum, εὕ-
ρημά τι Μουσᾶν: v. Platonis Ion. pag. 534. d. Cuius poetae nomen, quod obiter annoto, neque enim a quopiam annotatum scio, restituendum est Ptolemaeo Hé-
phaestionis apud Photium Bibl. pag. 485. vbi Τιτωνύχου
circumfertur, vel alia monstra. Sed quem deus eatenus tantum afflauerit, vt septem versus laudabiles fecerit, praesertim in longo poemate, quale scripsisse
Choerilum innuunt Horatii scholiastae, non facile inuenias, praeter hunc Porphyrionis Choerilum. At vero
equidem aut fallor aut coniecturam proferam in hoc libro, qua difficultas huius loci explanetur omnis. Septem illos, de quibus Porphyrio, Choerili versus etiamnum exstare puto. Sed hoc differo paullisper. Sunt
praeterea alia contentioni obnoxia: de praemio, quod
ab Alexandro Magno retulisse dicitur Choerilus; an
vestigia huius Choerili alia, quam adhuc vidimus, su-
persint; an *Lamiaca* scripserit, quae mea opinio est.
Quas res omnes tractandi dabitur locus, quum ad Choerili Samii opera et reliquias deuenerit disputatio. Quum

enim non valde claras olim fuerit, et hodie sit ignotissimus homo Choerilus is, quem Alexandri dicimus, notitia eius omnis, si qua sit, exsculpenda est ex testimoniis, quæ exstant, veterum ad Choerilum Samium
spectantibus. Sic in iis, quæ super patria Choerili Samii tradunt auctores, admixta esse, quæ ad Choerilum Alexandri pertineant, statim declarabimus.

. Cæterum, etsi et nobis credibile est, immo certum, fractam fuisse Alexandri Magni tempore poesin
epicam, tamen videndum est, ne iusto contemtior habeatur, propter Horatii iudicium, Choerilus Alexandri. Potest ille pessimus fuisse, si cum Homero compararetur, sed idem non malus. Tam egregia fuit antiquorum Græcorum poesis, tam firmo ab excellentissimis ingeniis ars imposita fundamento, vt etiam in
seros et mediocres poetas aliquid inde fructus redundaret; et longum præteriit tempus, antequam externa
poeseos atque artis species penitus exstingueretur.
Quam deinde Alexandrini artificio et intentiore cura
renouare studuerunt. Illud grauissimum est, quod Horatius *versus* Choerili *incultos* dicit et *male natos.* Quod
ad metricam artem spectat. Quamquam in eo paullo
iniquior fuisse potest Horatius.

De patria huius Choerili dicturo subuenit Fabricii
coniectura. Etenim quum Suidas et Eudocia Choerilum eum, quem antea vidimus, Herodoti æqualem,
aut Samium, aut Iasensem, aut Halicarnassensem fuisse
dicant, et quum Stephanus Byzantinus in v. Ἰασσός
Choerilum Iasensem commemoret: in mentem venit
Fabricio Bibl. gr. vol. II. p. 292. Harl. hæc ita discernere, vt Choerilum illum, Herodoti æqualem, Samium
diceret, et a Stephano Choerilum Alexandri Magni
æqualem intelligi crederet. Quam coniecturam rursus deseruit Harlesius, Meursium et Menagium sequutus. Qui Samium et Iasensem et Halicarnassensem pro
vno habendum esse censuerunt. Et sic Vossius de histor.

gr. Ac profecto ita fieri potuit. Verum enimuero, quum plurimi, et Suida locupletiores testes Samium nobis præstent illum Choerilum, et quum eius narrationis dissensus, quæ Iasensem infert Choerilum, facillime explanari atque tolli possit, si duos in hac re Choerilos confusos et permutatos fuisse statuamus: cur non eam rationem sequamur nos, qui sciamus et demonstraturi simus, Suidam et Eudociam aliquoties confudisse Choerilos diuersos? Atque hoc sinit, immo suadet Stephanus Byzantinus, qui quum Choerilum Iasensem dicit, vix dubium est, quin ita dicat distincturus eum a Choerilo celebriore Samio. Correctum adscribam Stephani locum. Nam corrigendus est, antequam legi possit.

Ἴασος (Ἴασσος), πόλις Καρίας, ἐν ὁμωνύμῳ νήσῳ κειμένη, ἢ καὶ ὀξυτόνως λεγομένη. ὁ πολίτης αὐτῆς Ἰασεύς (Ἰασσεύς)· ἀφ' οὗ Χοιρίλος ἦν ὁ Ἰασεύς (Ἰασσεύς). Ἴασος δὲ τὸ Ἄργος, καὶ Ἰάσιοι οἱ κατοικοῦντες.

Quod scripsi Ἴασος, πόλις — accentu in prima syllaba posito, feci propter verba, quæ sequuntur, ἢ καὶ ὀξυτόνως λεγομένη: quæ ostendunt, apud alios non oxytonon fuisse vocem, sed alium accentum habuisse. Et sane Ἴασος est apud Athenæum III. p. 105. E. in Archestrati versu:

Ἦν δέ ποτ' εἰς Ἴασον, Καρῶν πόλιν, εἰσαφίκηαι.

In qua narratione Athenæi editiones lib. XIII. p. 606. D. Ἰασῷ præbent et Ἰασοῦ, in eadem Aelianus de animal. VI. XV. habet Ἰάσῳ. Certe sic Gesneri editio. Loquuntur autem Athenæus et Aelianus de Iaso Cariæ. Et Ἰασον ipse Stephanus in v. Βάργυλα. Eo tamen loco, in quo nunc versamur, verba ἢ καὶ ὀξυτόνως λεγομένη, significare videntur, gratiorem fuisse Stephano eam rationem, qua accentus poneretur in vltima: vel propterea, vt distinguerentur Iasus Cariæ et Ἴασος Ἄργος. Illud autem incertum relinquo, vtrum Stephanus antiquus, cuius nunc epitomen terimus, Iasus dixerit, an Iassus, vtrum Ἰασεύς, an Ἰασσεύς. Antiquiorem putauerim esse scripturam per vnum σ. Vid. Berkel. et quos laudat Holstenius: cf. Cellar. notit. orbis ant. vol. II. p. 90. Inter omnes plurimum auctoritatis præ se fert Archestrati versus, quem apposui. Contra quem nihil valet Sibyllæ versus, ab Holstenio adscriptus. Ἰάσσου Stephanus noster ipse altero loco, in v. Βάργυλα. Ἰασεὺ etiam Suidas, vt vidimus, inde a Mediolanensi editione. Quæ editio quod mox etiam ἁλικαρνασέα habet, casui magis quam consilio tribuendum videtur. Sic eadem variat in v. Πανώασις: ἁλικαρνασεὺς — ἁλικαρνασοῦ — ἁλικαρνασσεύς. Eudocia: Ἰσεὺς. Ab Iaso Cariæ fuit Lyco Ἰασεύς Athenæi X. p. 418. F. quem ad Iasum, ignobile Laconiæ oppidum, male referebat Ionsius de scriptor. hist. philos. lib. IV. 33. Apud Diogenem Laertium II. CXL. p. 145. vbi Ἰασεύς audit Diodorus Cronus, Casaubonus scribi iubet: Ἰασσεύς. Consentit Menagius pag. 126. et Suidæ quoque in v. Χοιρίλος restituendum censet Ἰασσέα. At vero in codicibus Diogenis constanter est Ἰασεύς. Quos firmat Hesychius Milesius pag. 18. ed. princ. In Antiatticista Bekkeri vol. I. Anecd. pag. 83. excitatur Alexis Ἰασίδι. Quod fabulæ nomen haud dubie deducendum est ab Iaso Cariæ vrbe. Iasum et Ἰασεῖς per vnum s etiam Athenæus XIII. p. 606. D. et Aelianus l. l. Porro in Stephani editionibus vulgantur hæc: ὁ πολίτης αὐτὸς Ἰασσεύς, ἀφ' οὗ Χοιρίλλος ὢν (sic Pinedus) Ἰασσεύς: in quibus αὐτὸς otiosum et contra Stephani consuetudinem, et ὢν ineptum est. Nisi exciderit aliquid: quod non credo. Berkelii editio: ἑῶν. Pro αὐτὸς scripsi αὐτῆς. Possis etiam ταύτης. Stephanus plerumque sine coniunctione: ὁ πολίτης, Ἰαγξουασίτης; ὁ πολίτης, Ἰαλύσσιος; τὸ ἐθνικόν, Ἰάπυξ; ὁ οἰκήτωρ, Ἰαθρυππηνός. Sed hic illic aliquid addit ad coniunctionem: ἧς οἱ πολῖται Γυθεᾶται, ἧς τὸ ἐθνικὸν Πλουτῖνος, ἧς ὁ οἰκήτωρ Πραιτετιανός, τὸ ἐθνικὸν ταύτης Χναός et sim. Deinde aliquis corrigendum censeat, ἀφ' ἧς Χοιρίλος. Et loquitur eo modo Stephanus, veluti:

Μέγαρα — ὁ πολίτης Μεγαρεύς. ἀφ᾽ ἧς Θέογνις etc. Sed genuinum est ἀφ᾽ οὗ. Stephanus: Βιθύνιον — ὁ οἰκῶν, Βιθυνιεύς, καὶ Βιθυνιάτης· ἀφ᾽ οὗ Πινυτὸς ἐγένετο Ῥώμης γραμματικός etc. Cf. v. Κάλατις, v. Μεταπόντιον, v. Μόψου ἑστία, et v. Τέως. Vt non perspiciam, cur in v. Τέργις vitiosa videatur editori librorum lectio ἀφ᾽ οὗ. Si cui autem in his verbis, ὁ πολίτης αὐτῆς Ἰασεύς ἀφ᾽ οὗ Χοιρίλος ἦν ὁ Ἰασεύς, superfluum videatur additamentum ὁ Ἰασεύς: is reputet, et alibi sic repeti gentile a Stephano, vbi non necessarium, et hic necessariam fuisse repetitionem, quo distingueretur hic Choerilus a Choerilo Samio. Quod quum alio modo fieri potuisset, breuissime tamen fiebat patriae nomine addito. Denique in iis, quae postrema sunt apud Stephanum, intactum reliqui Ἴασος, quod libri tenere videntur omnes. Idemque in v. Ἄργος ex libris mss. et primis editionibus certatim restituerunt contra Xylandrum Gronouius, Holstenius, Berkelius. Atque sic fortasse loquutus est Stephanus Byzantinus. Verum quod Berkelius apud Eustathium ad Dionys. v. 419. Ἴασος reponi iubet pro Ἴασον, temere facit, quum idem Eustathius ad Iliad. III. 75. eamdem formam teneat: ὅθεν — ὠνομάσθη τὸ Ἄργος τριχῶς, Ἴασον, ὡς καὶ ἡ Ὀδύσσεια δηλοῖ, Πελασγικὸν καὶ Ἱππόβοτον. Cf. eumd. ad Od. XVIII. 245. Neque aliter potuit facere Eustathius. Nam Homeri versus in Odyssea contra viros illos probat, antiquam et vnice veram istius nominis formam fuisse Ἴασον Ἄργος, genere neutro. Cf. schol. ad Hom. Il. III. 75. Et Hesychius: Ἴασον Ἄργος. Neque apud Strabonem legitur Ἴασος Ἄργος: quod tamen affirmat Berkelius. Vt omnino sapientius egerit Pinedus, qui hoc tamquam singulare notat, quod Ἴασος Ἄργος sit apud Stephanum.

Redeo ad Choerilum Iasensem. Igitur Stephanus Byzantinus, quum Choerilum dixit Iasensem, non dubito, quin Choerilum eum intellexerit, qui Alexandri Magni aequalis et comes fuit. Quem ille probe distin-

ctum habebat a Choerilo Samio. Iam hoc vix aliquis
certo definiat, quis primum ita confuderit vtrumque
Choerilum, quo modo confusos videmus apud Suidam
et Eudociam. Hesychio Milesio, vt dixi, error ille non
communis est: qui Samium dicit simpliciter. Vt fortasse
primus Suidas errati culpam contraxerit, et Stephani
demum loco inductus. Sed quum Hesychii Milesii non
nisi epitomen habeamus, contraria ratione aliquis sta-
tuat, eadem, quae nunc apud Suidam, et hinc apud
Eudociam, totidem verbis exstitisse in libro Hesychii
Milesii genuino: vt hic primum confuderit Choerilum
Samium et Choerilum Iasensem. Suidas insuper addit,
etiam Halicarnassensem fuisse, ex quorumdam opinione,
Choerilum. Quinam illi fuerint nescimus. Repetiit Eudocia. Et hoc quoque Suidae, vel eius, quem Suidas
exscripsit, errori adscribendum est. Iterum confusi
Choerili, et Choerilo Samio datum est, quod pertine-
bat ad Choerilum Alexandri. Hunc enim credibile est
ab aliis Iasensem, ab aliis Halicarnassensem appellatum
esse, quum ambae essent Cariae ciuitates. Itaque ex alterutra oriundus hic Choerilus Alexandro Magno, in
Asia versanti, adhaesit.

His peractis visum est, Scaligeri, quam supra attigi tantum, opinionem, quae ad Choerilum spectat,
contemplari. Nam vnum Choerilum statuit Scaliger.
Sufficiet autem summam eius disputationis ponere, quo
appareat, an recte obstinationis crimine accusauerim
virum magnum. Cuius haec sunt argumenta, Animaduers. in Euseb. pag. 101. a. Frustra esse, quod duos
Choerilos fuisse putet Gyraldus. Vnum fuisse. Quem
floruisse Persicis temporibus et expeditionem Xerxis
epico carmine conscripsisse, sub Alexandro Amyntae
filio. Eumque egregium poetam fuisse. Cuius rei testimonium illos versus profert, sane egregios, quos ego
posui fragm. I. Hallucinatum esse in regis Macedonum
homonymia Horatium, qui Alexandro Magno attribuat,

quod ab Alexandro Amyntæ filio factum; et eundem
præpostere de poesi Choerili iudicasse. Prauo Horatii
iudicio obsequutum esse Curtium. Quæ quam vana sint
omnia, quam inique disputata in Horatium, quam repugnantia antiquis testibus, non opus est explicare, post
ea, quæ a me scripta sunt. Ac primus quidem Scaligeri
lapsus, et reliquorum fons errorum, in eo est, quod
Persicis temporibus floruisse Choerilum, epicum poetam, et sub Alexandro Amyntæ, statuit. Quod partim
studiose fecit, vt duos Alexandros confudisse videretur
Horatius; partim Eusebii loco induci se passus est, Choerilum Olympiadi LXXIV. assignantis. Quo errore, vt
Dacerium taceam, etiam Heinsius abreptus Choerilum
epicum vixisse statuit ad LXXIV. Olympiadem. At enimvero, quod iam animaduertimus, Eusebius ibi Choerilum Tragicum innuit. De quo miror quod nihil nota-
tum sit Scaligero. Nisi eo vsque processerit Scaliger, vt
pro vno eodemque habuerit Choerilum tragicum et epicum. Et profecto eo processit; quod ægre profiteor,
quum res sit pæne indigna Scaligero. Sed disertis ille
verbis, vbi de Choerilo illo suo agit, qui floruerit sub
Alexandro Amyntæ et epicum carmen conscripserit:
præterea, inquit, *Pratinas commisit fabulam cum eo
Olympiade* LXX. Vt iam, si quis Scaligerum audiat,
coalescant et in vnum redigantur Choerili, quos recen-
suimus, tres. At bene est illis, et salui deinceps manebunt. Scaligero irascimur, qui abuti ingenio, quam via
ab aliis monstrata insistere et aperire veritatem, id quod
nemo facile illo potuerat melius, maluerit.

CAPUT VI.

De Choerilo Samio Plutarchi locus.

Etiam quartum Choerilum fuisse, coniectura est virorum doctorum. Qui si fuisset, aetate tertius foret. Plutarchi sunt verba in vita Lysandri pag. 443. C.

> Σάμιοι δὲ τὰ παρ᾽ αὑτοῖς Ἡραῖα Λυσάνδρια καλεῖν ἐψη-
> φίσαντο. τῶν δὲ πολιτῶν (var. l. ποιητῶν) Χοίριλον
> (immo Χοιρίλον) μὲν ἀεὶ περὶ αὑτὸν εἶχεν, ὡς κοσμή-
> σοντα τὰς πράξεις διὰ ποιητικῆς.

Praecedit paeanis exordium in Lysandrum cantari soliti,
quem et Athenaeus innuit, et in Samo cantatum fuisse
narrat lib. XV. p. 696. E.

> Ἑλλάδος ἀγαθέας στραταγόν,
> τὸν ἀπ᾽ εὐρυχόρου Σπάρτας ὑμνήσομεν. ὦ ἰὴ παιάν.

Scripsi εὐρυχόρου, et articulum τόν, qui permutauerat
sedem suam, retraxi. ἀπ᾽ in Tubingensi editione malo
casu excidit. στραταγόν est ex Iuntina: Aldina στρατηγὸν
habet. Cf. de Samiorum in Lysandrum studio Pausan.
VI. pag. 459. sq. Choerilum Lysandri Torrentius commemorauit, eique cum Choerilo Samio et aliis de caussis, et per temporum rationem male conuenire indicauit, loco laudato, ad Hor. Epist. II. I. 233. pag. 737.
Lysandri Choerilum cum Samio eumdem facit, sine
haesitatione, Vossius de histor. gr. IV. VII. In quo Vossium sequutus Simsonius Chron. pag. 785. sq. qui, non
bene perspecta Vossii sententia, valde perturbata tradit de Choerilo. Vossius autem ipse sibi non constitit.

Qui in libello eo, quem scripsit de poetis graecis, cap. V.
Torrentii vestigiis insistens: *Sed idemne*, inquit, *qui
semper cum Lysandro erat, vt eius res gestas pange-
ret: vt apud Plutarchum legere est? Vix id temporis
ratio sinit, cum inter Athenas a Xerxe et Lysandro
captas intersint Olympiades vndeuiginti*. Huic Vossii
iudicio obsequutus quatuor Choerilos distinguit Menagius ad Diog. Laert. pag. 14. ed. Amstel. Tragicum, Samium, Choerilum Lysandri, denique Alexandri Magni
Choerilum. Sic Crassus quoque, hist. p. gr. pag. 111.
Lysandri Choerilum a reliquis distinctum induxit, Vossii auctoritatem praetendens. Meursius vero ad Hesych.
Miles. pag. 221. Lysandri Choerilum et Samium pro
eodem habuit; quod cur miremur, quum idem, vt vidimus, Samium et Alexandri Magni aequalem confuderit?

Taceo Gyraldum, qui in vnum conflari posse opinabatur Lysandri Choerilum et Choerilum Tragicum,
poet. hist. dial. VI. pag. 249. At dubitanter tamen hoc
protulit Gyraldus, cuius laudanda est diligentia, quod
primus, quem meminerim, Plutarchi illum locum inue-
stigauerit.

Ac profecto multum abest, vt per Vossium et Menagium ad liquidum perducta sit quaestio. Est enim ea
coniectura, qua Choerilum illi quartum, Lysandri, ponunt, facillima quidem, sed eadem difficillima, quae
nullo praeter Plutarchum testimonio nitatur. Sunt praeterea alia non minus dubia. Ac primo loco tenendum
est, falli Torrentium, qui Lysandri res gestas a Choerilo scriptas fuisse dicat. ὡς κοσμήσοντα Plutarchi sunt
verba: an fecerit, non addit. Porro, quod Lysandri
Choerilum Spartanum vocari a Plutarcho dicit Torrentius, nititur his Plutarchi verbis: τῶν δὲ πολιτῶν X. μὲν
ἀεὶ — quae eadem ratione et Plutarchi interpretes acceperunt. Xylander: *Ipse Choerilum semper secum habuit, ciuem suum.* Herm. Cruserius eodem, vt vide-

tur, sensu: *Ex ciuibus—Choerillum.* Sic notum poetam lucramur, eumque Laconem. Et *Choerilum Laconem* securus recepit Crassus. Res satis insolens, etiamsi
statuas, hunc Choerilum Spartanum non natum, sed
factum esse, vt Alcmanem et Tyrtæum. Auget difficultatem, quod ita Plutarchus loquitur, acsi satis notus
fuerit ille Choerilus: non addit τινά, vt paullo post, vbi
de Nicerato. Hæc dum reputabam omnia, diu animum
suspensum habui, nec facile vllam, qua Plutarchi locus expediri posset, viam intentatam reliqui, antequam
mihi faterer, de nullo alio, quam de notissimo illo Choerilo Samio, loqui Plutarchum. Indicem et quasi solutionem ænigmatis equidem reperi in istis, quæ non le-
vissimum negotium facessere modo animaduertebam:
τῶν δὲ πολιτῶν etc. In quibus quæ inest difficultas, quum
remoueri possit, si reciperemus alteram lectionem, ποιητῶν, nescio tamen, an eam ipsam ob caussam, quod
difficilius, πολιτῶν retinendum sit. Et est retinendum,
sed longe aliter, quam opinati sunt viri docti, interpre-
tandum. Hæc, τῶν δὲ πολιτῶν, arctius coniungenda sunt
cum præcedentibus, hoc modo: *ex ciuibus autem,* nimirum Sami, *semper secum habebat Choerilum.* Plutarchus quum dicit: Σάμιοι — ἐψηφίσαντο, complexum
et quasi personam intelligit totius Samiorum populi:
nam singuli illud decernere non poterant. Verum ex
singulis ciuibus erat is, quem secum habuit Lysander.

Igitur Choerilus intelligendus est Samius. Qua re
quum Plutarchi locus lucem demum suam recuperet,
recte supra a nobis adhibitus est ad stabiliendam eam
de Choerili Samii ætate sententiam, quam aliæ rationes
suadebant. Vt iam inanes sint Torrentii aliorumque dubitationes. Torrentius autem eo pronior esse debebat ad
dubitandum, quum Eusebii locum, quem ego ad Choerilum Tragicum pertinere ostendi, ad Choerilum Samium retulisset. Vnum superest itemque alterum, de
quo paucis monendum videatur, in Plutarchi narratione.

Plutarchus, quod iterum inculco, incertum relinquit, an
scripserit aliquid in Lysandri honorem Choerilus. Deinde, quod legitur: *Χοιρίλον μὲν ἀεὶ περὶ αὐτὸν εἶχεν,* caue,
ne ibi sensu nimis lato accipias illud *ἀεί.* Lysandrum
semper secum duxisse poetam aliquem, aegre crediderim. Cogitandum est de certo quodam tempore, quo
quidem, vt monitum est, iam inclytus fuerit, et de
certa quadam expeditione Lysandri. Hic vero ad rem
egregie conuenit Lysandri expeditio in Samum. Samum
quum breui post proelium apud Aegos flumen gestum
frustra ille oppugnauisset Olymp. XCIII. 4. postea, capta
Athenarum vrbe, et longis muris euersis, expugnauit,
veteres ciues restituit, administrationem composuit,
Olymp. XCIV. 1. Vid. Diodorum XIII. CVI. et XIV. III.
Xenoph. Hist. Gr. II. III. 5. 6. 7. ed. Weisk. Plutarch.
Lys. pag. 440. F. quem quidem Sami expugnationem
loco non suo ponere animaduertit Palmerius in Exercit. pag. 199. Eam Plutarchus eo loco, qui est p. 442. A.
inserere debuerat, vt ibi Bryanus monet ap. Hutten.
Ex his scriptoribus solus Diodorus eam, quam tetigi,
Sami oppugnationem, Olymp. XCIII. 4. commemorat;
sed est aliquid simile apud Xenoph. II. II. 6. Vnde apparet, iusto breuius loqui Pausaniam l. l. pag. 460. qui
post proelium apud Aegos flumen Lysandro statuam
Olympiae positam esse a Samiis referat: quum et hoc,
et qui alii Lysandro honores habiti sunt a Samiis, paean
ille et Lysandriorum appellatio, ad tempus paullo serius, post captam Samum, referenda sint. Itaque circa hoc tempus, Ol. XCIII. 4. et XCIV. 1. cum Lysandro versatus est Choerilus: ac fortasse cum antiquis
illis ciuibus e Samo abierat, quos eiecerant Samii, restituit Lysander. Vt etiam in rebus ciuilibus caussa fuerit, cur versaretur cum Lysandro Choerilus. Sed hoc
prorsus incertum; praesertim, si verum sit, quod de
seruili Choerili conditione scripsit Suidas. Iure dubites, an non vltra Olympiadis XCIV. annum primum

D

cum Lysandro fuerit Choerilus. Non videtur cum illo Spartam abiisse, sed potius ex Samo in Macedoniam profectus esse, Olymp. XCIV. 2. vt supra dixi, vel anno insequente; aliis de caussis, an sola Archelai inuitatione inductus, nescimus.

Etiam serius illud accidisse conieceris, quod Plutarchus narrat, Antimachi et Nicerati circa Lysandrum certamen fuisse: tum, puto, quum in Asia ageret cum Agesilao Lysander, summa Graecorum ibi gratia summoque studio conspicuus. Qua de re Xenophon III. IV. 7. sqq. ed. Weisk. Ad Niceratum quod attinet, dixi, quae habui. Quo multo etiam obscurior et prorsus depositus poeta Antilochus est, cuius idem Plutarchus mentionem facit ibidem. Atque Plutarcho teste vtitur, vbi Antilochum apponit, Vossius de poetis gr. cap. VII. ad Olymp. XCIV. Neque ego habeo, quod addam. Qui apud Athenaeum XIV. p. 620. C. ferebatur *Antilochus*, in nuperrima editione merito cessit *Archilocho*. Idem mendum eamdemque mendi correctionem dudum inuenerunt in Plutarchi de musica libello pag. 1133. F. et apud Athenaeum II. p. 52. F.

CAPUT VII.

Choerilus Ecphantidæ.

Sic quum Lysandri Choerilus, vix male natus, rursus euanuerit, alium in eius locum sufficiamus, quartum, vel ætate tertium aut secundum, Choerilum. Qui Comicus, vel certe Comici dimidium fuit. Homo obscurissimus et vix agnitus viris doctis; de quo tamen quæ traduntur, efficiunt, vt vixisse hominem credam. Huius notitiam vnice debemus Hesychio. Nam si quod præterea hominis exstat vestigium, id sine Hesychio frustra foret et inutile. Itaque Hesychius:

Ἐκκεχοιριλωμένη. οὐ Χοιρίλου οὖσα. Ἐκφαντίδῃ γὰρ τῷ κωμικῷ Χοιρίλος (vulgo, Χοίριλος) θεράπων ἦν, ὃς συνεποιεῖτο κωμῳδίας.

Hesychium, vt solet, compilauit Phauorinus p. 247. Ven. Mitto nunc priora. De Ecphantide primum comico paucis dicetur. Cuius memoriam valde obscuratam esse, obseruauit Casaubonus in Athen. III. pag. 183. Cf. Bibl. gr. Harles. vol. II. pag. 440. De hoc quoque audiendus ante omnes Hesychius: Καπνίας. Ἐκφαντίδης, ὁ τῆς κωμῳδίας ποιητής, Καπνίας ἐπεκαλεῖτο, διὰ τὸ μηδὲν λαμπρὸν γράφειν. Vide ibi intpp. et Suidam in v. Καπνίας, cum nota Kusteri. Quæ apud Suidam, eadem ap. Phauorinum p. 402. Photii locus est p. 98. ed. Herm. Quæ alibi annotauit Hesychius, et Choerilum vna spectantia, postea proferam. Docta et satis longa est Maussaci disputatio in dissert. de Harpocrat. pag. 402. sq. ed. Blancard.

sed ex qua vix recte discas, cur *Καπνίας* ille appellatus fuerit. Videtur autem cognominis caussa fuisse vel fabularum Ecphantidæ argumentum, quod ille tenue et obscurum eligere consueuisset, vel obscurum et paullo molestius dicendi et disponendi genus, quale illis temporibus non placebat, postea inter Alexandrinos in laude erat. Sic inter Tragicos, iam ante Alexandrinorum æuum, fuit, cui obscuritatis nota inureretur. Carcinum intelligo, qui Orestam induxerat, matricidium per ænigmata Lycophronca profitentem. V. Suid. *Καρκίνου ποιήματα.* Eiusdem Carcini in disponendo obscuritatem notat Aristoteles Poet. XVII. init. De vino *καπνίᾳ* satis habeo indicare potiora græcorum scriptorum testimonia, quæ dispersa leguntur per Athenæum, et multos latuisse videntur. Sunt autem hæc: Platonis comici lib. I. p. 51. E. Anaxandridæ IV. p. 151. F. Pherecratis VI. p. 269. D. Vnde patebit, quam recte ignominiosum illud Ecphantidæ cognomentum a vini cognomine deduxerit Maussacus. Ecphantidem quod attinet, scholiastam Aristophanis in Vesp. 151. laudant ad Hesychium; sed idem Ecphantidæ meminit ad eamd. v. 1182. Nam pro *Φραντίδης* ibi legendum esse *Ἐκφαντίδης*, animadverteruut multi: Casaubonus l. l. Flor. Christianus, Maussacus l. l. Iungerm. ad Pollucem, Kusterus in auctorum indice ad Aristophanem. Graue est hoc scholiastæ testimonium, ex quo Ecphantidæ, et hinc Choerili huius, ætas colligatur: de qua incertus Vossius de poetis gr. inter scriptores incertæ ætatis posuit Ecphantidem, pag. 226. a. edit. qua vtor, Amstel. 1696. tom. III. Fuit autem antiquæ comoediæ poeta, et vixit cum Teleclide, Cratino, Aristophane, antiquissimus fortasse inter hos omnes. Nec dubito, quin Aristophanes in Vespis v. 151. illum carpere voluerit. Hinc non inepte aliquis Hesychium in v. *Καπνίας* ita suppleuerit: *ὁ τῆς ἀρχαίας κ. π.* Sed nihil opus. Quod Ecphantidem *ἐν Σατύροις* laudat Athenæus pag. 96. C. inanes difficultates et

hariolationes peperit Crasso hist. poetar. gr. pag. 171.
Erroris particeps fortasse fuit Flor. Christianus ad Vesp.
1182. qui Satyros illum scripsisse dicit. Rem composuit
Hermannus in epistola de dramate comico - sat. pag. 248.
sqq. Satyri comoedia fuit Ecphantidæ. Versum poetæ
ab Athenæo prolatum satis probabili coniectura tentauit
Hermannus pag. 251. Aliud Ecphantidæ fragmentum,
κακηγορίστατος, exstat apud Pollucem lib. II. s. 127. pag.
216. Porro aliquid Ecphantideum et ipsum carminis
strophici exordium, si recte sentio, superest in versu
eo, quem inter exempla metri Cratinei recenset Hephæ-
stio pag. 56. Pau.

Εὐϊὲ κισσοχαῖτ' ἄναξ, χαῖρ', ἔφασκ' Ἐκφαντίδης.

Ἐκφαντίδης est ex Pauii emendatione. Vulgo Φαντίδης.
Carmen illud in qua fabula fuerit, videor mihi monstrare posse. Suidas: Εὐϊὲ. Διονύσῳ. ὕμνος ἐνθουσιαστι-
κός. Nihil differunt Mediolanensis et Gronouii liber, nisi
forte interpunctione. Kusterus scribi iubet Διόνυσε.
Male. Sæpius occurrit εὐϊὲ: sed hic sic loquitur Suidas,
acsi celebre quoddam exemplum respexerit. Excidisse
puto auctoris nomen: Ἐκφαντίδης. Denique Ἐμφανὴς ἐν
Πυράνῳ laudatur Stephano Byzantino in v. Πάρνης.
Euphanem fortasse reducendum esse coniecerunt Salmasius, et cui Berkelii editio non præsto fuit, Meinekius in Curis criticis p. 45. Quæ coniectura qua difficultate premeretur, ipse sensit Meinekius. At nec Salmasio ea satisfecit. Qui post alia hæc postremo adscripsit: Ἐκφαντὶς legendum. Ecphantis Salmasio audiebat,
qui rectius appellatur Ἐκφαντίδης. Atque hoc fortasse
scripserat Stephanus. Non nimium distat Ἐμφανής. Certe de poeta valde antiquo agi hoc loco, illud persuadet,
propter quod eum laudauit Stephanus: quum scriptores longe plerique, duce Aristophane in Nub. 322. τὴν
Πάρνηθα dicere soleant, genere feminino. Eumdem
versum sine auctoris nomine profert scholiastes Aristo-

phanis l. l. Quod igitur antiquus poeta præiuerat argumentum, mirum sane et obscurum, *Πύραννον*, id postea repetiit et suo more exsequutus est Alexis. Verba poetæ recte puto disposuisse Meinekium.

$$\text{Ἐς κόρακας· ἥξω, φέρων}$$
$$\text{δεῦρο τὸν Πάρνηθ' ὅλον.}$$

Nisi malis *ἥκω*. Ligna aliquis apportabat: cf. schol. ad Aristoph. Acharn. 347. In medio *τε* insertum habet scholiastes Aristophanis. Idque apud Stephanum Holstenius quasi ex coniectura, at Salmasius, si Salmasii manum recte assequutus est Gronouius, ex libro ms. restitui iussit. Quicumque primus eam particulam inseruit, de suo addidisse videtur, vt efficeretur versus trochaicus tetrameter. Qui apud Photium in v. *Πάρνης* legitur versus, metro caret, nec probat id, quod ibi probari vult Photius. Integrum habebis versum, si initium ita suppleueris:

$$\text{παρὰ τὴν Πάρνηθ' ὀργισθεῖσαι φροῦδαι κατὰ τὸν Λυ-}$$
$$\text{καβηττόν.}$$

Non valde placet *ὀργισθεῖσαι*: sed nunc non suppetit, quod melius sit. Aliquantisper cogitaui, an forte hic versus ad priores Nubes referendus esset.

Quæ monui ex scholiis Aristophanis, ad definiendam Ecphantidæ et Choerili ætatem, ea confirmat Hesychius altero loco, quem interpunctione adiuuandum censeo ita:

$$\text{Χοιρίλον Ἐκφαντίδος. Κρατῖνος· τὸν Ἐκφαντίδος. οὕ-}$$
$$\text{τως εἶπεν αὐτὸν τὸν Χοιρίλον.}$$

Legitur *Χοιρίλον* — *Χορίλλον*. Quod corrigendum esse viderunt iam alii, quos vide in edit. Alberti. Cratinus haud dubie idem, quem scholiastes Aristophanis componit cum Ecphantide: Cratinus antiquus. Quin *Ἐκφαντίδης* verum poetæ illius nomen fuerit, dubitari non potest, et Hesychio in v. *Ἐκκεχοιριλωμένη* recte restitutum fuit *Ἐκφαντίδη* pro *Ἐκφαντίδι*. Hic tamen *Ἐκφαν-*

εἶδος retinendum puto. Quid enim, si Cratinus, quum Choerilum, suppresso nomine, τὸν Ἐκφαντίδος diceret, etiam in forma nominis immutata atque detorta acumen quaesierit? Ἐκφαντὶς speciem feminini nominis habet. Longe autem a vero aberrat Valesius, qui Choerilum hic intelligi iubet Alopes auctorem, Tragicum. Sed in Valesii nota etiam illud memorabile est, quod a scholiasta vetere ad Aristot. de arte poetica Choerilum Tragicum memorari dicit. Quis ille scholiastes? ad quem Aristotelis locum? Nulla Choerili mentio in Aristotelis de arte poetica libello. Aut ego magnopere fallor, aut Valesius in mente habuit commentarium in Aristotelis Rhetorica anonymum, cuius supra mentionem feci, vbi in Choerilo versabar Tragico, et infra accuratius facturus sum. Omnino nulli Choerilo ex iis, quos vidimus, cum Choerilo Ecphantidae cohuenit. De quo nihil constat praeter ea, quae ex Hesychio didicimus: adiutorem fuisse Ecphantidae in comoediis scribendis, et eiusdem θεράποντα. Retinere quàm vertere malui vocem graecam ambiguae significationis. Quodsi enim aliquis contenderit, eum, a quo illam Hesychius acceperit, non alio sensu θεράποντα Ecphantidae dixisse Choerilum, quam quo Homerus Patroclum Achillis, Merionem Idomenei dixit θεράποντα: non video, quo modo ille refutari possit. Non minus ambiguum est, quo sensu τὸν dixerit Cratinus in verbis τὸν Ἐκφαντίδος. Fuit quum similem iocum latere putabam in Aristophanis verbis Vesp. 151. Vt etiam Choerilum ibi tetigerit Aristophanes. Sed non credo.

Verum Choerilum Ecphantidae in comoediis scribendis adiutorem fuisse, etiam illo fragmento, quantumuis exiguo, euincitur, a quo Hesychius loco supra adscripto occasionem sumpsit de Choerilo dicendi.

Ἐκκεχοιριλωμένη.

De comoedia quadam Ecphantidae sermo est. Quod Hesychii verborum nexus indicat: Ἐκφαντίδῃ γὰρ — ὃς συνεποιεῖτο κωμῳδίας. Illam comicus aliquis, fortasse iterum Cratinus, dixerat ἐκκεχοιριλωμένην. Quo autem sic dixerit sensu, adhuc dubium est, quum ea ipsa verba, quae explicationis caussa addidit Hesychius, fuerit qui corrigi iuberet. Explicat Hesychius ita: οὐ Χοιρίλου οὖσα. Casaubonus in Athen. l. l. Anim. p. 183: scrib. τοῦ X. vel ὡς Χοιρ. οὖσα. Nec sane id temere. Vt ἐκβαρβαροῦσθαι est barbarum reddi et fieri, vt ἐκδωριοῦσθαι, ἐκδρακοντοῦσθαι, Doriensem, serpentem fieri, et multa eiusmodi alia: sic ἐκκεχοιριλωμένη erit comoedia, quae eo euasit, vt instar Choerili siue Choerilea sit. Vel erit, quod non minus permittere videtur graeci sermonis natura, comoedia, interueniente Choerilo, talis facta, qualis est. Vtrum velis praeferas: semper necessaria erit Casauboni emendatio. Ego vero aegre adducar, vt hic aliquid emendandum esse credam. Enimuero alia verborum classis est, in quibus ἐκ vim habet non eam, quam exposui, sed priuatiuam. Cf. Valken. diatr. in Eurip. p. 196. sq. Sopatri apud Athenaeum VI. p. 230. F. est: ἐκταλαντωθείς. Haec sibi sic satis similia sunt: ἐκκεχοιριλωμένη et ἐκταλαντωθείς. Et magis similia forent, si Sopater scripsisset ἐκτανταλωθείς. Id quod fortasse scripturus fuisset, si per metrum licuisset. Haec prorsus comica sunt. Non alienus est Alexidis lusus apud Athen. XII. p. 552. F. πεφιλιππίδωσαι: Philippides factus es. Contrarium foret ἐκπεφιλιππίδωσαι: Philippides esse desiisti. Secundum haec ἐκκεχοιριλωμένη erit comoedia, ex qua exemtus Choerilus, in qua nihil Choerili: οὐ Χοιρίλου οὖσα. Talem igitur comicus ille, siue Cratinus siue alius, opponebat fabulis Ecphantidae iis, in quibus manus Choerili adiutrix conspicua esset. Qua in re auxilium illud constiterit, et ad quem finem pertinuerit, frustra nunc labores scire. Sic Socratem Euripidi συμποιεῖν, dictitabant poetae comici, teste Diogene Laertio in Socrate. Quae exprobratio si quid vsquam veritatis habuit, in philosophica et sententiosa Euripidea tra-

goediæ conformatione quærendum est. Contra Choërili,
quod Ecphantidæ præberet auxilium, in ipsa elabora-
tione et scriptione positum fuisse videri potest. Omnino
valde frequentatus hic fuit lusus comicis, vt alios poetas
passim vel hoc vel illo adiutore vsos esse criminarentur.
Vnde natum poetæ comici, nescio vtrum Aristophanis
an Phrynichi, in Sophoclem dicterium apud Diogenem
Laertium in Polemone.

Hesychii Ἐκκεχοιριλωμένη quid sibi velit, ita nunc
liquet, nihil vt reliquum sit, quod explicatione egeat.
Neque altius præter illud, de quo exposui, ibi latet acumen. Interea tam largam ludendi materiam præbebat
Choerili nomen, pæne vt singulare foret, si ea materia
se abstinere potuerint poetæ comici. Et fortasse Choerili comici nomen, tum vero etiam Choerili tragici, non
vno modo detortum, et in obscoenum partim sensum
conuersum haberemus, si plures exstarent antiquorum
poetarum comicorum fabulæ. Equidem nescio, an χοιρίλος et ipsum illud verbum ἐκχοιριλόω obscoena significatione etiamnum exstet apud Hesychium. Quamquam
ibi non respicitur Choerilus. Hesychii glossa impeditis-
sima est: Ἐκχοίρηκες· ἐκχοιρηλωμένοι. Λάκωνες. Eadem
apud Phauorinum. Toupii aduersaria inspicere non datur. Videant viri eruditi, an forte scribi possit: Ἐκχοί-
ρηκες· ἐκκεχοιριλωμένοι. Ἐκχοίρηκας vel ἐκχοίρακας dicere
potuit *viduos* rudium hominum sermo. Quod grammaticus modestior, etymologiam vocis demonstraturus,
ambiguitatem significationis retinens, explicuerit: ἐκκεχοιριλωμένοι, *porculo priuati.* Verum, vt dixi, ad Choerilum poetam hoc non pertinet. Obscoenitatis etiam aliquid in fragmento, vt bene coniecerunt, Sophronis latere suspicabar: εἴ τὰ τῶν χοιραγχᾶν. Quod nunc cum
ipso Apollonio edidit Bekkerus Anecd. vol. II. pag. 542.
pag. 625. De eo disputauit Bastius ad Gregor. Cor. pag.
352. 594. Sylburgii coniecturæ nihil tribuo. Mihi obuersabatur Aristophaneum illud ex Vespis v. 1355. Nunc

quidem non exstat nisi nomen proprium Χοιρίλος. Verum hoc ipsum nomen dubitare nos non sinit, quin etiam χοιρίλος, *porcus*, vel scriptum fuerit olim, vel scribi potuerit. Deminutiui quædam species est, vt ναύτης, ναυτίλος, πομπός, πομπίλος. Hinc aliquis nouum nomen, et quasi nomen proprium effinxit, Χοιρίλη. Suidas: Χοιρίλη· ἡ Ἑκάβη. Lycophronem hóc sapit vel similem poetam. Acute Stephanus in thesauro tom. IV. p. 549.: *forsan quod multiplici prole scrofam æquarit.* Eadem imago est apud Iuuenalem VI. 177.

De Choerilo Ecphantidæ pauca habuimus ex Hesychio. At bene sit Eudociæ, quæ de homine tam ignoto saltem aliquod qualecumque testimonium ediderit. Vide Choerili Samii operum apud illam recensum:

ἔγραψε δὲ ἐπιστολὰς πολλάς, καὶ ἐπιγράμματα, καὶ κωμῳδίας.

Choerilum Samium, epicum poetam, comoedias scripsisse, quis credat nisi ineptus? Choerilo Samio per errorem datum est, quod cadit in Choerilum Ecphantidæ. Quamquam dubitari potest, an hic nec comoedias scripsisse recte dicatur, nec comicus apte appelletur. Hesychius tantum hoc dicit, adiutum fuisse ab Choerilo Ecphantidem.

Video nunc, Harlesium, Eudociæ testimonio, eoque solo, vsum, Choerilum aliquem comicum poetam, sed dubitanter, statuere in vol. II. bibl. gr. p. 428. Hesychium non adhibuit.

CAPUT VIII.

Choerili Samii dictio et nouus in poesi epica conatus.

Epica Homeri poesis, vtut egregia, tamen sui tantum temporis erat. Quod non ita dico, acsi Homeri lectio vllo tempore potuerit non delectare. Sed Homerica poesis non nisi eo tempore, quo floruit, in Graecia florere potuit ac debuit. Habet enim hoc epica poesis, vera illa, cuius perfectissimam normam agnoscimus Homericam, habet hoc proprium, vt non in possessione virorum eruditorum, sed quasi viua sit, et coram populo recitanda; vt cum populo nascatur, in ore populi crescat, et si populus deorum et antiquorum heroum facinora, quod praecipuum est epicae poeseos argumentum, audire et secum repetere dedidicerit, obmutescat. Id vero tum factum est in Graecia, quum populus ea aetate, quam pueritiam dicere possis, peracta, partim ad res serias tristesque, politicas maxime, easque multo, quam antea, impeditiores, abstrahebatur, partim epicae poeseos pertaesus, vt est animus humanus nouitatis studiosus, ex aliis poeseos, quae tum nascebantur, generibus nouum ac diuersum oblectamenti genus primo praesagire sibi, deinde haurire coepit; quo tempore etiam ad tractandam orationem prosam sese praeparabat animus. Factum est igitur aliquanto post collecta et perscripta a Pisistrato, et si qui fuerunt Pisistrati socii, carmina Homerica. Quae enim fecerunt, optimo illi consilio et numquam satis laudando, Solon, Pisistratus, et fortasse Hipparchus: ille, quod certum in canendo rhapsodis

ordinem praescripsit; hi, quod litteris consignari et Panathenaeis, quinto quoque anno, cani Homerica iusserunt: ea tantum abest, vt probent, illo tempore laetiore
et nouo quasi flore effloruisse Homerum, vt animos populi ab Homeri auditione quodam modo alienatos arguere videri possint. Quae canitur poesis epica, magis
floret, quam quae legitur; quam rhapsodi sua sponte
suoque arbitrio canentes auribus populi approbant, magis, quam quae sub auspicio legis latorum canitur. Sane
etiam tum, et vsque ad Antimachum, ne vlterius per-
gam, decantata sunt Homerica carmina, ac frequentius
etiam decantata, quam lecta; exstiterunt inter rhapsodos passim, qui arte et successu insigniter excelluerunt,
veluti Cynaethus: neque enim cito a consuetudine prae-
stantissimi atque antiquissimi poetae desuefieri potuit
graeci populi animus. Sed splendidissima et propria Homericae poeseos aetas, ea, qua sponte quasi sua inter
populum et cum populo viueret, non pertinuit ad tempora illa, quae fuerunt inter Pisistratum et Antimachum.
Quod quum vel eo probari possit, si aliorum poeseos
generum, tunc non solum nascentium, sed iam floren-
tium, velut iambici, rationem habeas: tum vero clarissimis argumentis euincitur, si quis artis rhapsodorum
statum, quo fuit Platonis et Xenophontis tempore, ad
quem iam diu ante Platonem appropinquasse illam necesse est, spectet, et nascentis Homeri interpretationis
semina, obscurissima quidem, sed tamen semina, re-
pendat. Ne quid de ea vi adiiciam, quam prosae orationis et philosophiae origo in populum habuerit. Haec, quae
digito monstrare satis habui, omnia, interpretationis
origo, in quam rem quaedam obseruauit Wolfius in pro-
legomenis p. 161. sq. artis rhapsodorum lapsus, aliorum poeseos generum, philosophiae, et prosae orationis incrementa, conspici non poterant in ea aetate, qua
populus sensum ad Homeri auditionem aptum, vt antea, habuisset. Non quasi populum tum eruditum et

doctum fuisse putem: sed tamen aliquam paullatim nascentis apud singulos doctrinæ atque eruditionis vim in se senserit ille necesse est.

Hæc si Homericorum carminum illo æuo sors fuit, id est, carminum longe celeberrimorum, non alia fuisse potest minus celebrium. Vt in Panathenæis Homerum, eumque solum, decantatum esse testatur Lycurgus, ita vbique rarius quam Homeri decantata fuisse videntur recentiorum poetarum epicorum atque Solonem proxime præcedentium, veluti Pisandri, carmina. Minus etiam populari fauore gauisi esse possunt, qui illa ipsa ætate, inter Pisistratum et Antimachum, ad Homericum epos excolendum animum contulerunt poetæ. Atque profecto hi non fuerunt multi. Quod et ipsum argumentationem meam adiuuat. De Panyasi Suidæ sunt verba: σβεσθεῖσαν τὴν ποιητικὴν ἐπανήγαγε; quæ haud dubie de epica poesi dicta atque ita intelligenda sunt: Panyasin primum post longum temporis spatium epicum carmen, idque longius et graui materia, vt obseruat Quinctilianus, famaque nobile, apud posteros maxime, condidisse. Hac ratione ducti Panyasin Alexandrini grammatici receperunt in canonem suum, in quo illi constituendo non solum præstantiam auctorum absolutam, sed etiam id spectasse videntur, vt reciperentur, qui aliquod scribendi genus, diu neglectum, rursus aggredi et redintegrare bono consilio, successu quocumque, at insigni tamen exemplo, studuissent. Neque vero Panyasin bonum poetam fuisse negauerim. Bonus fuerit: in vitam Homericum epos non reuocauit; nec potuit reuocare illo tempore.

Panyasin excepit Choerilus, nouo ille conatu memorabilis.

Quæ post Homerum et Hesiodum condita sunt vsque ad Panyasin carmina epica et Panyasidis Heraclea ipsa, ita comparata fuerant, vt Homericum epos referrent. Quæ similitudo et in dictione cernebatur, qua de re postea dicturus sum, tum vero et in argumento. Materiam illis poetis omnibus praebuerant antiquae deorum et heroum fabulae. Quae res non potuit non grauis esse caussa, cur epici illi poetae minus minusque placerent. Argonautarum, heroum Thebanorum, Atridarum auctoritas crebra repetitione decrescebat. Reuixit quidem, et immortali gloria enituit in theatro, in carmine melico, veluti Stesichori: sed propter nouas artis magis compositae et quasi artificiosioris illecebras. Nuda facinorum illorum expositio, qualis est epica, displicere paullatim coepit, vel placere et animos delenire desiit. Id Panyasidi maxime accidisse suspicor. Cuius aetate mirum profecto, si Herculis facinora magnopere delectare auditores et quasi abripere potuerint. Vt taceam, iam Pisandrum idem antea argumentum tractasse.

Quare Choerilus quum sentiret, materiam carminis epici eam, quae esset in antiquis fabulis, iam occupatam esse ab aliis et exhaustam, qua de re suauissime conquerentem audiemus ipsum, siue, quod idem est, eo rem deuenisse, vt antiquarum fabularum etiam noua et ingeniosa tractatio non amplius placitura esset, materiam carminis ex historia, eaque nouissima, petens, victoriam Atheniensium a Xerxe reportatam cecinit. Consilium nouum, atque, vt videri potest, laudabile, si argumenti magnitudinem, et quam grauis tunc apud Graecos esse debuerit Persicarum rerum memoria, reputes. Nec sane fieri potuit, quin, vt factum est, insigni tum laude Choerili carmen prosequerentur aequales. Tamen non vereor, ne iniuria fiat Choerilo, si affirmemus, laudem illam neque Homeridarum celebritati gloriaeque comparandam fuisse, et breui post Choerili mortem, neque immerito, imminutam esse. Alexandrinorum grammaticorum, vt Platonem nunc sileam, de Choerilo quae fuerit sententia, videbimus. Apud quos fortasse illud ipsum obfuit Choerilo, quod materiam carminis non ex antiquis fabulis, vt epici poetae antiqui, sed ex historia recenti petiisset. Et iure hoc illi reprehenderunt, si reprehenderunt. Nam praeter fabulas antiquas, vix vllum argumentum conuenire epico carmini, ex natura carminis demonstrari posse videtur, et aliorum poetarum exemplo probari potest, qui inter alios populos epica carmina ex historia recenti conscribere instituerunt, successu aut numquam aut vix semel felici. In quam rem vt saltem aliquid afferam, eum, qui ex recenti historia epos conscribere voluerit, in summum discrimen adducit incertum poeseos atque historiae confinium: quum, si pressius ille historiam sequatur, verendum sit, ne epos faciat annalium simile; si arti inuentrici indulgeat, periculum sit, ne popularibus, de vero rerum progressu et euentu probe edoctis, iusto mendacior videatur. Deinde, vt ad singula descendam, quum deorum ministerio aegre careat epica poesis, in descriptione rerum recens actarum dii aut plane non possunt inseri, aut nonnisi tales, de quorum praesentia et efficacia poeta non bene persuadeat auditoribus. Vt nostrum quoque poetam raro et breuiter deos adhibuisse existimo: qua ipsa re quantum inferior esse debuerit Homero, explicare non opus est. Sed haec indicare tantum volui. Choerilum insignem arte fuisse, et in singulis carminis partibus egregium poetam credimus; immo demonstrare possumus exemplis: sed de virtute vniuersi poematis illius et effectu ita statuimus, vt nouo eum exemplo probasse putemus, quod poetarum proxime praecedentium, veluti Panyasidis, opera abunde ostendissent, eo tempore iam intercisum fuisse epicae poeseos florem.

Vtile fuerit, et ad illustrandam Choerili historiam opportunissimum, leui adumbratione persequi, quae non multo post Choerilum poesis Graecorum epica habuerit fata. Vnde, quasi filo ductum, vsque ad Alexandrinos poetas, et si velis, etiam altius descendere licebit. Quae disputatio quum ad sermonem maxime per-

lineat, ante omnia inserenda sunt quædam de sermone
epicorum post Homerum poetarum, Choerili quoque.

Ab Homero inde vsque ad Choerilum intacta mansit Homerica simplicitas. Loquimur de sermone. Quamquam et dispositionis simplicitatem addere possis. Sed
de sermone hic loquimur, quoniam de dispositionis
apud singulos arte certi aliquid pronunciare audacioris
esse videatur, in tanta testimoniorum penuria. Hesiodi
schola in conformatione orationis quædam singularia habuit, vti ferebat rei natura: nam æolica fuit. Atque
etiamnum talia quædam restant. Sed hæ res etiamsi
plures numero ac grauiores fuerint, quam fuisse probabile est, non tamen tanti erant, vt Hesiodeus sermo
tamquam minus simplex opponi posset Homerico. Deinde Hesiodeæ scholæ disciplina nec diu floruisse nec
magnam in epicos poetas proxime sequutos vim exercuisse videtur. Igitur Homerico sermone post Homerum
siue post Homeridas loquuti sunt epici poetæ omnes,
multi illi numero, quos diligenter enumerare non attinet: poetæ cyclici, Asius Samius, Eumelus in carminibus, quæ reliquit, epicis. Vid. fragmentum Eumeli
apud Ruhnken. in ep. cr. II. pag. 221. sq. quod auctoritate sua confirmat et insigni supplemento auget Pausanias II. pag. 119. Qui quod aliquoties commemorat et
germanum Eumeli foetum, tantum non vnicum, prædicat, lib. IV. pag. 287. p. 561. et lib. V. p. 427. carmen
Eumeli prosodium, non epicum, sed doricum fuit, Mes-
seniis quippe scriptum. Homerico sermone Naupactico-
rum, et Phoronidis, aliorumque carminum auctores incerti; Pisander etiam, et Panyasis. Quos omnes epicos
dixi sensu latiore, quum antiquissimas fabulas epico
genere, licet quidam, veluti Eumelus fortasse, arte magis historica, quam epica, tractauerint. Fuerunt inter
horum poetarum carmina, quæ ab hominibus imperitis
ipsi Homero assignarentur, velut Epigoni, Ilias parua,
Cypria, quin immo Cyclus; vel ob argumentum Iliadi

atque Odysseæ proximum, vel ob sermonis similitudinem. Quæ enim illis poetis inerant, ab Homeri sermone
recedentia et aliena, multitudinem facile fallebant, et
grammaticum fallebant non vnum. Fuisse autem talia
multa apud illos poetas, quum ex ingeniorum cultu
apud omnes populos cum tempore paullatim progre-
diente, tum vel ex patria dialecto, qua singuli poetæ
iu vulgari consuetudine vtebantur, et cui in scribendo
certe non omnes vbique renunciare potuerint, colligitur. Vt in ipsis Homericis multa insunt non Homerica.
Sed quantocumque numero talia fuerint apud poetas
eos, quos dixi, exigua fuerunt et pauca numero, si
cum conformatione orationis eorum tota, in vniuersum
Homerica, contenderentur.

Atque hoc sensu etiam Choerilo Homericum sermonem tribuere non dubito. Certe non longe abfuit a
simplicitate Homerica. Documento erunt fragmenta.
Verum si multitudinem rerum et notionum reputes,
quæ bellum Persicum canenti enunciandæ erant, quum
iisdem supersedere possent Iliadum, Thebaidum, Ar-
gonauticorum conditores, non potuit non fieri, quin
multa Choerilus inferret vocabula non Homerica, et inter ea fortasse quædam, quæ versibus historicum magis
quam epicum colorem conciliarent. Nec mirum est, si
structuræ verborum nexusque commutatio post Homerum per populum et per tot poetas, etiam per auctores prosæ orationis facta, in Choerilo quoque passim comparuerit. Præterea, quod vel ex præstantissimo
Choerili eorum, quæ ad nos peruenerunt, fragmento
intelligas, oratione vsus est magis, quam Homeri, figurata. Etiam insigniora exempla præbebunt fragm. VIII.
et fr. XI. XII. Quibus tamen nolui nunc vti, quia suspicio quædam obtinet, an ea non sint ex carmine epico.
Alia res est et quodam modo cognata, qua Choerilus a
simplicitate Homerica recessit, et æuum ad doctrinam
inclinatum prodidit. Quam non ab re fuerit commemo-

E

rare hoc loco, etsi ea magis ad artem, quam dicimus
arctiore sensu, poeticam, et ad dispositionem carminis,
quam ad sermonem, pertinet. Exempla ille amabat im-
propria, et a rebus reconditis desumpta. Nimirum his
carmini suo nouitatem, quam difficilem esse ad asse-
quendum conquestus est in exordio illo operis, conciliare studebat. De dispositione carminis Choerilei non
habeo quod addam. Nisi quod simplicem fuisse et ad
Homeri exemplar compositam credibile sit, quum idem
in sermone simplicitatem Homeri non deseruerit. Cognata est huic de dispositione quæstioni altera de ambitu carminis Choerilei, quam mox agitaturus sum.

Hæc de opere Choerili primario, epico, dicta sun-
to. In aliis carminibus, vt videtur, minoribus, orationi,
quam dixi, figuratæ etiam cupidius, quam in carmine
epico, studuisse videtur Choerilus. Exemplum inter
fragmenta afferemus luculentum: metaphoras audacis-
simas cum sermone et verbis simplicibus.

CAPUT IX.

Antimachus et poetæ Alexandrini. Asius Samius.

Sic quum per sæcula sex in epica poesi Homericus sermo tantum non idem obtinuisset, exortus est is, cuius ego grauiores, quam a quopiam animaduersum video, in poesi epica innouanda et quasi regenda partes fuisse suspicor. Antimachum dico Colophonium. Qui, quantum quidem ad argumentum carminis pertinet, Choerilo relicto, ad antiquum pristinorum poetarum epicorum exemplum reuertit, bono consilio, sed, quod ad sermonem, ea, quæ apud poetas præcedentes singularia et ab Homero aliena fuisse dixi, insigniter auxit, vel potius nouum sermonem, pro Homerico ac simplici, doctum atque artificiosum, in poesin epicam introduxit. In quam rem quum multa cumulari possint, hic ad vnum prouoco Dionysium, qui cum Empedocle comparat Antimachum, de verborum compos. pag. 22. ed. Sylb. Quo iure illud fecerit Antimachus, dubitari potest. Temere certe non fecit, nec sine successu, vir, nisi mendacii aut imperitiæ arguere velimus antiquitatem, ingeniosus. Ac nescio, an, si qua culpa est in isto nouitatis studio, ea minus poetæ, quam ætati, qua ille vixit, tribuenda sit. Nimirum Antimachus, quum intellexisset, poesin epicam a populo in manus eruditorum propediem venturam esse, immo, ex parte iam venisse, spiritumque ideo eius ac vigorem euanuisse, remansisse tantum in vsu poetarum formam Homericam atque inuolucrum, id est, simplicitatem in disponendo et eloquendo, quæ verendum erat, ne æterna repetitione fieret ieiuna: artificiosam et difficiliorem dispositionem, doctum et adhuc in epico carmine insolentem sermonem inuexit; verbo, doctum epos scripsit, et quod cani non posset. Qua in re, etiamsi successum non respicias, id magnopere laudandum est, quod ille, quid tempori suo aptum esset, ac non aptum, probe perspexerit, et quod, quum semel epos scribere constituisset, libero consilio maluerit eruditis scribere, quam inane periculum populo placendi facere. Iam si de successu operæ quæras, etiam in antiquitate fuerunt, qui in Antimachi et dispositione et sermone multa reprehenderent. Dispositionem intellige carminis vniuersi constructionem, et singularum partium, episodiorum quoque, a quibus non alienus fuisse videtur Antimachus, inter se compactionem. Quinctilianus noto loco Antimachum a Panyasi *disponendi ratione* superari scribit; immo, *et affectibus, et iucunditate, et dispositione, et omnino arte* defici Antimachum. De affectibus et iucunditate, qui fuerint et non fuerint apud Antimachum, iudicium nos facere non possumus. *Vim* tamen et *grauitatem* eidem tribuit Quinctilianus. De dispositionis et omnino artis defectu ægre credo. Tam seueram Quinctilianus, aliique, quos sequutus est Quinctilianus, sententiam tulerunt, comparatione inter Antimachum et Homerum instituta, qui vtique arte omnibus numeris longe longeque Antimacho maior fuit; quamquam ea Homeri ars et ipsa longe alia est, quam qualem illi animo suo informauerant, vnitatis, quæ vocatur, epicæ in Homero admiratores. In dispositione Antimachi non pauca fuisse vitiosa, artem longe Homerica inferiorem, et quæ præ nimia arte interdum non esset ars, non negauerim. Eloquendi genus *minime vulgare* in laudibus Antimachi ponit Quinctilianus. Contra alii singula vituperant. Recte hi quidem, puto. Nam quædam non solum pro epica consuetudine insolenter, sed contra omnem linguæ vsum vsurpasse videtur Antimachus. Tam difficile est seruare modum. Magnam vtique apud eruditos celebritatem nactum est Antimachi epos. Quod quæ testantur testimonia veterum diserta, quum eadem ad Choerilum spectent, infra a me, alia occasione, commemorabuntur. Verum id, quod mihi persuasi, digito monstrare placet, etsi ad Choerilum non pertinet, quam vim in poesin Græcorum seriorem, epicam maxime, habuerit Antimachi auctoritas.

Sermo Alexandrinorum poetarum, quibus adiungere soleo Euphorionem, ab Homerico sermone mirum quantum discrepat. Sed tantum discrepat, vt aliquid hunc inter et illos medium interfuisse oporteat. Vt totum illud doctrinæ studium, in quo laus Alexandrinorum summa posita est, non ab ipsis inuentum fuit, sed ab aliis multo ante tempore præparatum et egregie excultum: ita tempus fuisse necesse est ante Alexandrinos, quo eodem modo vel simili, id est, docto, loquuti fuerint poetæ. Tum vero hos poetas, vel vnum ex iis celeberrimum fuisse et magno exemplo necesse est. Alioquin illum non imitaturi fuissent Alexandrini. Horum autem sermo, de epicis maxime loquor, nulla alia re doctus, reconditus, insolens, difficilis, Alexandrinus, factus est, nisi eo, quod primum suo illi ingenio suoque arbitrio in verborum significatione, compositione, constructione atque nexu non pauca nouarunt; deinde, quod ex aliorum poeseos generum dialectis atque sermone, ex lyrico genere, tragico, et ex vulgaribus gentium quarumdam dialectis multa receperunt, quæ ab antiqua sermonis simplicitate, Homerica, abhorrerent. Ex his multa illi haud dubie suo Marte vsurpauerunt. Multa alium eumque altiorem fontem habuisse debent. Neque enim subito, neque tam sera ætate epicæ poeseos transitus a simplicitate sermonis ad do-

ctum et fucatum sermonem fieri potuit. Iam vero, quum
totum hoc, quod descripsi, nouandi studium iam ante
Alexandrinos et Euphorionem in Antimacho deprehendere possit, quicumque eius fragmenta excutere voluerit, nonne veri simile est, illos non solum ea, quæ demonstrari licet, sed alia eiusdem generis multa, de quibus nunc nonnisi suspicioni locus datur, Antimacho
debere, poetæ præclaro, et quem indole doctrinæque
et insolentiæ amore supparem sibi sentirent? Vt nunc
res est, in tanta Antimachi fragmentorum breuitate imitationis Alexandrinorum indicia in verbis singulis potissimum constant: sed constructionem quoque et nexum
orationis apud illum fuisse Alexandrinis quam Homero
propiorem, vel certe inter vtrosque medium, sunt,
quæ suadeant. Nicandrum æmulatorem fuisse Antimachi, diserte iam testatus est Nicandri scholiastes. Quod
indicare non omisit Schellenbergius. Sed idem alios
poetas Alexandrinos et Nicandro antiquiores egisse; tum
vero, quod paullo ante posui, Alexandrinis multa communia fuisse cum Euphorione, qui et ipse Antimachi
passim imitator, exemplis probarem, nec sterilis foret
disputatio, si huius esset loci. Sed profecto exemplis
non egemus. Fuerit enim, qui ista omnia detorqueat et
remoueat. Fuerit, qui ostendat, noluisse Alexandrinos,
noluisse Euphorionem imitari Antimachum, et rursus
Euphorionem et Alexandrinos se inuicem imitari noluisse. Nihil impedit. Summa et caput disputationis
nostræ manebit. Hoc manebit: illos pariter omnes rara,
recondita, et partim prorsus, partim pro epicorum
consuetudine insolentia, ac propterea difficilia, et quæ
enodationem a grammaticis exigerent, amauisse: idque
forte fortuna sic accidisse, et sine mutua imitatione,
ægre sibi aliquis persuadeat. Illud, quod monui, Euphorionem et Alexandrinos poetas noluisse fortasse imitari Antimachum, non sine caussa monui. Videtur
enim demonstrari posse, et Euphorionem et inter Ale-

xandrinos poetas saltem vnum non nimis honorifice
sensisse de Antimacho. Quod Callimachi testatur fragmentum CCCCXLI. et de Euphorione, Cratetis epigramma, infra apponendum. Itaque hi haud dubie multo sibi Antimacho disertiores visi sunt, et imitari eum
vel noluerunt, vel imitationem non sunt professi. Sed
datur imitatio non voluntaria, et quæ ei demum manifesta sit, qui tertius accesserit.

Alexandrinorum et Euphorionis æqualis fuit Rhia-
nus, Choerilo, si Suidæ fides, fatis similis, et nobis
memorandus, quoniam sicut ille, exemplum dedit non
ignobile carminis epici ex historia petiti. Messeniaca
dico. In quo carmine argumentum non ineptum et
paullo, quam ab Choerilo, melius electum videri potest, quum belli Messenii historia a Rhiani ætate longissime remota, quum valde incerta, vt vel ex Pausania
apparet, et hinc quodam modo fabulosa esset. Cæterum
non est cur moneam, multum interfuisse Choerilum
inter et Rhianum: quum hic doctis scripserit, ille po-
pularem plausum captauerit, et vero aliquatenus acceperit. In Rhiani carmine Aristomenem nihilo minus
clarum esse quam Homero Achillem, verba sunt Pausaniæ. Ac dubitare subit, an forte in fatis et facinoribus Aristomenis, quæ decantat Pausanias, vnum et alterum a Rhiano si non fictum, at tamen exornatum
sit. Sermo illi fuisse videtur aliquanto simplicior, quam
Euphorionis et eorum, qui inter Alexandrinos siue doctissime scripserunt siue obscurissime; sed Alexandrino colore tinctus. Rhianum iuxta Euphorionem et Par-
thenium in deliciis habuit et imitatus est Tiberius. Testis Suetonius in Tiberio cap. LXX.

Rhianum commemoraui, non, quod nullum præterea illa ætate simili argumento carmen scriptum fuisse
existimem, sed quod nullum maiorem celebritatem me-
ruerit. Longe plerique tum ex antiquis fabulis, inexhausto quasi fonte, sua deriuarunt: in sermone non

omnes eodem modo, sed hi, quod modo innuebam, magis, illi minus, vt ita dicam, Alexandrini. Sic modera-
tioribus adnumerandus Apollonius.

Inter seriores et recentissimos poetas epicos vix
vnus est, qui Alexandrinum habitum prorsus exuerit.
Verum, vt accidit interdum, vt, quæ olim facta esse
videmus, multo post tempore iterum fiant, licet aliis
conditionibus: accidit sæculo quinto, quod cum immu-
tatione epicæ poeseos, per Antimachum facta, quodam
modo comparari possit. Nimirum Quintus Smyrnæus,
quum longum edidisset carmen, in quo multa quidem
ab Homeri grammatica recederent, et versus heroici
præsertim dignitas non parum fracta appareret, sed
sermo tamen esset, ex Homero expressus, et Homericam simplicitatem redolens: Nonnus et hexametrum
nouum fecit, de qua re præclare Hermannus ad Orpheum, et sermonem condidit quasi nouum, ab aliorum sermone facile distinguendum, et quo deinceps vsi
sunt, qui post Nonnum vltima poeseos epicæ specimina
ediderunt. Sic dum nouam epici carminis formam mo-
liebatur Nonnus, non dubito, quin præ aliis ante oculos habuerit et corrigere voluerit Quintum, cuius illi
sermo, vt de numeris taceam, leuis et ieiunus videretur. Neque iniuria. Vt Agamemno ille apud inferos ita
similis sibi ipsi fuit, vt esset dissimillimus, in quo pri-
stinus vigor et vis vitalis periissent: ita Quinto perpe-
tua Homeri imitatio ad hoc tantum valet, vt perpetuo
admoneatur lector, quam ille Homero sit dissimilis.

Quodnam aliud dicendi genus suffecerit, Quinto
relicto, Nonnus, sciunt, qui Nonnum legerunt. Ego
hanc disquisitionem, quæ est de historia epicæ poeseos
post Choerilum, adumbrare tantum volui. In qua quæ
reticuerim, breuitatis studio, facile perspicient harum
rerum scientes. Supersunt duo capita, paucis verbis
illustranda, quorum vnum est de elegia Græcorum, alterum de numeris Choerili.

Quod ad elegiam attinet, non dubito, quin, quam vim Thebais Antimachi in epicam poesin, eamdem fere Lyde in elegiam exseruerit. Ille primus antiquam elegiæ simplicitatem, a Callino, Mimnermo, Tyrtæo præscriptam, temerasse, præclaro exemplo, dispositionem artificiosiorem, sed eamdem molestiorem, doctrinæ quum in rebus, tum in dictione ostentationem intulisse in hoc poeseos genus videtur. Quod quidem cum Lyda omnibus conditionibus comparari posset, elegiacum carmen fortasse nullum vsquam exstitit, si forte Hermesianactis Leontium exceperis: ac non maximo in honore fuisse apud Alexandrinos mirum illud Antimachi carmen, certe apud Callimachum non fuisse, ostendit, quod commemoraui, Callimachi fragmentum CCCCXLI. Nihilominus certum est, illas, quas Antimachi Lydæ adscripsi, virtutes, siue malis, vitia, in Callimachi et Philetæ elegia passim, ne dicam perpetuo, occurrisse. Et profecto, præ aliis poeseos generibus, elegia hoc habet, vt variis formis, hoc æuo docta, illo simplex, vel eodem æuo, apud hunc poetam docta, apud illum simplex, placeat.

Numeros si velis spectare, incidit Choerilus in eam ætatem, de qua, in tanto litterarum græcarum naufragio, nihil monendum habuit, qui epicæ poeseos historiam, ad ætates heroici versus exactam, breuiter, sed certa dextra, delineauit, Hermannus ad Orpheum. Atque etiamsi plura poetæ nostri exstarent fragmenta, ne tum quidem multa inde noua ad notitiam rei metricæ accederent. Aut fallor, aut Choerilus, Panyasis quoque, alii, etiam hac in re, postremorum Homeridarum vestigia legerunt; hac fortasse lege, vt de illorum, quæ ipsis videretur, licentia aliquid resecarent, ipsi autem suo Marte quædam sibi indulgerent, productiones quasdam et correptiones, quæ Homeri auctoritate carerent. Antimachum credibile est diligenter, et fortasse maiore, quam Choerilum, cura prouidisse,

ne hac in re committeret; quod crimini esse posset.
Cuius tamen versus vel sic non suauitatem, sed auste-
rum illud et Antimacheum redoluisse arbitror. Eius
autem mutationis, cuius auctorem Hermannus, ac recte quidem, ponit Nonnum, prima vestigia et quasi semina ego apud Callimachum reperire mihi visus sum.

Quoniam Asii Samii a me facta est mentio, non
alienum fuerit, aliquot, antequam vlterius procedam,
fragmenta eius inserere, quo et hoc appareat, qua ratione et quo modo Homericus dici possit illius sermo,
et Asio, valde illi laboranti inueteratis lectionis mendis, tandem auxilium feratur. Quam rem ita admi-
nistrare posse mihi videor, vt legi deinceps possint Asii
versus, qui, vt nunc leguntur, legi non possunt. Itaque hoc modo corrigendum esse putabam, mutatis aliquot litteris, et ordine versuum restituto, Asii fragmentum, quod seruauit Athenæus XII. p. 525. F.

Οἱ δ' αὔτως φοίτεσκον, ὅπως πλοκάμους κτενίσαιντο,
εἰς Ἥρης τέμενος, πεπυκασμένοι εἵμασι καλοῖς·
χιονέοισι χιτῶσι πέδου χθονὸς εὐρέος εἶχον·
χαῖται δ' ἠωρεῦντ' ἀνέμῳ, χρυσέοις ἐνὶ δεσμοῖς·
χρύσειαι δὲ κόρυμβαι ἐπ' αὐτέων, τέττιγες ὥς·
δαιδαλέοι δὲ χλιδῶνες . . . .
. ἀμφιβραχιονίσαντες ὑπασπίδιον πολεμιστήν.

Priora non egent explicatione. Vs. 3. immanem soloecismum sustuli, χθονὸς εὐρέος. De quo nescio quo modo factum sit, vt tam parum solliciti fuerint viri docti.
Hoc igitur exemto nihil amplius mutandum censeo;
qui, si quis alia exempla desideret, vbi ἔχειν sic cum
genitiuo positum sit, hoc inter ea numeranda esse putem, quæ etiam sine exemplis ferri possint, præsertim in poeta tam antiquo. Quod ad Westoni coniecturam attinet, approbatam Schweighæusero, vt soloecismum illum taceam, quem non miramur in Westo-
no, neminem præterit, mirum quantum interesse inter Homerica, quæ ponit, exempla Iliad. I. 317. II. 153.

et hoc, quod vult ab Asio scriptum esse, χιτῶσι πέδον χϑονὸς ἷκον. Non magis opportune Homeri memor fuit Westonus ad versum Asii eum, qui mihi est quartus. Cui hac quoque in re obsequutus est Schweighæuserus. Equi apud Homerum Il. XXIII. 367. quo loco vsus est Westonus, currunt; Samii apud Asium procedunt lento gressu. Præterea codicum vestigiis multo propius est, quod coniecit Casaubonus Anim. p. 839. ἠωρεῦντ᾽ ἁ. Malim autem hoc, quam quod ad Asii locum p. 525. appositum est in margine: ἠώρηντ᾽. Ad Asium accedit Orpheus Argon. 1225. etsi venti ibi nulla mentio. Verbum αἰωρεῖσθαι vix antiquiorem nunc habet auctoritatem, quam Hesiodi in scuto Herculis v. 225. 234. In quinto versu toleranda videtur licet insolens forma κόρυμβαι. Mox quo referatur αὐτῶν, vel quod aliquanto melius iudico, αὐτέων, non dubium est, instaurato, vt a me factum est, versuum ordine. Qui quod perturbatus fuerit, non mirum in fragmento poetæ antiquissimi, et ipsa antiquitate obscurati. Τὸν παλαιὸν ἐκεῖνον appellat Asium Athenæus III. p. 125. C. Thucydidis testimonio, quod Casaubonus attulit, illud addiderim Suidæ enotatum in v. κόρυμβοι: κόμην τρέφω χρυσῷ στρόφῳ κεκορυμβωμένην. Quæ ex Nicolao Damasc. desumpta esse docuit me Schneiderus in v. κορυμβόω. Postrema hoc modo disposuit Schweighæuserus:

δαιδαλέοι δὲ χλιδῶνες ἄρ᾽ ἀμφὶ βραχίοσιν ἦσαν,
· · · · · · ἤσαντες ὑπασπίδιον πολεμιστήν.

Facili sane coniectura, sed qua non multum proficimus. Præterea particula ἄρ᾽ inane versus fulcrum est, quale ab Asio profectum esse vix potuit. Librorum antiquorum lectio est: ἀμφὶ βραχίοσιν ἤσαντες et ἀμφὶ βραχίοσι νήσαντες. Vel ἀμφιβραχίοσι vna voce, vt apud Casaubonum et in Basileensi: quamquam hoc quidem in vsum meum conuertere nolo. Hinc quod erui, versum efficit rotundissimum, et iocosa Asii magniloquentia dignissimum est. Cognata, περιβραχιόνιον, βραχιονιστήρ, suppeditat Stephanus in thesauro. Particula ἄρ' indicium fortasse habet vocis, quæ olim legebatur, ἀριπρεπές, aut ἀρηρότες. Nisi hoc merum librariorum additamentum est ad explendum versum. Nam verbum ἀμφιβραχιονίσαντες quum mature corruptum fuisset, iam olim exstitisse videntur, qui inde exsculperent hæc verba: ἀμφὶ βραχίοσιν ἦσαν. Quæ illi male agglutinauerunt proxime præcedentibus. Poetæ, quod in vltimis verbis inest, acumen miror fugere potuisse viros eruditos. Quæ lucem capiunt ex versu secundo. Ὑπασπίδιον πολεμιστήν eum iocose appellat Asius, qui veste vtitur longa, ad terram pertinente. Homerus: ὑπασπίδια προβιβῶντος.

Hæc non in carmine epico heroico, sed in minore quodam poemate, scripta fuerunt. In quo genere paullo artificiosiorem dictionem, et comicum illum Margitæ colorem placuisse Asio, etiam elegi euincunt, quos conseruauit Athenæus p. 125. Nomen κνισοκόλαξ est apud Phrynichum Bekkeri p. 47. Epica et tantum non prorsus Homerica sunt, quæ apud alios leguntur.

Δίου ἐνὶ μεγάροις τέκεν εὐειδὴς Μελανίππη:

apud Strabonem VI. p. 406. Alm. Apud Pausaniam VIII. p. 599. hoc est:

Ἀντίθεον δὲ Πελασγὸν ἐν ὑψικόμοισιν ὄρεσσιν
γαῖα μέλαιν' ἀνέδωκεν, ἵνα θνητῶν γένος εἴη.

Sic legendum, non θητῶν, quicquid viri docti dicant. Αὐτόχθονα describit Asius. Denique apud eumdem Pausaniam II. p. 125. hoc exstat Asii fragmentum:

Ἀντιόπη δ' ἔτεκεν Ζῆθόν τ' Ἀμφίονά θ' υἱόν,
Ἀσωποῦ κούρη ποταμοῦ βαθυδινήεντος,
Ζηνί τε κυσσαμένη, καὶ Ἐπωπεῖ ποιμένι λαῶν.

Vulgo: κ' Ἀμφίονα δῖον. Elisio, vel potius crasis inaudita in poesi epica. Hac de re securus fuit Valkenarius in Eurip. diatr. p. 59. Geminorum fratrum, Amphionis et Zethi nomina quum vno versu coniuncta exhibere studerent, Asio ea ratio placuit, quam dixi.

Alia Homero Odyss. XI. 261. Vtraque simplicissima.
Atque Homeri quidem ratio etiam aliis poetis sese com-
mendauit, veluti carminis auctori eius, quod est apud
Pausaniam IX. p. 744. Crasin istam in nomine proprio
non habet, sed in aliis frequentat Archestratus, cuius
multos versus operi suo inseruit Athenæus. Id quod
non reprehendimus in tali poemate. Verum ne Arche-
strato quidem omnia licuerunt. Portentosa sunt *κ' ἐλαίῳ*
et *κ' ἐπείγου*, ap. Athen. VII. p. 320. B. p. 327. A. Illi
loco qua ratione medendum sit, quisque videt, et ipse
Archestratus monstrat p. 306. B. In altero loco alicui
arriserit libri ms. lectio: *ἐμβάπτευ καὶ ἐπείγου.* Ego rectius puto et dignum hoc poeta: *κᾆτ' ἔμβαπτ' εὖ, καὶ
ἐπείγου* etc. Hoc dicit, caput illud piscis alte immer-
gendum et fortiter deprimendum esse in acetum, tum
subito deuorandum. Secundus abhinc qui præcedit versus, ita scribendus est:

— *ἀλλ' ἐς ὕδωρ μόνον ἐνθεὶς, καὶ θαμὰ κινῶν.*

CAPUT X.

Choerilei carminis inscriptio et ambitus. Choerili Iasensis prœmia.

Absoluimus ea capita, quæ tractare primum erat et necessarium, quo suum in serie poetarum græcorum epicorum locum obtineret Choerilus. Vidimus sermonis simplicitatem, qua ad poesin epicam antiquam, Homericam ille accessit; vidimus argumenti inuentionem, qua nouum aliquid et proprium, et quod pauci ausi sunt imitari, molitus est. Dicendum nunc est, vel potius coniectandum, de carminis Choerilei inscriptione, ambitu, et fatis. De quibus rebus omnibus quod nihil certi constet, accusanda erit, præter communem temporis inuidiam, Alexandrinorum grammaticorum siue iusta siue iniusta negligentia, qua factum est, vt etiam recentiores rarius versarent Choerilum et respicerent. Adiiciemus de aliis, quæ Choerilo tribuuntur, operibus, pauca; sequentur fragmenta.

De carmine Choerili vnus omnium diserte tradit Suidas: ἔγραψε δὲ ταῦτα. Τὴν Ἀθηναίων νίκην κατὰ Ξέρξου. Et Hesychius Milesius pag. 40. Meurs. ἔγραψε τὴν ά. νίκην κ. ξ. Eudocia ne commemorat quidem præclarum illud carmen. Quæ negligentia tanta, vt librariis tribuendam, Eudociamque ex Suida supplendam putarem, nisi appar ret illa, quæ postrema apud Eudociam, ex alio fonte ducta esse, quam ex Suida. Sed de inscriptione, quam carmini suo præfixerit Choerilus, tam parum constat, vt ne hoc quidem dici possit, quonam illud nomine apud grammaticos venerit. Ex omnibus, quos sciam, solus Stobæus nomen habet: Περοη̆ς. Quod tenebimus, si quando compertum habuerimus, ita esse in Stobæi codicibus mss. Vid. fragm. VII. Sic Arctini carmen: Αἰθιοπίς. Hoc vnum offenderit aliquem, quod Περοη̆ς nomen sit nimis ambiguum, quod etiam de Perseo carmen esse possit. Sed hoc leuius. Ego appellare soleo *Persica.* Sic Rhiani appellabatur carmen *Messeniaca;* Hellanici et Dionysii Milesii, de quo Heynius ad Apollodorum p. 923. p. 981. et ad Virg. Aen. II. exc. I. p. 299. libri fuerunt *Persica* inscripti. Quamquam hæc quidem paullo alia ratione dicebantur Persica, quam Choerili carmen. Verum et Arctini carmen haud dubium, quin non solum *Αἰθιοπίς,* sed etiam *Αἰθιοπικὰ* appellatum fuerit. In chronicis Hieronymi ad Olymp. III. etsi *Aethiopidam* non nimis abhorret ab Hieronymi sermone, malim tamen *Aethiopicam* legi ex Palatino primo apud Schurzfleischium pag. 229. et ex editionibus apud me antiquis, Veneta 1483. et Parisina 1512. Quæ quidem hæc habent ad Olymp. IV.

Illos nunc mitto, qui Choerilum Darii quoque bellum carmine suo complexum esse, prorsus inani coniectura, statuerunt. Vid. ad fragm. III. Sed vel sic ambiguum manet et dubitationi obnoxium, quod tradit Suidas, Choerilum scripsisse: τὴν Ἀθηναίων νίκην κατὰ Ξέρξου. Etenim hoc dubium manet, quo vsque narrationem suam extenderit Choerilus. Iam, quum diversum hac in re possit esse diuersorum iudicium, mihi nullum magis idoneum carmini suo finem inuenire potuisse videtur poeta, quam in eo loco, quo Xerxis bellum finit, vt finitum est, Herodotus: vindicata Græcia, et Ioniæ libertate præparata, post proelium, quod apud Platæas fuit, et Mycalense. Potuit in Salaminia pugna consistere Aeschylus; potuit Simonides: epici poetæ aliæ erant rationes. Præterea credibile est, Samium poetam Persici belli non minimum momentum posuisse in patriæ vindicatione et restitutione. His ex contemplatione reliquiarum carminis earum, quæ ad nos peruenerunt, nouum accedit argumentum. Quum enim sciamus, a Choerilo, vt ab Herodoto, ad Homeri exemplum, institutam fuisse satis longam copiarum Xerxis terrestrium recensionem, nemo facile crediderit, tantum a poeta apparatum factum esse, vt sola pugna Salaminia, quæ copiarum maritimarum res et alea fuit, celebraretur. Hinc proximum est, monere de longitudine carminis. Longum autem fuisse, et plures constituisse libros, etsi nusquam singulos libros laudatos reperimus, clamant omnia. Fuit exordium et amplum, et quod magni aliquid polliceretur. Fuit prolixa copiarum Persicarum recensio. Fuit eiusmodi fabularum locus, quæ, quum ad singularia quædam facta pertinerent, non nisi in longa et vberiore narratione locum habere potuerunt: cf. fragm. V. Fuerunt similitudines et comparationes, si non multae, at tam multae tamen, vt commune quoddam iudicium de illis ferre potuerit Aristoteles. Denique vt censeamus, bene longum fuisse carmen et pluribus libris constitisse, exigit etiam ipsa carminis celebritas. Quam neque tantam meriturum fuisset, neque Antimachi Thebaidi opponi illud potuisset, vt oppositum fuit, nisi iustum volumen impleuisset.

Igitur de Persicorum ambitu ego sic statuo: Choerilum scripsisse tribus vel quatuor vel quinque vel etiam pluribus libris totum Xerxis bellum, inde a transitu vsque ad eum finem, quem indicaui. Hoc autem lubenter concesserim, plurimum operæ impendisse Choerilum in anteriorem belli partem et Salaminium proelium, in quo plurimum momenti fuisse sciret. Reliqua breuius tractasse videri potest; et praeterea ita tractauit, vt propius illa ad Salaminium proelium accederent, coarctato ante animum auditoris eo, quod interfuisset, spatio temporis: quo ista omnia vnius quasi pugnæ imaginem præberent. Id suadebat ars epica.

Si iudicium facias ex Suidæ verbis: τὴν Ἀθηναίων νίκην κ. Ξ. Athenienses ante alios respexit et celebrauit Choerilus. Quod etiam sine Suida veri simile: idem fecerunt, neque immerito, plurimi. Sed nec Thermopylas tacuisse videtur poeta. Ac si semel mihi quoque hariolari licet, fortasse a Choerilo repetenda est Diodori illa, a serioribus scriptoribus recepta, sed ab Herodoto recedens, narratio, qua Leonidas nocturnam in Persica castra irruptionem fecisse traditur. Nam antiquum quemdam et præclarum siue testem siue auctorem narratio ista habuerit necesse est. Egregie autem ea conueniebat carmini epico, et quodam modo referebat Νυκτεγερσίαν siue Δολώνειαν Homericam.

Quod monui, Choerilum, quum Persica caneret, Atheniensium videri studiosiorem fuisse, etiam confidentius asseuerarem, si præmia poeseos ea, quæ Choerilo contigisse tradit Suidas, ab Atheniensibus illi contigisse constaret. Suidas ita: ἔγραψε δὲ ταῦτα. Τὴν Ἀθηναίων νίκην κατὰ Ξέρξου. ἐφ᾽ οὗ ποιήματος κατὰ στίχον στατῆρα χρυσοῦν ἔλαβε, καὶ σὺν τοῖς Ὁμήρου ἀναγιγνώσκεσθαι ἐψηφίσθη. Eadem Hesychius Milesius is, quem nunc habemus. Iam cuinam putabimus tam splendidam remunerationem acceptam retulisse Choerilum? Mitto nunc, quæ de decreto narrat Suidas: de auro loquor. Ac Vossio quidem si credas, de histor. gr. IV. VII. pag. 203. cui præiuit Dan. Heinsius de sat. Horat. p. 268. ab Archelao illam retulit. Verum hoc nemo credet, qui perpenderit, Choerilum sero, et senem, et multo, postquam Persica scripsisset, tempore, ad Archelaum accessisse. Igitur ab Atheniensibus pretium illud aureum acceperit. Ita statuit Gyraldus, vbi de Choerilo nostro agit, pag. 107; et alios fuisse, qui itidem statuerent, vi-

F

debimus. Sed nobis, vt patefiat huius caussæ status, et liberum prorsus vt sit iudicium, aliquid præmonendum est. Est autem res sane mira. Etenim hoc, quod Suidas narrat de Choerilo Samio, idem de Choerilo Alexandri Magni comite tradunt Horatius et Horatii scholiastæ. Attigi supra. Horatius Epist. II. I. 233.

> *Gratus Alexandro regi Magno fuit ille*
> *Choerilos, incultis qui versibus et male natis*
> *Rettulit acceptos, regale nomisma, Philippos.*

Acronis verba apponam integra, ad Art. Poet. 357. *Fit Choerilus ille.* Choerilus poeta fuit, qui *Alexandrum Magnum secutus bella eiusdem descripsit: cui Alexander dixisse fertur; malle se Thersiten Homeri esse, quam huius Achillem. Choerilus Alexandri poeta depactus cum eo, vt, si bonum versum faceret, aureo numismate donaretur; si malum, colaphis feriretur: qui sæpe male dicendo colaphis nectus est.* Scripsi: *Thersiten — bonum versum — aureo n.* ex editione Acronis principe, Mediolanensi a. 1474. Non multum est quod ad Choerilum profeci ex editione Acronis Mediolanensi: sed parua res magni pietatis officii me admonet. Diu est, quum publicas gratias agere volui Langero, librorum thesauri, qui Guelpherbyti est, custodi eruditissimo et præclarissimo. Qui vir quam liberalitatem et beneuolentiam illo tempore mihi præstitit, quum ego, quem nihil plane erat quod commendaret, in eius notitiam venissem, vel potius me intrusissem, in ea sibi semper constitit et constat ita, vt me sibi in omne tempus habeat obstrictum. Is et Acronem Mediolanensem mecum communicauit: quod paruum dico, quum reputo, quanto præstantiores libros, quorum nullus vsus est in hac scriptione, et quam benigne mihi suppeditauerit. Editio Horatii, qua vtor, Ascensiana a. 1529. *versum bonum* habet, et omittit *aureo. Versum bonum* etiam Horatii editio Veneta

Philippi Pincii a. 1492. et Mediolanensis a. 1512. Sed
bonum versum cum principe editio Veneta Georgii Ar-
riuabene a. 1490. Verbum *est* post *depactus* additum
habet Ascensiana: quod deest in editione principe et reliquis; neque Cruquianus illud habet. Mitto solitam
nominis Choerili deprauationem: *Chœrilus, Cherilus.*
Laudat Acronis locum Fabricius in bibl. gr. vol. II. pag.
213. Hamb. vol. III. p. 58. Harles. et in fine *persæpe*
exhibet: quod nescio vnde acceperit; fortasse a Georgio Fabricio, cuius editionem eam, in qua scholiastas
Horatii emendauit, mihi videre non licuit. Princeps
cum Ascensiana et aliis, me iudice, melius: *qui sæpe.*
Cf. et Cruquianum commentatorem, apud quem legitur: *necatus est.* Sed *nectus* dignius Acrone. Iam quid
credemus? Vtrum hoc, quod de Choerilo Alexandri
Horatius; an Suidæ fidem habebimus, eamdem rem ad
Choerilum Samium referenti? An vtrumque credemus?
Nihil eam in rem Heinsius, qui hoc tantum narrat,
Choerilo. nempe antiquo Choerilo, pro singulis versibus singulos aureos reposuisse Archelaum. Duas vias
inierunt viri eruditi. Vtramque primus indicauit, sed
in alteram pronior Turnebus Aduers. XXVI. XXV. pag.
567. siue tom. I. p. 349. eius editionis, quæ opera Tur-
nebi continet omnia. Qui quidem dubitanter, nam dubium erat illo tempore, vtrum duo Choerili fuissent,
an vnus: *Aut igitur*, inquit, *quod Athenienses fecerunt, tribuit Alexandro Horatius: aut alter Choerilus etiam fuit, qui res Alexandri carmine comple-
xus est, et ab Alexandro Atheniensium factum imi-
tante, singulis in versum philippeis aureis donatus
sit.* Et in hanc sententiam Menagius se inclinat, ad
Diog. Laert. pag. 14. Amst. At Vossius, contraria sententia arrepta, quam Suidæ tribuit fidem, denegat Horatio: *Memoria fefellit Horatium. — Nec enim, qui
honos ab Archelao habitus bono poetæ, is et apud
Alexandrum contigit Choerilo, poetæ malo. Nimi-*

F 2

rum *duos Choerilos confudit.* cf. eumd. de poetis gr.
cap. VIII. ad Olymp. CXIII. In qua disputatione hoc
ego probo, quod de duobus Choerilis confusis dubitationem iniecit Vossius. Duobus Choerilis, vni antiquo
bonoque poetæ, alteri recentiori, idem et tam largum
præmium, a diuersis datum fuisse: hoc fabulam sapit
et perturbatam narrationem. Crederem tamen, si id a
certis auctoribus diserte affirmatum legeremus: sed in
re tam incerta, et quum tam perturbata sit Choerilorum historia, fieri non potest, quin alterutra narratio
auspecta habeatur. Hic autem non possum non mirari,
quod Horatium erroris accusare, quam Suidam, maluerit, Vossius. Taceo scholiastas Horatii, licet non con-
temnendos, si Suidæ opponantur, testes. Sed Horatius
et Suidas si diuersa et sibi repugnantia tradunt, Suidas potius quam Horatius dormitasse videbitur. Atque
ita est haud dubie. Quod Horatius recte tribuit Choerilo Alexandri Magni comiti, id Suidas perperam Choerilo antiquo Samio. Choerili illius, qui cum Alexandro
fuit, nullam notitiam fuisse Suidæ, siue ei, quem exscripsit Suidas, manifestum est. Qui duos tantum Choerilos, Atheniensem et Samium, cognitos habuit. Vt
omnino illius Choerili notitia romanis scriptoribus debetur, non græcis; si a testimoniis quibusdam per se
incertis, Athenæi, Strabonis, et Anthologiæ discedas:
qua de re mox dicetur, quum scripta Choerili recen-
sebo, et infra ad Sardanapali inscriptionem. Itaque tantum abest, vt mirum sit, quod Suidas illa perperam
transtulerit ad Choerilum Samium, vt aliter fieri non
potuerit. Non dicit autem Suidas, a quo aurum illud
acceperit Choerilus. Quod notatu dignum est. Nimirum Suidas, siue is, quem Suidas exscripsit, quem
monui videri esse Hesychium Milesium, aut nihil inuenit scriptum ea de re, aut, quum nominatum inuenis-
set Alexandrum Magnum, id omisit, vt qui intelligeret,
a Choerilo, Herodoti æquali, nimis remotam esse Ale-

xandri Magni aetatem. Mox eumdem Suidam audiemus, ad Choerilum Samium opus etiam quoddam referentem, quod maiori iure Choerilo Alexandri vindicetur. Ne Eudociam commemorem, quae et quartum Choerilum, comicum, admiscuit, vt supra a me demonstratum est. Illud, nisi fallor, neminem fugit, quanto factum ipsum melius deceat Choerilum Alexandri et Alexandri aeuum, quam Choerili Samii aetatem. Non tam splendida ciuitatum illarum fuit munificentia. Reges et tyranni, siue ingenua liberalitate moti, siue laudes suas emturi, praemia profundebant in litteras. Vt Archelai exemplo declaraturus sum, Choerili senis non solum paupertati, sed etiam luxuriae magnifice prospicientis. Verum in republica artifices et poetae gloria acquiescere et tum solebant, et nunc solent. Neque Athenienses, quantumvis Persica praeda ditati, tantum auri pondus collaturi erant in vnum poetam, cuius praesertim plures iam exstitissent aemuli, eiusdem belli, suo quisque genere, scriptores et laudatores; neque vniuersam Graeciam pecunias contribuisse existimabimus, quo Choerilo tam splendida remuneratio pararetur. Quanto conuenientior eiusmodi liberalitas Alexandri Magni aeuo, et Choerilo recentiori, et Alexandro. Vbi praeterea accedunt, quod negligi nolim, quae magnitudinem rei, vel sio miram et raram, minuant. Quum enim Suidas Choerilo Samio pro singulis poematis versibus aureos datos esse narret, id, si ad Choerilum Alexandri transferatur, vt transferendum est, non sic accipiendum erit, acsi longum quoddam carmen scripserit, et pro singulis eius versibus singulos aureos ab Alexandro retulerit: sed sic, vt breuiorum Choerili poematum versus singuli, et fortasse, quod Acro monet, ii tantum versus, qui boni viderentur Alexandro, praemio illo ornati fuerint. Hoc et credibilius, et conuenit Horatii verbis. Per quae vel hoc liberum est, quamdiu liberalitatem illam suam continauerit Alexander, statuere. Qui fortasse semel tantum tam liberalem se præbuit Choerilo, vel per breue temporis spatium.

Ergo quod ea de re legisset is, ex quo Suidas profecit, quum præter Choerilum Tragicum nonnisi vnum Choerilum, Samium, nosset, ad hunc retulit, et ad celeberrimum eius opus, Persica.

———

CAPUT XI.

Choerilus Samius obsoniorum amator. Qui Choerilo Samio publice honor habitus sit. Platonis de eo iudicium, et Aristotelis.

Hinc fortasse aptissima occasio est digrediendi ad Athenæi narrationem, lib. VIII. pag. 345. E. quam attingere vsque ad hunc locum distuli. Ea non latuit Gyraldum dial. III. p. 107. Qui tamen Athenæum testem non memorat. Torrentius, quem aliquoties iam adhibuimus, ad Hor. Epist. II. I. 233. postquam animaduertit, Choerilum Samium diuersum esse ab eo, qui Lysandri res gestas carmine descripserit, et a Choerilo Alexandri Magni comite, ita pergit: *Plures itaque Choerili poetæ. Nam et Athenæus Choerilum commemorat lib. VIII. qui quaternas ab Antigono acceptas in diem minas in ventrem condebat; maior, vt credo, obsonator quam poeta: et Choerili, nescio an eiusdem, versus citat lib. XI. de fictilibus poculis tractans.* Quemnam ex Choerilis Athenæus innuerit, non definit diserte Torrentius, sed de Choerilo Alexandri cogitasse videtur. Vtique in eo errauit, quod *Antigonum* dixit, quem *Archelaum* debuerat. Nam hæc Athenæus: Ἴστρος δέ φησι, Χοιρίλον τὸν ποιητὴν παρ᾿ Ἀρχελάου τέσσαρας μνᾶς ἐφ᾿ ἡμέρᾳ λαμβάνοντα ταύτας καταναλίσκειν εἰς ὀψοφαγίαν, γενόμενον ὀψοφάγον. Igitur intelligendus est Choerilus noster Samius. Quod et Gyraldus statuit l. l. et Heinsius de sat. Hor. p. 268. Rei fides sit penes Istrum. Quod

vero Schweighaeuserus ponit, et Dalecampius vertendo
expressit, ac sane id inesse videtur in Athenæi verbis,
Choerilum ab Archelao *quotidie, in singulos dies,* accepisse quatuor minas: alius credat, non ego. Semel
tantam pecuniam, ab Archelao acceptam, diei spatio
in obsonia expenderit. Salarium illud quatuor mina-
rum Barnesius quoque commemorat, vbi Choerili mentionem facit, in vita Euripidis cap. XXX. Non semel
accidit bono Archelao, vt apud posteriores immerito
veniret in suspicionem mirum quantæ, immo nimiæ,
erga poetas munificentiæ: vid. Bentleii de epistolis Euripidis dissert. cap. XI. p. 70. sq. Opusc. Phil. At Choerili famæ prospiciendum est, cui notam inspersit Torrentius. Quodsi neque Alcmani voracitatis crimen, neque Philoxeno aliisque, quorum nomina apud Athenæum, obsoniorum amor, a poetis comicis maxime,
vt videtur, carpi solitus, impedimento fuit, quominus
pro bonis illi poetis haberentur: potest et Choerilus
bonus poeta, idemque obsoniorum cupidissimus fuisse.
Alia res est, quod hac opportunitate obseruari velim,
propter quam de moribus Choerili inuidiosius iudicare
possit, qui respexerit et inter se comparauerit ea, quæ
de vita Choerili alibi disputaui. Mirari enim subeat,
quod idem poeta in carmine studiosior fuerit Atheniensium, deinde Lysandro adhæserit, denique apud Archelaum Macedonem consederit. In quo Samiorum illam leuitatem aliquis cognoscat, quam reprehendit Pausanias VI, p. 460. Enimuero hæc, quæ spectant mores
Choerili, obiter tantum tangere, et tangere magis quam
docere volui. Vt iudicare de moribus alicuius hominis
omni tempore lubricum est, ita de Choerili moribus
iudicare velle, temerarium foret. Prorsus vt sit tutius,
tacere in tali re, quam incerta proferre. Cogitaui, dum
hæc scribebam, de Sardanapali, quod in fine huius li-
belli illustratum dabo, epitaphio. Cuius auctor quum
incertus sit, quandoquidem pro Choerilo Samio alia,

alia, eaque grauiora, vt videtur, pro Choerilo Alexandri comite loquuntur, canendum est, ne illud propterea Choerilo Samio vindicemus, quod dignius sit huius Choerili moribus. Etsi enim perditissimus helluo fuerit Choerilus noster, non sequitur inde, vt Sardanapali helluonis epitaphium in graecum sermonem transtulerit.

Accedo ad alterum, quo Choerili carmen ornatum esse perhibetur, honorem. Suidas cum Hesychio Milesio: καὶ σὺν τοῖς Ὁμήρου ἀναγιγνώσκεσθαι ἐψηφίσθη. Id vero egregie decet Choerili Samii aetatem, neque in vllum alium Choerilum cadere potest. Qui decreuerint, et qua occasione recitatione illa, ex decreto, soliti sint vti, non addit Suidas. Ego non dubito, quin Athenienses fuerint, et Panathenaeis. Quippe in his ex vetere instituto recitabantur Homeri carmina. Nec, si Lycurgus in Leocr. p. 209. vol. IV. Reisk. institutum fuisse tradit, vt solius Homeri ibi recitarentur carmina, hoc impedit, quo minus Suidae de Choerili narratione confidamus. Lycurgus enim partim de temporibus antiquioribus loquitur, partim de eo, quod fieri solitum fuerit: Choerileae autem poeseos publica recitatio res fuit plane noua et extraordinaria, et quae nescio an breui, postquam instituta fuisset, tempore rursus cessauerit. Quin immo et hoc prorsus incertum, quonam primum tempore illam instituerint Athenienses. Belli Peloponnesiaci decursu id factum esse coniicias, vel gliscente eo bello. Quo tempore floruit Choerilus. Fortasse primum ipse Choerilus carmen suum recitauerat festis Panathenaeorum diebus. Vt Herodotus historiam suam, si fides Eusebio: certe si illam Athenis recitauit Herodotus, id Panathenaeis factum esse videtur, vt ibi obseruauit Scaliger pag. 104. quamquam Hieronymus nihil, quam hoc: *in concilio.* Choerili igitur carmen decretum fuit ab Atheniensibus, vt quinquennali Panathenaeorum celebritate praelegeretur vel caneretur. Hic enim aliquam difficultatem obiicit id, quo Suidas vtitur, verbum:

ἀναγιγνώσκεσθαι. Quod et Suidæ, et aliis, communi vsu,
est *legi* i. e. *prælegi*. Photius in Bibl. cod. LX. pag. 60.
de Herodoto historiam suam Olympiis prælegente: λέγεται δὲ, ἀναγινωσκομένης αὐτῷ τῆς ἱστορίας, — Θουκυδί-
δην ἀκοῦσαι. Et Lucianus, in eadem re, in Herodoto
init. molestum et longum visum esse narrat Herodoto,
nunc Atheniensibus, nunc Corinthiis, nunc aliis, scripta *prælegere*, ἀναγιγνώσκειν: quod non multo post
idem ᾄδειν dicit, lectionem viuidam animosque audito-
rum, poetæ more, abripientem significaturus. Qualis
lectio nonnihil differebat a recitatione histrionali, qua
Herodoti historiam egit et saltauit, rhapsodorum, qui
tum erant, more, Hegesias, teste Athenæo XIV. pag.
620. D. Itaque eo modo, quo Herodotum historiam
suam legisse dixi, Choerili carmen publice lectum fuisse
credebat Suidas. At quis hoc credat? Homeri quidem
carmina non lecta esse, sed recitata siue decantata a
rhapsodis, scimus. Et post hæc consedisse nescio quem,
et legisse Choerili carmen? Non ita. Canebatur illud,
vt Homeri carmina, a rhapsodis. Quamquam est hac
in re, quod probe notes. Enimuero, etsi vel Platonis
ætate, immo etiam Alexandri Magni sæculo, rhapsodos
artem suam exercuisse, et præter Homerum, Hesiodo
quoque Archilochoque studuisse constat; easdem eamdem operam dicasse tam recentibus poetis, quam Choerilus fuit, nisi de singulis diserta testimonia proferri
possint, non temere credendum est. Mimnermum,
Phocylidem, Simonidem Amorginum, et, quod paullo
magis insolens, Empedoclem in rhapsodorum ore fuisse, facile credimus affirmantibus, Athenæo XIV. pag.
620. C. et Diogeni Laertio VIII. 63. p. 532. Illi enim
omnes in suo genere fuerunt longe nobilissimi. Xenophanes quoque, quod annotauit Wolfius in prolegom.
ad Hom. p. 98. sua ipse ἐῤῥαψῴδει: nescio tamen, an
neque hic, neque Empedocleus rhapsodus, magno au-
ditorum plausu. Sed quare ad Panyasin, Choerilum,

et qui postea exstiterunt impares Homericae laudis aemuli, sese conuerterent rhapsodi; relicto imcomparabili illo et inexhausto Homeri thesauro, caussa fuit plane nulla. Igitur illos, non nisi per aliquantulum temporis, rei nouitate et curiositate adducti, tractauerunt rhapsodi, mox ad Homerum suum redituri. Nisi, quod in Choerilo factum est, externa caussa et iussu ciuitatis aliquem poetam commendatum haberent. Haec sors iniqua fuit eius, qui illa aetate epicae poesi se addicere vellet, vt timendum esset, ne plane non veniret in notitiam hominum, quum rhapsodorum ars partim inclinata, partim in antiquioribus poetis vnice occupata esset: pro qua re ars et consuetudo scribendi, paullatim gliscens, tardam praebebat compensationem. Ergo rhapsodi diserte iussi fuerunt, nec minima haec pars fuit illius decreti, vt Choerili carmen ediscerent et exercerent in Panathenaeorum vsum. Insignis sane honor, et quo superbire potuit Choerilus. Non tam benigne excepta est, nec potuit, Antimachi poesis. Vtar hoc exemplo, quo clarius fiat, quod modo monebam, difficilem fuisse illa aetate, deficientibus rhapsodis, poetarum epicorum recentiorum conditionem. Antimachi, qui non multo post Choerilum vixit tempore, poesin vel rarissime vel numquam in rhapsodorum ora venisse spoponderim. Antimachus primum ipse, quod testatur Cicero loco satis noto, Bruti cap. LI. carmen suum, *conuocatis auditoribus,* non cecinit, sed *legit.* Volumen enim illud, etsi pars tantum operis fuerit, et amplum nimis fuit, nimisque eruditum, quam quod recitari posset rhapsodorum more; neque ante concionem populi Antimachus afferre ausus est poema, quod ipse, quam paucis scriptum esset, sciebat. Deinceps Antimachi poesis non nisi iis, qui ipsum vel hic vel illic legentem audiissent, innotuit, vel per scripta exemplaria, sed ea et rara, vt colligere est, et manca: in quam rem graue est Procli testimonium statim proferendum. Donec laetior dies affulsit Antimacho, Alexandrinorum ius dicum plausu.

Choerili in Panathenaeorum celebritate honor, ex Atheniensium instituto, quam diu viguerit, ignoramus. Sed etiam Platonis aetate magnum fuisse illius nomen, docet Procli locus valde memorabilis, ad Antimachum non minus quam ad Choerilum spectans: quem Meursius protulit ad Hes. Miles. p. 221. nec Schellenbergii ille diligentiam effugit. Sunt autem haec verba Procli comment. in Plat. Timaeum lib. I. pag. 28. med. Ἡρα-κλείδης γοῦν ὁ Ποντικός φησιν, ὅτι τῶν Χοιρίλου (edit. χοι-ρίλλου) τότε εὐδοκιμούντων, Πλάτων τὰ Ἀντιμάχου προυτί-μησε, καὶ αὐτὸν ἔπεισε τὸν Ἡρακλείδην εἰς Κολοφῶνα ἐλ-θόντα, τὰ ποιήματα συλλέξαι τοῦ ἀνδρός. Quae ibi scribit Proclus, contra Callimachi et Duridis calumnias de-monstraturus, idoneum poetarum iudicem fuisse Pla-tonem.

Quicquid Plato senserit, quem Antimachi culto-rem et aliunde nouimus, magnam Choerili etiam paullo serius fuisse auctoritatem, liquet ex Aristotelis scriptis. Qui alioquin eius exemplo non fuisset vsurus in demon-strandis poeseos legibus. Id autem bis fecit in Rhetori-cis. Vid. fragm. Choerili I. et II.

Verum tamen tertius locus Aristotelis est, qui mo-dicum et cautum Choerili amatorem prodit. Quem hio tractabo, quum haec optima occasio dari videatur. Igi-tur haec scribit Aristoteles Topicor. lib. VIII. cap. I. fin. p. 372. Vol. III. Buhl.

Εἰς δὲ σαφήνειαν παραδείγματα καὶ παραβολὰς οἰστέον. παραδείγματα δὲ οἰκεῖα, καὶ ἐξ ὧν ἴσμεν, οἷα Ὅμηρος, μὴ οἷα Χοιρίλος. οὕτω γὰρ ἂν σαφέστερον εἴη τὸ προτειν-όμενον.

Primo haec male vertit Buhlius, ἐξ ὧν ἴσμεν: *e quibus (rem) intelligamus.* Recte iam Lambinus ad Hor. Epist. II. I. 233. *exempla autem propria, et ad rem accom-*

modata, ex iis, quæ scimus, ducta. Quo modo etiam Heinsius verba illa accepit, de sat. Horat. p. 270.
Loquitur autem Aristoteles de nostro Choerilo antiquo,
non de Choerilo Alexandri comite, quos confundit
Lambinus.   Et Torrentius quoque, cæteroquin Lambino in distinguendis Choerilis sagacior, hic imponi sibi
passus est.   Qui sic scribit comment. in Hor. l. l. pag.
737. solus in Topicis Aristoteles citatus a Lambino de
pessimo poeta Choerilo Flacco nostro suffragatur.
Cum quibus et Heinsius adeo ille ad Alexandri Choerilum retulit Aristotelis verba, de sat. Hor. l. l. adstipu-
lante Rutgersio Lect. Venus. pag. 399. At vero reprehendit quidem Aristoteles Choerilum illum suum, sed
non *pessimum* vocat; nec, quoniam Aristoteles aliquid
in illo reprehendit, inde sequitur, intelligi debere eum
Choerilum, quem Horatius reprehendat. Multo etiam
minus Aristoteles loquitur de Choerilo Atheniensi, vt
visum est Buhlio ad Aristot. Vol. IV. pag. 535. et ad Topic. p. 491. Qui tragicus poeta fuit. Sed cur de Choerilo
Alexandri loqui non videatur, immo, ne possit quidem
loqui, Aristoteles, paucis declarandum est. Choerilus,
Alexandri comes, Iasensis, etsi Aristotelis temporibus
vixit, ipse tamen, id quod probabili argumentatione
ostendi potest, aliquanto posterior fuit Aristotele. Deinde, si non semper, at per multos tamen annos, etiam loco disiuncti fuerunt vterque: hic in Græcia versabatur, ille cum Alexandro in Asia, patria sua. Porro,
etiamsi alter alterius notitiam habuerint, non antesta-
turus erat Aristoteles eo modo, atque Homero compa-
raturus, poetam recentissimum eumque ignobilem. Denique Aristoteles, vt verba arguunt, magnum quoddam Choerili, quicumque ille fuerit, poema ante oculos habuit. Iam vero eiusmodi carmen scripsisse Choerilum Iasensem, euinci non potest: si forte Lamiaca exceperis, ex coniectura nostra mox exornanda. Verum
hoc carmen scriptum esse et innotuisse non potest, nisi

eo tempore, quo iam mortuus, vel in mortem pronus Aristoteles. Sed Choerilum Samium innuit et Persica Aristoteles. In quo carmine quum color totus Homericus esset, comparationes tamen et exempla passim inseruit poeta, vituperationi, vt notat philosophus, obnoxia. Nimirum, quum comparationis consilium duplex sit, explicandi et ornandi, ante omnia hoc requiritur, vt ea res, quam extrinsecus aduocet in comparationem poeta, res sit solita et omnibus nota, vel certe notior illa, quam descripturus comparationem instituerit poeta. Quae lex, vt caussam suam in natura rei habet, ita optimis poetis obseruata est. Et si quando eam in artificiosiore poesi felici audacia migratam videris, at in epica tamen poesi, quae simplicissima, non sine crimine illa laedi posse videtur. Vt in caeteris rebus, ita in hac quoque praeclaro exemplo praeiuerant Homerica carmina. Quorum simplicitatem in eo reliquit Choerilus; nec solum Choerilus, sed etiam alii et boni poetae. Nec mirum, quum difficillimum esset, Homericarum comparationum simplicitatem imitari, si eodem tempore ieiunitatis crimen euitare, et noui aliquid praebere vellent. Quare, vt noui viderentur, ab Homero interdum recesserunt, et exempla exquisitiora, sed eadem, quod notat Aristoteles, obscuriora excogitauerunt. Exemplo vtar, quod, etiamsi non sit ex eodem prorsus genere, quod in Choerilo culpat Aristoteles, cognatum tamen est, et proximum. Amant recentiores poetae epici cum fabula fabulam comparare, cum heroe heroem, cum heroina heroinam. Homerus hic illic cum diis et deabus comparat viros et mulieres, idque bene. Qui si cum Marte virum, cum Diana venatrice Nausicaam comparat, omnes comparationis vices explet, quum et ornet ea comparatio et explicet, quandoquidem Martis et Dianae imago nota erat et omnium obversabatur animis. Contra si Virgilius Venerem comparat Harpalycae, vel si alio loco Didonem Pentheo et

Orestæ: ornatissima quidem est ea comparatio, et pul-
cerrimis enunciata verbis, sed eadem tantum aberat,
vt explicaret, vt ipsa explicatione egeret; multi enim
esse poterant, qui neque Harpalycen, neque Pentheum neque Orestam nossent. Ad quod si quis rege-
rat, Pentheum certe et Orestam omnibus Virgilii lecto-
ribus notos fuisse ex tragoediis, verum quidem hoc est,
et aperte alludit ad tragoediam Virgilius, dum addit
scenis; verum hoc non modo non minuit Virgilii culpam, sed etiam auget: immanis enim hæc est temporum confusio et iusto audacior, Didonem comparare
cum Oresta tragico. Quod sine inuidia dictum esto in
poetam magnum et excellentem, qui Homericam simplicitatem cum elegantia Augustei æui non ita potuit
conciliare, vt vtrique vbique satisfaceret.

Ad Choerilum Samium Aristotelis locum iam Petitus, quod nolim tacere, retulit, Obss. II. II. p. 171. sqq.
Qui ex librorum Aristotelicorum ordine ac serie demonstrare conatur, Topica Aristotelem scripsisse, antequam
poemata sua in vulgus edidisset Choerilus Alexandri.
Sed sufficere videntur, quæ eam in rem disserui.

CAPUT XII.

Alexandrinorum et Euphorionis de Choerilo Samio iudicium. Choerili Samii scripta, praeter Persica.

Ad ea tempora nunc descendit disquisitio, quibus Choerilo aperte praeualuit Antimachi auctoritas. Id autem factum est Alexandrinorum temporibus. Quo iure factum sit, etsi nobis iudicare non licet, in communi vtriusque poetae ruina, caussae tamen, cur factum sit, excogitari possunt multae. Quae primaria est, Alexandrinos iudices captasse videtur ingenium, quod in Antimacho reperiebant, suo simile. Doctae elegantiae studium intelligo, quo Antimachum pariter atque Alexandrinos excelluisse obseruauimus. Id vero non fuit in Choerilo. Deinde Platonis auctoritas aliquid effecerit, qui Antimachum praetulerat Choerilo; vt Aristotelem taceam et fortasse alios, quibus vel hoc vel illud minus placuisse in Choerilo intellexissent Alexandrini. Et hoc ad deprimendum Choerilum valuit, nisi fallor, quod ille argumentum materiamque carminis ex historia petiisset, contra antiquorum poetarum consuetudinem, quam Alexandrinos quoque poetas obseruare maluisse videmus. Denique insignis carminis ambitus librorumque numerus vel per se auctoritatem quamdam et honorificum locum conciliabat Antimachi Thebaidi. Hoc igitur certum est, et iam Schellenbergio obseruatum, ad Antim. pag. 38. sq. Alexandrinos iudices in canonem retulisse Antimachum, excluso Choerilo. De

Antimacho recepto testimonia exstant, quae fere omnia excitat Ruhnkenius in historia crit. oratorum græcorum pag. XCIV. sqq. Quinctiliani, Procli in chrestomathia apud Photium, siue in vita Homeri a Tychsenio edita, Tzetzarum ad Lycophronem et ad Hesiodum, grammatici Coislin. Sed litem quamdam et dissensionem eam ob rem fuisse, et Euphorionem certe, contra sententiam duumuirorum Alexandrinorum, fauisse Choerilo, liquet ex epigrammate Cratetis grammatici tom. II. p. 3. Anal. quo iam Schellenbergius vsus est. Est autem tale:

Χοιρίλος Ἀντιμάχου πολὺ λείπεται· ἀλλ᾽ ἐπὶ πᾶσιν
Χοιρίλον Εὐφορίων εἶχε διὰ στόματος,
καὶ κατάγλωττ᾽ ἐποίει τὰ ποιήματα, καὶ τὰ φίλητρα
ἀτρεκέως ᾔδει· καὶ γὰρ Ὁμηρικὸς ἦν.

Sensum carminis patefecerunt Toupius Emendd. in Suid. vol. II. ed. Oxon. p. 605. sq. vel pag. 135. vol. II. Lips. et Moneta in epistola ad Buherium, quam lectionibus in Analecta inseruit Brunkius p. 316. sq. Cf. Menagiana t. II. p. 14. not. ed. Paris. 1729. et Iacobs. Anim. in Anthologiam. Qui viri nihil obscuri reliquerunt, præter hoc vnum: τὰ φίλητρα. Toupius enim quód de *plagiis* cogitat, et dubitari potest, an φίλητρον non possit significare *plagium*, et oblitus est vir ingeniosissimus, per totum hoc carmen hanc amphiboliæ legem obseruatam esse, vt ambiguæ voces partim in irrisionem Euphorionis amatoris, partim in laudem, sed inuidiosam, Euphorionis poetæ accipi possint. Sic κατάγλωττα dictum est, sic Ὁμηρικός. Itaque si vox φίλητρα, quod statuit Toupius, semel de *amore* accipienda est, non potest eadem altera parte *plagia* significare: quæ aperta et dura accusatio foret. Præterea de plagiis Euphorionis nihil constat, nec res veri similis est: certe ab Homero ille non furatus est. Quod attinet Monetæ interpretationem apud Brunkium, nescio an φίλητρα

G

non possint dici *basia impudica*. Mihi quid in mentem venerit, non celabo. Mendi nulla suspicio est.
Φίλητρα fortasse primum sunt φίλτρα, eo sensu, vt si-
gnificentur *illecebræ*, amatoriarum maxime Euphorionis elegiarum. Multiplex est vocis φίλτρον potestas.
De illecebris poeticis vsurpauit Pindarus Pyth. III. 115.
Huc non pertinent, sed obseruatione digni sunt versus,
qui leguntur apud Suidam in v. Διογένης. In eorum
quinto, quem valde neglectum reliquerunt post Mediolanensem Portus et Kusterus, singularem lectionem
protulit, vulgata meliorem, Mich. Neander in Gnomologico lib. II. pag. 376. hanc: ἢν δὲ ἐφ᾽ ἡλικίην ἔλθη, λήθην τάχα ἕξει φίλτρον. Quam vnde petierit, nunc non
vacat exquirere: puto, ex coniectura. Hiantem versum facile expleueris:

ἢν δ᾽ ὅγ᾽ ἐφ᾽ ἡλικίην ἔλθη, λήθην τάχος ἕξει
φίλτρων.

Insolens vox est φίλητρον, sed ex φίλητρον ortum esse
φίλτρον tradit Etymologus in v. φίλτρον. Tum lusus et
amphibolia in eo erit, quod τὰ φίλητρα, si syllabæ distra-
herentur, τὰ φίλ᾽ ἦτρα, Euphorionem tangebat amatorem. Ἦτρον quid sit, docent Etymologus, Hesychius,
alii. Cf. Ruhnken. ad Timæum pag. 135. Nec sine acumine, puto, dictum est τὸ ἦτρον τῆς χύτρας ab Aristophane Thesmoph. 516. Pro ἦτρον vitiosa scriptura vel fortasse antiqua scripturæ inconstantia est ἴτρον apud Etymol. in v. δίστρον, et ap. Suidam in v. ἴτρον. cf. Hesych.
v. ἰτρία. Iam his verbis, τὰ φίλ᾽ ἦτρα ἀτρ. ἤδει, vide
quam accurate respondeant sequentia: καὶ γὰρ ὁ μηρικὸς
ἦν. Sed hæc, vtcumque aliquis statuere volet, non pertinent ad Choerilum poetam. Ad quem primus tantum
et secundus Cratetis versus spectant. Etsi ex eo, quod
Homericus fuisse dicitur Euphorio vs. 4. etiam id coniici licet, propter Homeri maxime similitudinem et
simplicitatem laudatum esse Euphorioni Choerilum.

Cæterum Choerili studium magis affectauit quam exer-
cuit Euphorio, quem Antimachi elegantiæ longe quam
Choerileæ simplicitati propiorem fuisse monui. Affectauit autem Choerili amorem, partim Alexandrinis iudicibus obloquuturus, partim, ne ipse Antimachi imitator videretur.

Aristarchorum iudicium non dubitandum est quin
multum Choerilo offecerit. Quod enim aliis exemplis
docemur accidisse, vt scriptores ii, qui non recepti fuissent in canonem illum Alexandrinorum, paullatim minus diligenter tractarentur, vel etiam negligerentur, et
ex manibus lectorum, grammaticorum maxime, excuterentur, idem Choerilo accidit. Hinc factum, vt tam
obscura ad nos peruenerit Choerili rerum et vitæ notitia. Hinc, vt rarius, quam exspectes, poetæ olim tam
celebris, et ætate non nimis remoti mentiouem factam
videamus. Hinc illa fragmentorum paucitas. Etsi enim
non is sum, qui huic fragmentorum, quæ ego collegi,
numero nihil addi posse spondeam: hoc tamen asseue-
rauerim, exiguum esse Choerili fragmentorum numerum, si comparetur cum aliorum reliquiis, veluti Antimachi, Euphorionis. Quamquam eius rei alia, quæ
accedit, caussa, in ipsa Choerili poesi posita, non prætermittenda est. Ex recentioribus scriptoribus ii, quibus plurima veterum poetarum fragmenta debemus,
grammatici, lexicorum conditores, scholiastae, ipsa
muneris sui natura ducti, poetas epicos eos, qui post
Homerum simplicem Homeri stylum repetissent, rarius
excitauerunt atque ad testimonium vocauerunt, quam
illos, qui propria quadam et exquisitiore dictione memorabiles essent.

Confirmationem eorum, quæ modo disputaui, acci-
piet, qui fragmenta Choerili, qualia sint, et a quibus
seruata, considerare volet. Vnde et hoc apparebit, qui
factum sit, vt nuspiam singuli Persicorum libri, vt in
aliis scriptoribus fieri solet, laudentur et indicentur.

Choerili fragmenta maximam partem vel apud antiquissimos scriptores exstant, Aristotelem et Ephorum Strabonis, vel ad recentiores scriptores, Galenum, et Simplicium, Stobæum, Hesychium, propterea maxime
peruenerunt, quod quasi in prouerbium abiissent. Vnum
Iosephi diligentiæ debemus, ad vindicandam Iudæorum
antiquitatem intentissimæ. Duo tantum sunt, vel potius
vnum inter omnia, quod seruatum propter dictionem
et verborum delectum. Inter eos, qui seruarunt, sunt,
quibus Choerilum numquam lectum esse credibile est,
immo certum. Repetierunt accepta ab antiquioribus
Choerileæ poeseos fragmenta. Sic Straboni fortasse,
vbi de Sacis agit, Choerili fragmentum non ex ipso
Choerili libro, sed ex Ephoro tantum, innotuerat. Non
acsi iam tum euanuisset Choerili liber: sed quod rara
eius exemplaria, et rarus vsus.

Ita quum Choerilus negligeretur, non mirum si
etiam hoc ignorare coeperunt, quid, præter Persica,
ille scripsisset, quid non, quid alter Choerilus. Ita vt
mature præparati videri possint recentiorum scriptorum errores circa Choerilos. Vnum huius rei exemplum habeo, valde quidem illud incertum, sed quod in-
dicabo: nam suspicioni locus datur. Epigramma in
Sardanapali tumulum ego infra additurus sum post
Choerili fragmenta et illustraturus: quod Strabo cum
Athenæo tribuit Choerilo. Quæritur, vtri Choerilo.
Ego quid ea de re sentiam, suo loco vberius exponetur.
Vbi ostendam, de Choerilo Iasensi cogitandum esse. Et
hunc Athenæus intellexisse videtur: nam Choerilum
Samium alio loco cognomine *epici* distinguit. Verum
quod ad Strabonem attinet, nescio an is ad Choerilum
Samium illud epigramma retulerit, longe illo notiorem.

Sed superest, vt de iis scriptis, quæ reliquisse perhibetur Choerilus Samius, præter Persica, paullo dicam disertius. Quæ res duobus tantum testibus agetur,
Snida et Eudocia.

Choerilo Samio Suidas tribuit: *Λαμιακά.* Intelligendum est haud dubie carmen *de bello Lamiaco*, vt *Μεσσηνιακά* appellatur nobile Rhiani carmen. Nam habuit quidem Lamia vrbs fabulas suas, et quæ indigenæ poetæ satis amplam fortasse præberent materiam, quas indicat Stephanus Byzantinus: Lamum Herculis filium, Lamiam reginam. Sed has cur in mentem induxerit tractare Choerilus, cui nihil cum Lamia vrbe aut Thessalia commune esset? Igitur *Lamiaca* fuerunt, vt dixi, *de bello Lamiaco.* Quod si ponimus, Choerilus Samius non potest illius carminis auctor fuisse. Quare aliquis coniiciat: *Σαμιακά.* Sami antiquitates et historiam canere decebat poetam Samium. Quod a *Σάμιος* formatur, nomen possessiuum, *Σαμιακός*, aliquoties inculcat Stephanus Byzantinus, v. *Σάμος*, v. *Ἄγκυρα*, v. *Χῖος.* Sed coniectura aliquanto feliciori carmen illud, *Λαμιακά*, supra a me relatum est ad Choerilum Alexandri Magni æqualem, sed eidem haud dubie superstitem. Nescio cui magis conuenerit, bellum Lamiacum canere. Hunc Choerilum ignorabat Suidas, vel is, quem Suidas exscripsit: itaque, quum alicubi Choerili carmen Lamiaca laudatum videret, id Choerilo, non paullo notiori, Samio adscripsit.

Simili errore ab Eudocia, vel potius ab eo, quem Eudocia exscripsit, Choerilo Samio adscriptas esse *comoedias*, supra significaui, quum de Choerilo Ecphantidæ agerem. Choerili Samii scripta hæc recenset Eudocia:

ἔγραψε δὲ ἐπιστολὰς πολλάς, καὶ ἐπιγράμματα, καὶ κωμῳδίας.

De epistolis non habeo quod dicam. Fides sit penes Eudociam. Neque repperi, quod eo referatur, nisi forte, si quis hariolari velit, illud Choerili de Thalete testimonium, quod ex Diogene Laertio propositurus sum. Cæterum, etiamsi fuerint nomine Choerili epis

stolæ, verendum, ne eæ non magis genuinæ fuerint,
quam aliorum virorum antiquorum epistolae, quarum
fraudem dudum odorati sunt viri ingeniosi. Epigrammata quod addit Eudocia, magis veri simile est. Illud
commemoraui, in Sardanapalum, quod, etsi nos aliter
statuimus, iam inter antiquos nonnulli Choerilo Samio
tribuerint. Hoc autem valde imprudenter factum est
ab Eudocia, quod, dum contraheret et inter se con-
glutinaret a diuersis auctoribus deprompta, alia a Suida, alia ab alio auctore, breuitatis studio præteriit pri-
marium poetæ opus, Persica.

Suidas, post Lamiaca, haec adiicit:

$$\varkappa \alpha \grave{\iota} \ \ddot{\alpha} \lambda \lambda \alpha \ \tau \iota \nu \grave{\alpha} \ \pi o \iota \acute{\eta} \mu \alpha \tau \alpha \ \alpha \grave{\upsilon} \tau o \tilde{\upsilon} \ \varphi \acute{\epsilon} \varrho \epsilon \tau \alpha \iota.$$

Minus definite loquitur, quam Eudocia, sed eam ipsam
ob caussam fortasse verius. Nosmet ipsi inter fragmenta Choerili Samii habemus, versu quidem heroico scripta, sed quæ ex minoribus poematis, non ex carmine
epico, petita videantur. Vid. fragm. VIII. Etiam philosophicum siue ethicum quoddam carmen Choerili exstitisse, opinio mea est: v. fragm. VII. IX. X. Atque
hoc carmen, vel hæc carmina, fortasse fuerunt, qui
abiudicarent Choerilo. Qualem dubitationem signifi-
cant Suidæ verba: $\varkappa \alpha \grave{\iota} \ \ddot{\alpha} \lambda \lambda \alpha$ — $\varphi \acute{\epsilon} \varrho \epsilon \tau \alpha \iota$.

Fragmenta Choerili nostri, quæ propositurus sum,
dum reputo, quam sint pauca, deplorare subit boni
poetæ et suo tempore inclyti sortem. Sunt tamen illa,
vt in pessima re esse solet, quod solatii loco habeatur,
nec nimis breuia, et pleraque magis, quam multa aliorum fragmenta, memorabilia. Qui alia addiderit, a
me prætermissa, gratum faciet et Choerilo. et mihi.
Vereor autem, vt magna accessio exspectari possit.

Ordinem ita institui, vt primo loco ponerem ea,
quæ ad Persica referre possem idonea de caussa et hac
euidentia, quæ sufficit. Sunt ea sex. In quibus dige-

rendis seriem carminis assequi studui. Altera sex dubitationem admittunt. Quæ ex carmine illo epico esse
omnia, vt nolo negare peruicacius, ita non ausus sum
affirmare; atque vnum alterumque est, quod vt ex
Persicis desumptum esse credamus, nihil est quod suadeat; vt aliunde, suadeat aliquid. Caussam in singulis nunc breuiter nunc exposui vberius.

CHOERILI SAMII
FRAGMENTA.

I.

Ἆ μάκαρ, ὅστις ἔην κεῖνον χρόνον ἴδρις ἀοιδῶν
Μουσάων θεράπων, ὅτ᾽ ἀκήρατος ἦν ἔτι λειμών.
νῦν δ᾽ ὅτε πάντα δέδασται, ἔχουσι δὲ πείρατα τέχναι,
ὕστατοι ὥστε δρόμου καταλειπόμεθ᾽· οὐδέ τοι ἔσται
πάντη παπταίνοντα νεοζυγὲς ἅρμα πελάσσαι.

Aristoteles de Rhetor. III. XIV. p. 570. sq. Vol. IV.
Buhl. Ἔτι δ᾽ ἐκ τῶν δικανικῶν προοιμίων· τοῦτο δ᾽ ἐστίν, ἐκ
τῶν πρὸς τὸν ἀκροατήν, εἰ περὶ παραδόξου λόγος, ἢ περὶ χα-
λεποῦ, ἢ περὶ τεθρυλλημένου πολλοῖς, ὥστε συγγνώμην ἔχειν·
οἷον Χοιρίλος·

Νῦν δ᾽, ὅτε πάντα δέδασται.

Nihil amplius Aristoteles. Integros versus debemus P.
Victorio, cuius apponam verba ex commentariis in
Arist. Rhet. pag. 587. ed. Florent. 1548. *Hic est Chœ-*
rilus ille, qui carminibus Horatii, vt malus poeta
proscissus fuit: nec non etiam ab Aristotele ipso in
VIII. libro Topicorum damnatus est. Exemplum
tamen ab ipso nunc capit: Initio namque ille sui poe-
matis ignosci sibi oportere dixerat, quod de rebus
vulgaribus scribere cogeretur: primi enim poetœ qui
meliore fortuna vsi, tempore ipsum antecesserant,
elegantiores omnes materias occuparant. Hœc col-
liguntur ex non ineleganti hoc carmine ipsius, quod
in Græcis commentariis legitur.

Ab Victorio Choerili ~~versus venerunt in~~ editionem Rhetoricorum Aristotelis' eam, quæ cum selectis Victorii, Maioragii, Fabii Paulini notis prodiit Cantabrigiæ a. 1728. pag. 563. et hinc fortasse ad Buhlium, qui illos exhibet ad Aristot. l. l. Animaduers. p. 535. Exhibuerunt præterea inter antiquiores Muretus Var. Lect. XII. XIV. et Scaliger Animaduers. in Euseb. pag. 101. idemque ad Manil. II. 53. pag. 105. ed. Argentor. vbi bene cum Choerilo comparat Manilium. Nec Muretus nec Scaliger fontem, vnde versus illos petiuerint, indicant. Et eosdem sine admonitione repetierunt, a Mureto acceptos, Heinsius in lect. Theocr. cap. XIX. pag. 359. a Scaligero, Sam. Petitus Obss. pag. 167. Hinc Oruillius, vbi tractat Propertii locum II. VIII. 6. in Miscell. Obs. vol. I. t. III. pag. 432. sqq. Manilii versu laudato: *Vbi videndum,* inquit, *Choerili fragmentum a Scaligero nescio vnde haustum.*

Opportune autem accidit, vt versus tam elegantes, iique ex Persicorum exordio, ad nos peruenerint. Oratio est, quod supra me tangere memini, magis quam pro Homeri consuetudine, figurata, sed, verba si spectes, simplex, elegans, et quam Homericam si appellem, non verear, ne nimium dixisse alicui videar. Τέχναι nouo vsu dixit Choerilus, eoque sensu, quo ne potuit quidem dici ab antiquissimis poetis epicis. Talia passim, sed non omnia, notaturus sum, recentioris sermonis vestigia. Νεοζυγὲς vt non est apud Homerum, esse tamen posset. Verbum πελάσσαι propius videbimus.

Verum de eo litigari poterit, vtrum ipsum Persicorum initium teneamus, an versus aliquot præcesserint. Erit, qui nimis subitum et nimis abruptum dicat hoc exordium, si exclamatione carmen suum ordiri voluisset Choerilus. Sed potuit tamen ita facere poeta. Ac, puto, fecit. Qui autem tam copiose de consilio suo exposuerit, ex antiquis poetis epicis vix inueneris vllum. **Et ne Aristoteles quidem vllum recordatus esse** videtur præter Choerilum. Igitur hoc singulare in Choerilo et proprium, sed explicandum ex rationibus Choerili. Excusatione egebat, quod viam nouam ingredi et ab aliorum poetarum vsu recedere sibi proposuisset.

Videndi sunt versus singuli. In quibus cum Victorio tantum non vbique consentit Muretus, ita vt nihil egisse videatur aliud, quam vt illos a Victorio transcriberet. Scaliger fortasse rursus ipse contulit librum græcum.

Versu 1. Scaliger vtroque loco, ad Manilium et ad Eusebium: ὦ μάκαρ. Victorius: Ἆ μάκαρ. Quod præstat. Theognis v. 1015. Bekk. v. 987. Brunk.

> Ἆ μάκαρ, εὐδαίμων τε καὶ ὄλβιος, ὅστις ἄπειρος.

Vbi nunc bene Ἆ legitur ex libro Mutinensi; idem fortasse reponendum vs. 1173. vel 1127. ed. Brunk. In Epigr. Incert. DLXV. DLXVI. multi Ὦ μέγα et Ὦ μάκαρ. Exquisitius: Ἆ μέγα et Ἆ μάκαρ. Deinde Victorius ὕβρις. Et sic Muretus in edit. Plantin. a. 1586. Quamquam in Thesauro critico Gruteri t. II. p. 1092. exhibetur ἴδρις. Scaliger: ἴδρις. Quam correctionem iam Heinsius fecerat in lect. Theocr. l. l. Sustuli autem comma, quod Victorius posuit, post ἀοιδῶν, quum ἴδρις pendeat a θεράπων. Nexus verborum paullo impeditior, sed neminem latere potest. Vix enim fuerit, qui ἀοιδῶν existimet esse ab ἀοιδή. Μουσάων θεράπων sollemnis poetarum appellatio, traducta, vt credo, ex Margite. Vid. Aristophanes in Auibus v. 910. sqq. ibique schol. Proxime ad Choerilum accedit Homericus in Lunam hymnus:

> — ὧν κλείουσ᾽ ἔργματ᾽ ἀοιδοί,
>
> Μουσάων θεράποντες, —

Cui geminus est Hesiodus Theog. v. 99. Verum vtrique poetæ antecessisse puto Margitem. Μουσάων θεράποντα Archilochum ipse nuncupabat Apollo: quod orat.

culum conseruauit Galenus in protreptico; cf. quos laudat Wyttenbachius ad Plut. de sera n. v. pag. 81. *Μουσῶν θεράποντα καὶ ἄγγελον:* Theognis v. 747. vel v. 769.
Bekk.

Vs. 2. Victorius: *ἀκείρατος.* Recepi emendationem;
quam tacite fecit Scaliger. *Pratum integrum,* vt Ma-
nilius. Rarissima vox apud Homerum, *ἀκήρατος:* sed
Homerica tamen. Choerilo autem proximum hoc est ex
hymno Mercurii v. 72. *λειμῶνας ἀκηρασίους. Παρθένων
κᾶπος ἀκήρατος* dictum est Ibyci apud Athen. XIII. pag.
601. B. vbi tolerabile *ῥοάν;* melius *ῥοᾶν,* quod tamen
longe simplicius explicandum, quam explicuit Schweighæuserus. Facile in metra sua redibit Ibyci carmen, si
quis domuerit, quod in fine latet monstrum. Nam
monstrum est *ἐθάμβησε κραταιός,* vel *ἀθάμβησε κραταιῶς.*
Postrema ego sanare posse mihi videor. Sana visa sunt
omnibus hæc: *παιδόθεν φυλάσσει.* In quibus nec temporum pristinorum illa commemoratio, nec frigidissimum
φυλάσσει furibundæ verborum, quæ præcedunt, tem-
pestati respondet. Melius vtique poetæ prospicietur, si
scribatur;

— *παιδόθεν τινάσσει
ἀμετέρας φρένας.*

In versu Choerili tertio Scaliger in Euseb.: *δέδασται.* Ad Manilium idem, vt cæteri, *δέδασται.* Choerili
locum Virgilio in simili conquestione obuersatum esse,
Georg. III. init. *Omnia iam volgata* etc. coniectura est
Mureti, fortasse non inanis. Choerilus autem ex Iliadis
I. v. 125. profecisse videbatur Heynio. Verbis his;
ἔχουσι δὲ πείρατα τέχναι, hic sensus inest, vt Choerilus
non solum conqueratur de exhausta ab antiquioribus
epicis epici carminis materia, sed etiam de eo, quod
poeseos genera, inter se separata et discreta, suos quod-
que sibi fines, suum dominium, vindicauerint, quum
antiquis poetis epicis quolibet euagari et nullam mate-

riam non licuisset aggredi. Respexit autem Choerilus
etiam his verbis se suumque conamen. Phrynicho, Aeschylo fas erat, res Persicas, easque recentissimas, tractare. An idem poetæ liceret epico, ea vero erat quæstio. Vs. 4. vnus Muretus: δρόμον. Erratum. Quod
correxit, qui hæc, vt dixi, a Mureto accepit, Heinsius. Qui ista sic exhibet: ὕστατοι, ὥστε δρόμου, ἀπο-
λειπόμεθ'· Hoc quidem memoriæ lapsu: nam cæteri
omnes καταλειπόμεθ'. Mox omnes: οὐδέ τοι. Victorius
quidem vna voce: οὐδέτοι. Vs. 5. Victorius: Πάντη,
πάντη Muretus et Scaliger, vt nunc scribi solet. Cæterum hemistichium est Homericum: Odyss. XII. 233.

    Denique Victorius et Muretus: πελάσαι. et sic Sca-
liger ad Manilium. Sed apud eumdem in Euseb. rectius: πελάσσαι. Quod et Heinsius reposuit l. l. At
enimuero hoc corruptum, si Hemsterhusio credimus.
Quod primum annotatum vidi a Porsono, Aduers. pag.
274. Hemsterhusius ad Luciani Somnium XV. pag. 20.
vbi Choerili versus commemorat: *in quorum vltimo,*
inquit, *legendum profecto,* νεοζυγὲς ἅρμα ἐλάσαι *vel*
ἐλάσσαι, *non* πελάσαι. Defendendum est, si quidem defendendum sit, contra Hemsterhusium, πελάσσαι. Nam
quod viro summo in mentem venit, ἐλάσσαι, id nemo
nunc erit cui arrideat. Nulla autem alia de caussa Hemsterhusio displicere potuit πελάσσαι, quam quod positum videret sine indicio loci. Estque hoc profecto in-
solentius, sed excusationem habet. Homerus quidem
verbum πελάζειν in Iliade, si bene memini, semper ita
adhibuit, vt datiuum adiungeret eius rei, ad quam
appropinquatio fiat.

    ἱστὸν δ' ἱστοδόκη πέλασαν.
    Ζεὺς δ' ἐπεὶ οὖν Τρῶάς τε καὶ Ἕκτορα νηυσὶ πέλασσεν.

Semel abest datiuus, sed vbi facile ex præcedentibus
suppleatur: XII. 420. Et semel, quod hac occasione
moneo, in eodem libro v. 112. πέλασεν est verbum neu-

trum. In Odyssea paullo latior obtinet vsus. Ac primo
memorandum, quod occurrit VII. 253. 4.

— δεκάτη δέ με νυκτὶ μελαίνῃ
νῆσον ἐς Ὠγυγίην πέλασαν θεοί.

Recurrunt versus tantum non iidem XII. 447. vbi ad-
scriptam video a Barnesio et ab Ernesto diuersam lectionem, ἔθεσαν, sed eam, vt videtur, nullius momenti
Cum præpositione πρός, Hesiodus Op. 730.

ἢ ὅγε πρὸς τοῖχον πελάσας εὐερκέος αὐλῆς.

Etiam cum præpositione ἐν construitur πελάσσομεν, Od.
X. 404. 424. Quod mirum primo obtutu, sed nos nunc
non morabitur. Ab eo vsu, quo cum εἰς et πρὸς con-
strueretur πελάζειν, facilis erat transitus ad hoc loquendi genus, quo eidem verbo iungitur aduerbium loci.

τὸν δ᾽ ἄρα δεῦρ᾽ ἄνεμός τε φέρων καὶ κῦμα πέλασσεν

Od. V. 111. 134. Et quod non dissimile est, οὔδαςδε πελάσσαι: X. 440. Pro quo in Iliade, XXIII. 719. est: οὔ-
δει πελάσσαι. Sic, quum verbum πελάζειν coniungere-
tur cum aduerbiis loci, potuerunt hoc quoque sibi su-
mere, vt aduerbium illud omitterent, vbi id ex præcedentibus suppleri posset. Idque fecit Choerilus, apud
quem ex voce πάντη facile suppletur particula ποι, vel
etiam πῃ. Fortasse alicui in mentem venerit, in versu
præced. pro τοι legere ποι vel πῃ. Sed nihil opus. Non
prætermittendus est Odysseæ locus ex lib. XII. 41. vbi
πελάσῃ nudum positum, ita vt nec datiuus, nec aduerbium supplendum videatur. Hoc tamen a Choerili loco
differt eo, quod ibi πελάσῃ verbum est neutrum, vt in
Iliade XII. 112. et apud Hesiodum v. 730.

De curribus, quos sibi vindicent poetæ, dixit Hemsterhusius; comparentur, si placet, quæ habet Oruillius loco laudato. Vsus est ea imagine inter alios Iuue-
nalis I. 19. seq. Addo nobile Parmenidis exordium ap.
Sextum lib. VII. At vero ibi sermo est allegoricus. Ful-

Iebornius Empedoclis versum comparat, qui apud Stur-
zium est 343.

Quum graeci illi in Aristotelem commentarii, ex
quibus Choerili versus produxit Victorius, qui fuerint
et an sint, lateat, non alienum est, ex Aristotelis scholiasta eo, quem ex codice Georgii Seluae, episcopi Vau-
rensis, edidit Conr. Neobarius, regius typographus, Pa-
risiis à. 1539. adscribere, quae pertinent ad Aristotelis
verba supra posita. Liber, vt videtur, rarus, inscriptionem habet hanc: *Εἰς τὴν Ἀριστοτέλους Ῥητορικὴν ὑπό-
μνημα ἀνώνυμον.* Egit de eo Fabricius in bibl. gr. vol.
III. pag. 221. Harles. Buhlio videre non contigit; quem
vide in praef. ad Aristot. vol. IV. pag. X. Haec autem
scholiastes ille, fol. 73. b. vs. 2.

> ἢ εἰ λέγεις [τι τεθρυλλημένον] καὶ γνώριμον ὂν [τοῖς
> πᾶσιν,] δεῖ σε παρακαλεῖν τὸν ἀκροατὴν συγγνωμονῆ-
> σαί σοι, εἰ τὰ γνώριμα λέγεις τοῖς πᾶσιν· [οἷον εἰ χοι-
> ρίλλος] ἐποίησεν (τραγικὸς δὲ οὗτος·) συγγνωμονητέον ὦ
> ἄνδρες, εἰ νῦν παριστάμενα λέγων ταυτί, ὅτε δέδασται
> λέγεται καὶ μεμοίρασται, τότε ὁ δεῖνα ἀνδραγαθεῖ.

Accurate descripsi. Homo imperitus valde importune
inter se permutauit Choerilos. A quo decipi se passus
est, et perturbationem auxit, quod iam notaui, Valesius ad Hesych. v. Χοιρίλον. Dubitari enim non potest,
quin hunc scholiastam voluerit Valesius. Atque eumdem volunt Dan. Heinsius de sat. Hor. p. 268. sq. et Sam.
Petitus in Obseruat. p. 168.

II.

Ἡγεό μοι λόγον ἄλλον, ὅπως Ἀσίης ἀπὸ γαίης
ἤλθεν ἐς Εὐρώπην πόλεμος μέγας.

Quod modo tractauimus, Choerili fragmentum, Aristoteles exemplum esse voluit eorum exordiorum, quæ
iudicialia appellat, δικανικά. Rarum autem, vt monui,
in epica quidem poesi, iudiciale hoc exordiorum genus;
eamque ipsam ob caussam Choerili exemplum posuit
Aristoteles. Sed paullo post, vbi præcipit, in exordio
epici carminis requiri indicium eius rei, de qua dicturus sit poeta, exempla ponit hæc, pag. 372. Buhl.

Μῆνιν ἄειδε θεά.
Ἄνδρα μοι ἔννεπε Μοῦσα.
Ἡγεό μοι etc.

In quo quum antea in excusis libris legeretur: λόγων
ἄλλων, Victorius in commentariis pag. 589. restituit λόγον ἄλλον: itα autem quoque legitur in antiquissimo
libro: quem sequitur etiam vetus tralatio. Idque exhibet Rhetoricorum Aristotelis editio, quæ, ad Victorii
exemplar correcta, anno insequente, 1549. prodiit Pa-
risiis. Cui quæ subiecta est interpretatio Hermolai Barbari, antiquum vitium expressit. Nam ita Hermolaus:
*Dux mihi sis o Musa subsequentium sermonum, quo-
modo ingens ex Asia bellum venerit in Europam.* Illam autem interpretationem veterem, cuius mentio
apud Victorium, Hermolao Barbaro multo tempore priorem fuisse constat.

Codex ms. bombyc. bibliothecæ Regiæ Dresd. qui
Aristotelis Rhetoricorum libros tres, Poeticam, et De-
metrium Phalereum de eloquutione continet, λόγον ἄλ-

— 112 —

λον praebet et ἐπ᾽ Εὐρώπην. Hoc quidem, quod aliquanto fortius esse videbatur quam ἐς, recepturus eram, nisi editorum auctoritas me retinuisset. Si quidem ex eorum silentio recte colligitur, eos ἐς repperisse in codicibus suis. Codicem illum, quem Dresdae exstare forte comperissem, benignissime mihi dedit inspiciendum, qui nunc ibi bibliothecae Regiae praeest, Beigelius, vir eruditione et facilitate aditus clarissimus.

Praeterea scripsi Ἀσίης, pro eo, quod vulgatum video, et in codice Reg. Dresd. repperi, Ἀσίας.

Cuiusnam ista poetae sint, ignorare se fatetur Victorius. Stolida ad hunc locum profert scholiastes Neobarii, quae tamen apponere non piget, vt clarius, quale sit illud scholiorum genus, appareat, et quoniam, vbi grauia desunt et fide digna testimonia, fabulas interdum et ineptias audire iuuat. En verba scholiastae, loco supra laudato, fol. 73. b. vs. 26.

— [διὰ τοῦτο] ἤτοι, τὸ μὴ πλανᾶσθαι τῷ ἀορίστῳ, εὐθὺς ἐν αὐτῷ τῷ προοιμίῳ, τὴν ὅλην δηλοῦσιν ὑπόθεσιν, ὡς τὸ, [μῆνιν ἄειδε θεά· καὶ, ἥγεό μοι ἄλλων καὶ ἄλλων,] ἀντὶ τοῦ ἡγεμόνευέ μοι· τοῦτο εἴρηται τῷ Ἡροδότῳ περὶ τοῦ πρὸς τὸν Ξέρξην πολέμου.

Haec scholiastes. In quibus pro ἄλλων καὶ ἄλλων legendum videtur: ἄλλων λόγων, vel λόγων ἄλλων. Nisi forte legendum: — λόγων ἄλλων, καὶ ἄλλα. Non suboluerat bono homini, hic de versu agi.

Nos, certa coniectura ducti, fragmentum illud Choerilo vindicauimus. Est autem laus inuentionis non apud me, sed apud alios. Primus, quod sciam, vidit Barnesius in vita Euripidis cap. XXX. pag. 31. not. ed. Lips. deinde, quem tum, puto, latuit Barnesii obseruatio, celeberrimus Wolfius apud Schellenbergium ad Antim. pag. 59. not.

Res extra dubitationem posita est. Modo hoc teneas, ista, ἥγεό μοι λόγων ἄλλων, in carminis initio quidem fuisse, sed non ipsum initium. Quod et verba ipsa demonstrant, et fragmenti, quod posuimus, primi comparatio. Post versus illos quinque Choerilus aliquid inseruerat, quod nunc nescimus: fortasse exempla quæ-dam, ad modum Virgilii: *Cui non dictus Hylas puer.* Deinde ad rem transiit sic: *Hæc quum ita sint:* ἥγεό μοι λόγον ἄλλον etc. inuocatione Musæ inserta.

Barnesius tacite dedit πόνον, non λόγον; tum, vt ego, Ἀσίης. Ad hoc quidem quod attinet, in vulgato Græcorum sermone atque apud recentiores raro inuenias exempla, vbi Ἀσία sit adiectiuum nomen et cum sub-stantiuo iungatur. Ex antiquis ita loquuti sunt, præ-ter Choerilum, Aeschylus, in Pers. 585. 925. qui tamen alibi Ἀσία substantiue, et Euripides Bacch. v. 64. Ex antiquissimis frustra exempla exspectes. Pertinet ta-men huc Homericum illud, Ἀσίῳ ἐν λειμῶνι, de quo mihi quidem, et, credo, plerisque satisfacit Hermanni disputatio ad Hom. h. Apoll. 250. sq. Quod non ita dico, acsi hoc Homeri exemplo opus esse existimem, vt de-fendatur, quod Choerilus dixit, Ἀσίης γαίης. Suffi-ciunt aliorum, Aeschyli maxime, exempla; et vel sine exemplis analogia docet, *Asiæ* nomen primitus adie-ctiuum fuisse. Id quod ponit Hermannus l. l. Nimirum quum Ἀσία per se discerni nequeat, vtrum sit adiectiuum an substantiuum, apud nos, vt proprie adiectiuum fuisse credamus, efficit constans antiquitatis vsus, secundum quem et alia nomina multa, quæ serius substantiuo-rum formam induerunt, primitus adiectiua fuerunt, et terrarum maxime nomina adiectiui formam manifesto præ se ferunt, veluti Μηονίη, Φρυγίη, Θρηϊκίη, alia quam plurima. Qualia si non ita effert Homerus: Μηο-νίη γαῖα, Φρυγίη γαῖα, efferre tamen ita poterat, et ex-tulerunt ita, vel certe cogitarunt, Homero antiquiores. Sed occurrunt etiam nomina terrarum talia, quæ ter-minatione et vsu, quippe quæ nomen γῆ adsciscant, tamquam nomina adiectiua se produnt, e. g. Ἀσίς, Ἀσιάς,

H

Ἀσιῆεις, quæ voluit Hermannus l. l. Sic Homerus nunc
Ἀχαιΐδα γαῖαν, nunc Ἀχαιΐδα simpliciter: illud legitime,
hoc per licentiam, sed illis temporibus iam consuetam.
Huc etiam Ἑλλάς pertinet. Quod nomen, quum apud
Homerum substantiuum esse videatur, quonam modo,
si vere substantiuum esset, optimi scriptores Ἑλλάδα
γαῖαν et similia, vel Ἑλλάδα ἄνδρα, quod Sophocles dicitur ausus esse, dicere possent? Igitur de his ita statuendum est, formam et eam, quæ est in ια siue ιη, et
alias primo adiectiua fuisse; deinde consuetudine scriptorum, inprimis eorum, qui prosa oratione scripserunt, accidisse, vt nomina illa, quæ sunt in ια, pro
substantiuis haberentur; ea vero, quæ terminantur in
ις, άς, adiectiua manerent: quamquam in his quoque
fuerint, quæ vel sæpius vel rarius tamquam substan-
tiua vsurparentur. Sic, vt vno exemplo vtar, primum
fuit Ἀσία γῆ, et origine et antiquissimorum vsu. Et
retinuerunt, quod decebat poetas, hunc vsum Aeschylus, Choerilus, Euripides: etsi horum ætate mos iam
vulgatus erat, dicere Ἀσίαν simpliciter. Quæ autem
aliæ sunt formæ, Ἀσίς, Ἀσιάς, adiectiua manserunt,
ita tamen, vt interdum etiam Ἀσίδα simpliciter dicant
poetæ, quasi substantiuum: veluti quum Ἀσίδα πυρο-
φόρον dicit ipse Choerilus. Sed mitto hæc. Quæ si trita
et puerilia alicui videantur, ego certe non memineram,
qui de hac re satis clare exposuisset. Hoc mirari subit,
quid sit, quod scholiastes Apollonii ad lib. II. 777. ci-
tharam appellatam esse ait Asiam, Ἀσίαν, quum ab
reliquis grammaticis et a Plutarcho de musica p. 1133.
C. ea Ἀσιάς appelletur. Quod facile foret restituere
scholiastæ, nisi vulgatæ lectioni patrocinaretur lexicon
Seguerianum Bekkeri vol. I. Anecd. p. 451. Quæ ante
Bekkerum delibauerat Montefalconius in Bibl. Coisl. p.
607. Apud Stephanum Byz. in v. Ἀσία olim, nescio quo
consilio, labefactare studuerunt vocem ἤπειρος. Aliquid
turbauit is, qui hanc epitomen fecit. Sic fere scripserat

Stephanus: Ἀσία, πόλις Αυδίας παρὰ τῷ Τμώλῳ, ἐν ᾗ ἡ τρίχορδος εὑρέθη κιθάρα. διὸ καὶ Ἀσιὰς ἡ κιθάρα. Ἀσία ἡ ἤπειρος· οἱ μὲν ἀπὸ πόλεως etc. Quod hoc de appellatione citharæ omiserit epitomes auctor, non vertimus illi vitio: nam parum ad rem facit. Sed tum etiam particulam διὸ omittere debuerat. Quod ex Suida et ex Eustathio ad Dion. 620. monet Holstenius, Asiam olim Ἤπειρον dictam esse, prorsus alienum a Stephani loco.

Inter Aeschyli, Choerili, Euripidisque locos eos, quos posui, et Homerum Il. II. 461., quantum intersit, neminem latet. *Asia* non semper eodem ambitu dicta est. Homeri *Asia*, vel potius *Asium pratum*, Lydiæ siue Mæoniæ erat regio, in Caystri, Pactoli et Mæandri confinio, prope Tmolum montem. Idem est, quod πεδίον Μαιάνδριον appellat Dionysius v. 830. sq. et 837. vbi v. Eust. A Tmoli fastigio conspici Caystrium campum, testis Strabo XIII. pag. 928. C. Almel. Caystrium campum Arrianus quoque commemorat lib. V. p. 203. Gron. Qui quæ narrat de natis per fluuiorum alluuionem regionibus campestribus, planum faciunt, quo modo illa regio ab *limo* appellari potuerit *Asia*. Homerico sensu *Asia prata*, et *Asiam paludem*, et *Asiam Deiopeam* dixit Virgilius. Hinc paullatim progressa est ac sese extendit *Asiæ* appellatio. Primo quidem factum fuerit, quod credi potest scholiastæ Apollonii II. 777. vt *Asia* appellaretur vniuersa Lydia; quamquam hoc neque ex Apollonii verbis necessario sequitur, nec, quod vult scholiastes, ex Homeri loco demonstrari potest. Sed veri simile est, *Asiæ* nomen ab ea regione, quam Homerus denotat, egressum proximas primo regiones occupauisse. Tangit illam scholiastæ opinionem etiam Eustathius ad Dion. l. l. ὡς τάχα τῆς Μηονίας Ἀσίας λεγομένης. Paullo grauior testis est Strabo XIII. p. 930. sq. Almel. vbi memoria dignissimum est et ad rem nostram egregie facit, quod e Scepsio refert Strabo de Callino; cf. Steph. Byz. in v. Ἠιονία,

H 2

et Hesych. Ἠσιονεῖς. Choerili et Euripidis tempore iam vsitatum erat scriptoribus, *Asiam* dicere Ἀσίαν τὴν ἤπειρον, vt Stephanus Byz. l. l. id est, totam illam continentem, quam nos fere Asiam vocamus, alteri mundi parti, vel duabus alteris partibus, Europæ Libyæque, oppositam. Id pro sua quisque notitia, valde tum manca. Hoc igitur sensu Ἀσίην γυῖαν dixit Choerilus; hoc Aeschylus, quem videbimus; hoc Euripides in Bacchis v. 64. Ἀσίας ἀπὸ γᾶς; 1167. vel 1158. Brunk. Ἀσιώδες Βάκχαι; Iphig. Taur. 179. vel 172. Seidl. ὕμνον Ἀσιήταν, id est *barbarum* simpliciter; Herc. Fur. 643. Ἀσιήτιδος τυραννίδος ὄλβος, siue ibi Midæ, siue Croesi imperium, siue Persas, siue hos omnes in mente habuerit poeta. Qua tamen in re duo tenenda sunt. Primum, quod notissimum est, in vulgari tum vitæ consuetudine Græcos, vbi *Asiam* dicerent, sæpe nonnisi de anterioribus Asiæ terris, quæ intra Halyn essent, de Ionia maxime, cogitauisse, exclusa Asia vlteriori, quam non tam vniuerso Asiæ nomine complecti, quam singulos populos suis nominibus distinguere solebant. Qui loquendi vsus ad recentiores, Romanos quoque, permanauit. Quo spectat grammaticus Bekkeri mox laudandus. Poetæ autem, simili quadam ratione, Asiæ nomen ab vniuersa continente in singulas terras transferebant. Honoris quasi caussa, et prout nunc hæc nunc illa terra potior vel laude dignior videretur. Exempli gratia, Euripides Ioniæ conditorem vocat: κτίστορ Ἀσιάδος χθονός, Ion. v. 74. Contra, vt in Euripide consistam, *Asia* appellatur Troas: Troad. 743. vel 765. Seidler. Virgilius: *Postquam res Asiæ* etc. Nimirum bellum Troianum, vt postea, maiore quidem iure, Persica bella, imaginem referebat certaminis inter Europam et Asiam gesti. Eodem sensu Iuno Paridi promisisse perhibetur *Asiæ Europæque* imperium, id est, Troadis siue Phrygiæ, et Græciæ. Certe antiquissimi nihil voluerunt amplius, veluti Euripides Troad. 927.

vel 957. Quod deinde detorquentes alii, veluti Isocra‑
tes in Helenae encomio, iusto liberaliorem fecerunt Iu‑
nonem. Aeschylus in Persis eo fere, quo Choerilus,
sensu, *Asiam* dicit; ita quidem, vt omnes Asiae popu‑
los cum Xerxe profectos, et vniuersam continentem
clade illa afflictam esse fingat. Vide, si exemplis opus,
v. 925. quem locum iam adhibui. Add. vs. 267. sqq.

> τὰ πολλὰ βέλεα παμμιγῆ
> γᾶς ἀπ᾿ Ἀσίδος ἦλθ᾿ ἐπ᾿ αἶαν
> δίαν, Ἑλλάδα χώραν.

Qui versus quodam modo referunt Choerilea ista:

> Ἀσίης ἀπὸ γαίης
> ἦλθεν ἐς Εὐρώπην πόλεμος μέγας.

Est vbi Persas ab Asianis distinguit Aeschylus, domi‑
nos a seruis; vt distingui voluit Darius illa inscriptione,
quae est apud Herodotum IV. 91. Περσέων τε καὶ πάσης
τῆς ἠπείρου. Licebat autem poetae, vt Dario licuit, vt
vniuersam Asiam Persis subiectam diceret, ad augen‑
dam rei magnitudinem. Ac notiores quidem Asiae po‑
puli plerique Persis vtcumque parebant. De reliquis
securus erat Aeschylus. Commodus est, qui huc ad‑
vocetur, grammaticus Bekkeri in Anecd. v. I. p. 451.
Ἀσία ὑπὸ τῶν παλαιῶν πᾶσα λέγεται, ἧς οἱ Πέρσαι τὴν ἀρ‑
χὴν ἐκέκτηντο, οὐχ ἡ νῦν ἰδίως ὀνομαζομένη οὕτως.

Haec eo potissimum consilio a me disputata sunt, vt
illustrarem illum ex Bacchis locum, v. 64. in quo fue‑
runt, qui Ἀσίαν γᾶν idem sibi velle crederent, quod
apud Homerum *Asium pratum.* Vid. Cellar. notit. o. a.
III. I. p. 7. tom. II. Quae opinio eo magis refutanda
erat, quo est speciosior propter mentionem, quam sta‑
tim inserit Euripides, Tmoli montis, quem prope ab‑
fuisse ab Asio Homeri prato diximus.

Iam, quonam sensu alibi Ἀσίδα dixerit Choerilus,
mox suo loco breuis erit et expedita disputatio.

In Choerili versu πόνον exhibuit Barnesius. Nescio

an consulto. Choerilus scripsit: λόγον ἄλλον. Est autem vocabulum λόγος inter ea, quæ historicum potius quam poeticum et epicum sermonem decent. In Iliade semel est λόγος, sed loco, vt videtur, non antiquo. Apud Hesiodum aliquoties. Hic quod dixit, αἱμυλίοισι λόγοισιν, Theog. 889. memorabile est, idem et in Odyssea legi, I. 56. et in hymno Mercurii v. 317. Et: ψεύδεά θ᾽, αἱμυλίους τε λόγοις, bis Hesiodus Op. 78. 789. In Op. v. 106. legitur: ἕτερον λόγον. Verum hoc non nisi speciem habet Choerilo similem. Qui, vt Choerilus, λόγον dixerit de argumento totius carminis, nusquam inueniatur inter antiquiores quidem poetas epicos. Proxime accedit Batrachomyomachiæ vs. 6. Xenophanes ap. Diog. Laert. in Pythagora pag. 519,

Νῦν αὖτ᾽ ἄλλον ἔπειμι λόγον.

αὖτ᾽ H. Stephanus in poesi philos. p. 39. Frequentant vocabulum λόγος poetæ philosophi. Sic varia illud significatione Parmenides. Empedocles quoque, et alibi, et eo loco, de quo Buttmannus in comment. Soc. Ph. Lips. Vol. IV. P. I. p. 37. et Sturzius in sua Empedocleorum editione pag. 534. sq. Vbi etsi non displiceat Buttmanni commentum, μῦθον μύθῳ προτιάπτων, et adiuuari quodam modo possit alio Empedoclis loco, v. 32. 33. omnibus tamen commentis haud dubie præstant, quæ nuper vulgata sunt ex codice Taurinensi:

Αὐτὰρ ἐγὼ παλίνορσος ἐλεύσομαι ἐς πόρον ὕμνων,
τὸν πρότερον κατέλεξα λόγῳ λόγον ὑποχετεύων
κεῖνον.

Vid. Empedoclis et Parmenidis fragmenta ex cod. Taurin. edita, ab Amadeo Peyrono, pag. 27. Lips. Quamquam quod verbum ὑποχετεύων defendere conatur Peyronus, pag. 33. non ita fecit, vt nullam dubitationem reliquerit. Nam vocis alicuius originationem et compositionem defendisse, quid prodest, vbi illam metrum respuat? Hac de re nihil suboluit Peyrono. Ego ali-

quando coniiciebam, legendum esse: *ἡνιοχεύων*. Nunc
acquiescendum puto in codicis lectione: *ὑποχετεύων*. Exemplum quod prorsus respondeat, præter Homerica
satis nota illa, nullum nunc recordor, si excipiam Euphorionis versum:

Δελφίδες ᾧ ὕπο καλὸν Ἰήϊον ἀνεβόησαν,

in fragmento eo, quod bis repetitur in schol. Pind. ar-
gum. Pythiorum. Verum ibi restituendum est *ἀντεβόη-
σαν*. Cuius explicatio est, ex sequentibus ducta, quod
legitur in cod. Gott. *ἀντηγώνισαν*. Est autem hæc licentia, de qua nunc sermo, inter eas, in quibus exempla augere periculosissimum. Iam Empedocles quidem,
etsi multum abest, vt tanta audacia in versum hexametrum grassatus sit, quanta nunc alicui grassatus videatur, hanc tamen licentiam admittere potuit; nec dictio
Empedocle indigna, qui alibi, non dissimili ratione,
ὀχετεύειν dixerit v. 340. Sturz. quem locum apponere
debuerat Peyronus; neo mira, in hoc maximo poeta,
compositio verbi paullo, vt nunc videtur, rarior. Ita
vt hoc quoque verbum, *ὑποχετεύειν*, deinceps, Empedoclis auctoritate, numerandum sit inter antiqua et bene
græca.

Vocabulum *λόγος* historicum magis quam poeticum
fuisse dixi. Id de epica poesi dictum volui. Quare illo
abstinuit, bono consilio, Apollonius Rhodius; qui, si
discesseris ab vnico loco III. 1141. nescio an nusquam
vocem vsurpauerit. Ibi autem est: *αἱμυλίοισι λόγοισιν*:
ita vt auctoritatem prætendere posset Apollonius Homeri et Hesiodi. Sic, quod Parmenides in exordio illo
suo v. 15. *μαλακοῖσι λόγοισιν*, itidem est Homericum ex
Odyssea I. 56. Verum Parmenides etiam sine Homeri
auctoritate ita loquuturus erat.

Apud Pindarum frequens est vocabulum *λόγος*, varia significatione. Sed ex lyricis nullum propius est exemplum, quam quod legitur in exordio illo ab omnibus
celebrato Stesichori. Qui quum Helenæ Himerensis

puellæ, amicæ quondam suæ, perfidiam tecte castiga-
turus, Helenam antiquam, tamquam mulierem secu-
tuleiam, lacerasset in carmine, cuius hoc initium, si
fidem habemus Ptolemæo Hephæstionis:

Ἑλένα ἱκοῦσ᾽ ἀπῆρε:

postea palinodiam cecinit ita incipientem:

Οὐκ ἔστ᾽ ἔτυμος λόγος οὗτος· οὐδ᾽ ἔβας ἐν
ναυσὶν εὐσσέλμοις,
οὐδ᾽ ἵκεο Πέργαμα Τροΐας.

Sic constituendi sunt versus. Nisi hexameter fuerit: a
quo non videtur abstinuisse Stesichorus. Fragmentum
hoc exstat apud Platonem in Phædro p. 243. A. Quæ
sunt priora, *οὐκ ἔστ᾽ ἔτυμος λόγος οὗτος*, in prouerbium
deflexit Athenæus, non solum lib. V. p. 216. B. sed etiam lib. XI. p. 505. B. Eadem iterum inculcat in Phædro Plato pag. 244. A. Platonem imitatus est Maximus
Tyrius dissert. XXVII. init. Addo Philostratum vit.
Apollon. VI. p. 246. Vbi quæ leguntur, *καὶ ἔστιν ἔτυ-*
μος ὁ λόγος οὗτος, quum pendere videantur a particula *εἰ*,
sensum quidem præbent, sed sensum et nimis detortum
ab eo., quo ista verba dixit Stesichorus, et qui mode-
stiam inferat ab Apollonio alienam. Quare cum Mo-
rello putauerim scribendum esse *οὐκ*, non *καὶ:* vt lega-
mus ipsa Stesichori verba. Quæ tamen non ab ipso
Philostrato adscripta esse censeo, sed a doctiore aliquo
librario inserta. Ea alius quum videret non cohærere
cum præcedentibus, *οὐκ* mutauit in *καὶ.* In eumdem
finem nunc video disputasse Wesselingium Probabil. cap.
XXXVII. pag. 330. sqq. Stesichori verba etiam Cicero
ad Atticum IX. XII. vertit in prouerbium. Quod animad-
vertit Wesselingius, qui et Aristidem laudauit. Ad Stesichori versum eum, quem ex Ptolemæo apposui, fortasse spectat Hesychii glossa: *ἀπῆρεν· ἀπεδήμησεν. Κατᾶ-*
ραι· ἀντὶ τοῦ ἐλθεῖν, haud dubie de longa profectione, ex
Theopompo est in Bekkeri Anecdotis vol. I. p. 104.

III.

Μηλονόμοι τε Σάκαι, γενεῇ Σκύθαι· αὐτὰρ ἔναιον
Ἀσίδα πυροφόρον· νομάδων γε μὲν ἦσαν ἄποικοι,
ἀνθρώπων νομίμων.

Strabo VII. p. 464. A. ed. Almel. pag. 3o3. Cas. *Κα-*
λεῖ δὲ καὶ [Ephorus] *Χοιρίλον εἰπόντα ἐν τῇ διαβάσει τῆς*
σχεδίας, ἣν ἔζευξε Δαρεῖος·

Μηλονόμοι τε Σάκαι, γενεᾷ etc.

Locus est tom. II. pag. 3ᴢo. ed. Tzschuck. cum hac
nota: *Vatic. A. Ven. Mosc. ἄνθρωποι ἀποίκων (Mosc.*
ἀπ᾽ οἴκων) νομίμων, et sic ante Casaubonum, qui me-
tricam rationem instaurauit. Codicis Mosquensis lectio expressa est etiam in interpretatione Strabonis latina confecta a Guarino, edita a. 1472. de qua v. Goetz.
Memorab. Bibliothecæ Regiæ Dresd. vol. I. p. 446. Ea
hæc præbet: *Vocant* [immo *Vocat*] *autem Choerilum*
qui in Darii transitu cum rate quam ipse construxit
Opiliones appellat Sacas origine Scythas: Asiam in-
colentes frugiferam creati ex nomadibus homines ex
iustis domibus. Correxit Casaubonus. Præterea pro *γε-*
νεᾷ scripsi *γενεῇ,* et post *ἄποικοι* distinxi.

Sacæ ex mente Choerili fuerunt cognati et coloni
Scytharum, quos quidem Scythas *nomades* appellat
et *ἀνθρώπους νομίμους,* id est *δικαιοτάτους ἀνθρώπων,* vt
Homerus nobili loco, Iliad. XIII. 6. Quem manifesto
innuit Choerilus. Igitur hunc adde Heynii ad Homerum disputationi. Nos breuiter, quid rei sit, exponemus.
mus. Nomen quidem *Scytharum* ignorauit Homerus.
Sed ab eodem *Ἱππημολγῶν* et *Ἀβίων* nomine designari

populos, quos postea communi, sed ea vaga *Scytha-*
rum appellatione amplexi sunt, et Straboni cum Ephoro fuit veri simile, neo nos negamus. Hoc autem certum est, ab Choerilo ita intellectum esse Homeri locum. Hinc porro sequitur, vt Choerilus *Scythas* veros
et antiquissimos, quorum *Sacœ* cognati et coloni, in
Europa collocauerit. Nam illi Homeri Ἱππημολγοί et
Ἄβιοι, pariter ac Thraces Mysique, Europæ, quæ postea dicta est, fuerunt populi. Quod dudum vidit, præeunte Posidonio, Strabo pag. 453. 464. fin. et 465. Vt
taceam Ephorum, qui et ipse de Scythis Europæis loquitur. Sed hoc quemque Homeri verba docent. Igitur Scythis proprie dictis, Europæis, Choerilus opponit Sacas, Scythicum genus, sed *Asianos:*

γενεῇ Σκύθαι· αὐτὰρ ἔναιον
Ἀσίδα πυροφόρον·

Atque hoc, quod primariam et propriam Scytharum
sedem facit Europam, facit consentientibus antiquissimis scriptoribus. Qui etsi interdum Scythas seorsum
ponunt, ita vt neque Asiæ neque Europæ eos diserte assignent: in iis tamen illos terris ponere solent, quas
postea Europæ nomen occupauit, et *Asiæ* ita opponunt
Scythas, vt *Europæ* coniunctiores videantur. Ex re-
rentioribus Apollonius Rhodius, Homerum fortasse respiciens, *Scytharum* non meminit, nisi in ea regione,
quæ aperte est Europæ: IV. 288. 320. Præstereo alios.
Quare Europæis Sacas, *Asianos*, recte opponit Choerilus. Iam de his nolo cumulare, quæ ex Herodoto, Diodoro, Strabone, Ptolemæo, Dionysio Periegeta, Curtio,
Agathemero, aliis, cognoscantur. Vnde assequi, quam
regionem Asiæ habuerint Sacæ, licet. Herodotus hac
de re nihil: cuius locus ante omnia memorandus est,
VII. 64. Sed quid senserit, quum ex hoc loco, vbi iuxta Bactrios collocantur, tum ex altero, III. 93. colligitur.
Quod autem Herodotus Sacas fuisse Scythas Amyrgios

tradit, id confirmat Hellanicus apud Steph. Byz. in v. *Ἀμύργων.* Quibus lucem affundit Ctesias apud Phot. pag. 108. sq. Quippe cognata sunt nomina *Amorges* et *Amyrgii.* Arrianus in vniuersum Scythas distinguit, vt alii, Europæos atque Asianos; ita vt illos, Europæos, potiores et maximos fuisse dicat, lib. IV. init. In quo hoc notabile, quod *Abios* Asiæ assignet, contra Homeri mentem: nimirum non vno semper loco constitit tam anceps nomen. Sacas autem commemorat idem inter Darii apud Arbela copias, III. VIII. p. 114. Gron. *Εἵ-ποντο δὲ αὐτοῖς καὶ Σάκαι· Σκυθικὸν τοῦτο τὸ γένος, τῶν τὴν Ἀσίαν ἐποικούντων Σκυθῶν· οὐχ ὑπήκοοι οὗτοι Βήσσου, ἀλλὰ κατὰ συμμαχίαν τὴν Δαρείου.* Iterum commemoran-tur in acie, cap. XI. p. 119.

Hæc, quæ dixi, nolim ita intelligi, acsi Scythas in Europa aborigines fuisse putem. Id neque Herodotus voluit, qui lib. IV. 11. eorum opinionem adoptet, qui-bus Scythæ antiquissimis temporibus in Asia trans Ara-xem habitasse videbantur: ad quem fluuium etiam Dio-dorus Scytharum initia refert. Verum ea tempora tam sunt antiqua et tam obscura, vt Scytharum historia ab eo demum tempore recte capessatur, quo *Europæi,* vt dixi, fuerunt. Quod si ponimus, acquiesci poterit in eo, quod Choerilus tradit, Sacas Scytharum colonos, *ἀποίκους,* fuisse: quum, si ad tempora illa antiquissima et Scytharum initia assurgere velis, dubitatio subeat, an *patres* potius et *conditores* quam *coloni* Scytharum fuerint Sacæ. Vnus, quod sciam, hac in re ad Choe-rilum accedit testis, Scymnus Chius in versibus iis, quos ex Holstenii schedis publicauit Ryckius, post Holstenii in Stephanum castigationes pag. 378. Ii tamen non ad-dunt nouum pondus Choerili narrationi, sed tantum confirmant Strabonis de Choerilo testimonium. Scy-mnus enim hoc loco ex Ephoro profecit. Quod et ipse fatetur, et aperte liquet, si Strabonis locum pag. 463. 464., qui et ipse Ephorum exscripsit, cum Scymno con-

feras. Ephorus autem nullo alio, quam Choerili, testimonio probasse videtur, Scytharum colonos fuisse Sacas. Vt quodam modo pro paraphrasi Choerileorum
versuum habenda sint, quæ scripsit Scymnus Chius.
Sunt vero hæc:

— καὶ κατοικῆσαί τινας
εἰς τὴν Ἀσίαν ἐλθόντας, οὕς δὴ καὶ Σάκας
καλοῦσιν.

Eadem apud Scylacem pag. 138. ed. Gron. vbi in corrupta voce Σάβακας frustra se torsit Gronouius.

Quos Homerus nominibus designat a vitæ genere
petitis, eos Choerilus νομάδας appellat simpliciter; vt
solebant Choerili ætate Scythas illos. Aeschylus: Σκύθας νομάδας. Et sic Herodotus passim, veluti lib. I. 15.
VI. 40. 84. Sollemnis apud poetas appellatio. Νομάδεσσι
γὰρ ἐν Σκύθαις: Pindarus loco propter Aristophanis in
Auibus imitationem nobili. Sacæ μηλονόμοι dicuntur,
vel, quod nescio vnde Choerilo constabat, ouium maximam curam fuisse Sacis, vel, quod Asiam ouibus ab-
vndare recordabatur. Quod de singulis populis testatur Herodotus V. 49. et de vniuersa Asia Aeschylus in
Persis: Ἀσιάδος μηλοτρόφου. Cæterum quod ad Homeri locum attinet, grammaticorum de nominibus illis,
quo modo scribenda sint ac iungenda, disceptationes insigni et pæne incredibili exemplo docent, quam imperi-
ti etiam veteres Homericæ dictionis et constructionis
fuerint. Hodie nihil ibi dubium esse potest. Quod apud
Homerum nomen est populi, Ἱππημολγοί, id tamquam
Scytharum adiectiuum adhibuit Hesiodus, vel potius
Hesiodorum vnus, apud Strabonem VII. p. 460. C. Almel. tom. II. p. 362. Tzschuck. Qui versus ita scribendus est:

Αἰθίοπας, Λίγυάς τε ἰδὲ Σκύθας ἱππημολγούς.

Est inter Hesiodi fragmenta v. 46. Tractat Heynius ad
Homeri locum laudatum. Cur *Libyes* inuehendi essent,

Ligyes expellendi, demonstrare debebat Heynius. Idem egit ante Heynium Clericus, sed futili de caussa. Populos orbis terrarum extremos designare videtur poeta. Σκύϑας autem, vltima breui, quo modo offendere potuit Heynium in Hesiodo? Aliam rationem iniit, in hoc nomine licitam, Orpheus Argon. 1078. Atque hanc, quæ est apud Hesiodum, mentionem *Scytharum* habemus antiquissimam.

Restat in verba Choerili, quantum ad dictionem attinet, obseruatio vna et altera. Leuia sunt, sed neque hæc prætermittenda. De vocabulo Ἀσὶς quæ obseruari possent, pleraque exhausi supra. *Asiam* ab Choerilo sensu latissimo dictam esse, hic quoque locus demonstrat. Nam Sacæ in intima Asia habitabant. Ἀσία, Ἀσὶς, Ἀσιάς quo modo ad metricam rationem discernantur, res nota est. Potest horum omnium antiquissimum videri Ἀσὶς. Apud Homerum est Ἀσίῳ, prima longa. Quem sequutus Virgilius iis locis, vbi *Asia prata* et simil. dixit sensu Homerico. Etymi, quod ἄσις fuit, quantitas nihil decernit: quæ mature cum ipso etymo in obliuionem abiit. Et Ἀσὶς quidem tum vel maxime primam producere debebat, quum recordabantur, in etymo ἄσις eamdem corripi. Ἀσίη, prima breui, conueniebat epicis poetis; Ἀσιάς iambico metro. Ἀσίη quidem, prima breui, ab iis primum vsurpari coeptum est, nisi fallor, qui sibi persuasissent, hoc nomen repetendum esse ab nomine *Asiæ* feminæ. Quod mature factum esse suspicor. *Asiæ* Oceanitidis nomen est apud Hesiodum in Theogon. 359. qui versus corrigendus est:

Κρισσηΐς τ᾽, Ἀσίη τε.

Inanes argutiæ sunt, quæ habet scholiastes Apollonii I. 1349.: Ἀσίδα et similia habere τύπον ὑποκοριστικοῦ, nec tamen esse ὑποκοριστικά.

Vocabulis non Homericis adnumerandum est νόμιμος, quum ne νόμος quidem Homericum sit, si discedas ab hymno Apollinis v. 20. Talia, etiam sine Homeri auctoritate, partim ab Hesiodo aliisque monstrata, partim ab aliis poetis et ex sermone communi accepta, sed hæc quidem modice, vsurpauit Choerilus. Est tamen in vi et vsu vocabuli νόμιμος, quod probe notes. Homerus δικαιοτάτους dixerat. Eosdem Choerilus νομίμους appellauit, eo fere sensu, quo Strabo illos εὐνομεῖσθαι πρὸς ἀλλήλους dicit. Infrequens est hæc vocis νόμιμος significatio. Sed vel hoc exemplo defenderim, quod legitur in Xenoph. Memorab. I. II. 41. νόμιμοι ἄνδρες. Quo loco Schæferus ad Gregor. Cor. pag. 405. νομικοὶ restitui voluit, si bene capio viri præstantissimi sententiam.

Iam vero demonstrandum est, quam recte hoc, quod tractaui, Choerili fragmentum a me collocatum fuerit in Persicis, et quonam illud Persicorum loco lectum fuisse videatur. Simul agitanda est quæstio, quam supra attingere satis habui, grauissima. Ea vero est tripartita. An Choerili carmen hoc, quod appellamus Persica, præter Xerxem, etiam Darii contra Græcos bellum continuerit. An Darii bellum græcum singulari carmine cecinerit Choerilus. An Scythicam Darii expeditionem descripserit Choerilus. Apparebit, ex his omnibus nihil verum esse.

Vossius, quem supra laudaui, de historicis græcis IV. VII. p. 203. postquam carmen Choerili illud de victoria Græcorum a Xerxe reportata commemorauit, alia eiusdem opera recensens: *Inter ea, quæ Suidas innuit potius, quam indicat, fuit carmen de victoria aduersus Darium.* Cuius rei testimonium affert illa ipsa Strabonis verba: Καλεῖ δὲ Χοιρίλον εἰπόντα ἐν τῇ διαβάσει τῆς σχεδίας, ἣν ἔζευξε Δαρεῖος. Et ex eo carmine esse hos Choerili versus: Μηλονόμοι τε Σάκαι. Vossii sententiam, sed paullulum deflexam atque immutatam, adoptauit Schellenbergius ad Antim. pag. 39. qui, vt in re certa: *Choerilus,* inquit, *qui bella Græcorum cum*

Dario et Xerxe, nobili carmine celebrauit. Idqne
securi repetierunt alii: Harlesius iu bibl. gr. vol. II.
p. 293. Buhlius ad Aristot. vol. IV. p. 535. sq. Has opiniones operose refutare, et difficultates ostendere, quæ
insint, præsertim in Schellenbergii coniectura, prorsus
superuacaneum foret, quum Strabonis locus, quo vnice
nititur Vossii et Schellenbergii opinio, tantum absit, vt
illam iuuet, vt omnia alia probet. Quid enim? num
de bello Darii aduersus Græcos loquitur Ephorus? Minime vero. Quamnam tunc ratem struxit Darius? Manifestum est, ratem ab Ephoro spectari eam, qua Darius, Scythas debellaturus, iunxit Bosporum Thracium.
Possit etiam Ephorus loqui videri de ponte, quem in
eadem expeditione Istro iniecerunt, iussu Darii, Iones.
Sed de rate Bospori Thracii loquitur. Hinc cogitur,
Choerilum non, quod voluerunt Vossius et Schellenbergius, græcum Darii bellum, sed quæ est sententia
Casauboni, eiusdem aduersus Scythas expeditionem singulari carmine descripsisse. Casaubonus ad Strabonem:
*Nisi sequerentur illa, ἢν ἔξενξε Δαρεῖος, crederem eo-
dem ex opere Choerili esse hæc sumpta, ex quo sunt
illa, quæ apud Iosephum leguntur, quæ ex catalogo
copiarum Xerxis Græciam petentis sunt descripta.
Nunc dicendum est, et de bello Xerxis aduersus Græcos esse scriptum a Choerilo, et de ea Darii expeditione aduersus Scythas, quam narrat Herodotus Mel-
pomene.*

Verum hoc quis sibi persuaserit? Obstat aliorum
scriptorum silentium. Obstat argumenti ipsius tenui-
tas, poeta græco vix digna. Obstat, non vna de ratione, Choerili fragmentum. Quod quum ex recensione
populorum a Persarum rege per pontem traductorum,
eaque longa et vberiore decerptum esse pateat, duplex
difficultas oritur. Quum enim ex Iosepho et Eusebio
abunde constet, in carmine de Xerxe a Choerilo co-
piosam et bene longam populorum trans Hellespontum,

missorum recensionem institutam esse: quonam Choerilus consilio similem recensum instituisse videatur in
Scythica Darii expeditione describenda, quæ quidem,
si cum Xerxis expeditione contendatur, ignobilis, et a varietate et multitudine populorum non valde laudanda
fuit? Et quo modo, si fecit, sibi cauere potuerit, ne al-
terutro loco in ieiunitatis vitium incurreret, cui iidem
populi bis enumerandi essent? Accedit, quod nescio an
nullo testimonio liqueat, Sacas, de quibus agit Choerilus,
cum Dario contra Scythas profectos esse. Sane Darii tempore eatenus a Persis perdomiti erant Sacæ, vt, teste
Herodoto III. 93. legitimum tributum penderent. Cf.
eumdem lib. VII. 9. Atque commemorantur illi in pugna Marathonia, VI. 113. Verum vel sic periculosum
erat Dario, contra Scythas ducere gentem origine Scythicam. Igitur si Choerilum de Scythica expeditione
scripsisse, et per se parum probabile est, neque aliunde, nisi ex vno Strabonis loco colligi potest; si porro
illud Choerili fragmentum, quo ibi vtitur Ephorus, tale
est, vt ægre tantum ad Scythicam expeditionem referatur: quis est, quem non subeat dubitatio, an numquam de expeditione illa scripserit Choerilus? Sensit
Casaubonus, ac sentit quisque, Choerili fragmento, si
ipsum spectetur per se, aptiorem sedem inueniri non
posse, quam in ea carminis de Xerxe parte, ex qua versus nonnullos seruauerunt Iosephus et Eusebius; nimirum in recensione populorum Xerxis in Græciam tra-
iectorum. Atque ita est. Quæ refragantur, Strabonis
verba hæc: ἣν ἔζευξε Δαρεῖος, quum non vno modo de-
flecti atque expediri possint, ita vt vel Straboni is, qui
inest, error tribuatur, vel ipsi Ephoro: nobis hæc ratio facillima visa est. Ephorus nihil scripserat, nisi
hæc: Χοιρίλος ἐν τῇ διαβάσει τῆς σχεδίας· Μηλονόμοι etc.
vel similiter, non addito Xerxis nomine, quum Choerili carmen de Xerxe tum in manibus esset omnium, et
proinde nemo de alia quam Xerxis rate cogitare posset.

Strabo, qui Choerili carmine vel plane non vtebatur, vel certe tum Ephori disputationem excerpere satis habebat, Choerili rerum immemor, dum Ephorum excerpebat, parum opportune Darii illam ratem recordatus, inseruit verba: ἣν ἔζευξε Δαρεῖος. Potuit autem facile hoc accidere Straboni, vt animo Scythicis rebus repleto, in quibus totus Ephori locus versaretur, etiam Scythica Darii expeditio male occurreret.

Quam recte autem in catalogo Choerili locum suum obtinuerint Sacae, ex Herodoto liquet, VII. 64. Etiam classiarios milites praebuerant Sacae: VII. 96. 84. Et commemorantur Sacae in proelio Plataeensi, IX. 31. 71. et apud Thermopylas, a Diodoro XI. VII. Praeterea id quoque memoria dignum, quod sine hoc fragmento non satis constaret, recensionem populorum Persicorum ibi insertam fuisse ab Choerilo, vbi exercitus per Hellespontum transitum describeret. Qua in re discessit ab Herodoto. Ac bene discessit, vt poeta. Quippe nihil dabatur aptius et magis magnificum, quam Asiae populos recensere eo temporis momento, quo per pontem, immensum et plus quam humanum opus, ex Asia in Europam transirent, spectante e littoribus rege. Cf. Herod. VII. 56.

I

IV.

Τῶν δ' ὄπιθεν διέβαινε γένος θαυμαστὸν ἰδέσθαι,
γλῶσσαν μὲν Φοίνισσαν ἀπὸ στομάτων ἀφιέντες,
ᾤκεον δ' ἐν Σολύμοις ὄρεσιν, πλατέῃ ἐπὶ λίμνῃ·
αὐχμαλέοι κορυφάς, τροχοκουράδες· αὐτὰρ ὕπερθεν
ἵππων δαρτὰ πρόσωπ' ἐφόρευν ἐσκληκότα καπνῷ.

Iosephus lib. I. contra Apionem pag. 454. vol. II.
Hauercamp. *καὶ Χοιρίλος δὲ ἀρχαιότερος γενόμενος ποιητὴς*
μέμνηται τοῦ ἔθνους ἡμῶν, ὅτι συνεστράτευται Ξέρξῃ τῷ
Περσῶν βασιλεῖ ἐπὶ τὴν Ἑλλάδα. καταριθμησάμενος γὰρ πάν-
τα τὰ ἔθνη, τελευταῖον καὶ τὸ ἡμέτερον ἐνέταξε λέγων·
 Τῷ δ' ὄπιθεν —
Post Choerili versus addit hæc: *δῆλον οὖν ἐστιν, ὡς οἶμαι,*
πᾶσιν ἡμῶν αὐτὸν μεμνῆσθαι, τῷ καὶ τὰ Σόλυμα ὄρη ἐν τῇ
ἡμετέρᾳ εἶναι χώρᾳ, ἃ κατοικοῦμεν, καὶ τὴν Ἀσφαλτῖτιν λε-
γομένην λίμνην. αὕτη γὰρ πασῶν τῶν ἐν τῇ Συρίᾳ λίμνη
(pæne prætulerim *λιμνῶν,* quod in edit. Gen., monente
Hauercampio) *πλατυτέρα καὶ μείζων καθέστηκεν. καὶ Χοι-*
ρίλος μὲν οὕτω μέμνηται ἡμῶν.

Eusebius in Præp. euang. lib. IX. cap. IX. pag. 412.
ed. Colon. siue Lips. hæc habet: *Χοιρίλου ποιητοῦ, περὶ*
Ἰουδαίων. Τοῦ δὲ Ἰουδαίων ἔθνους καὶ Χοιρίλος (legitur
Χοίριλος) ἀρχαῖος γενόμενος ποιητὴς μέμνηται, καὶ ὡς συνε-
στράτευσαν τῷ βασιλεῖ Ξέρξῃ ἐπὶ τὴν Ἑλλάδα. λέγει δὲ οὕτως·
 Τῶν δ' ὄπιθεν —
Mox: *Δῆλον δ' ἐστὶν ὅτι περὶ Ἰουδαίων αὐτῷ ταῦτ' εἴρηται,*
ἐκ τοῦ καὶ τὰ Ἱεροσόλυμα ἐν τοῖς παρ' Ἕλλησι Σολύμοις ὀνο-
μαζομένοις ὄρεσι κεῖσθαι, πλησίον δὲ εἶναι τὴν Ἀσφαλτῖτιν

λίμνην, πλατυτάτην ουσαν κατὰ τὸν Ποιητὴν, καὶ μείζονα πασῶν τῶν ἐν Συρίᾳ λιμνῶν. Ταῦτα μὲν οὖν καὶ οὗτος.

In constituendis Choerili versibus nunc Iosepho obsequutus sum, nunc Eusebio, delectu instituto. De qua re infra ratio reddetur.

Nunc attingenda est ea quæstio, quam declinare nolui, quum et magnos illa viros exercuerit, et ad rem pertineat satis memorabilem. Præterea ea ad explicandum Choerili locum multum facit. Nimirum lis est, vtrum de Iudæis, quod statuunt Iosephus et Eusebius, loquatur ibi Choerilus, nec ne. Affirmarunt inter eos, quos ad Iosephum Hauercampius excitauit, Salmasius et Grotius; negauerunt, et erroris Iosephum accusauerunt, Bochartus et Cunæus. Quibus accedit Barlouius. Præter illos Hauercampius laudat Scaligerum et Sam. Petitum in Animaduers. ἀνεκδότοις. Hi quid habeant, nescio; nec videntur noua attulisse. Verum etiam Iunius nominandus erat, de coma cap. VI. et Casaubonus ad Sueton. Aug. XLV. Turnebus quoque ex Eusebio profert Choerili versus, in Aduers. XIX. IX. Qui quod a *Clemente* laudari Choerilum scribit, scripsit aberrante memoria: *Iosephum* dicere voluit.

At quod controuersiam illam attinet, inter omnes Grotius disputauit accuratissime, et ita, vt caussam suam, me quidem iudice, victricem fecerit. Sed iuuat audire partes. Quare ego vtriusque sententiæ argumenta et capita, at breuiter tamen, et summam tantum, proponam.

Bochartus lib. I. de Phoenicum coloniis cap. VI. p. 561. sqq. in Geogr. S. edit. III. a. 1692. vbi Pisidiæ incolas commemorauit Pisidas, Solymorum sobolem: *Solymos*, inquit, *porro Phoenicum esse colonos sermo palam arguebat. Choerilus* — Τῷ δ' ὄπιθεν διέβαινε γένος etc. *Nempe* Strabone teste lib. 14. prope *Phaselidem est* λίμνη; ὑπέρκειται δ' αὐτῆς τὰ Σόλυμα ὄρη. Solymos Lyciis fuisse vicinos; id colligi ex Homero. At

I 2

Iosephum, hæc ignorantem, de Iudæis cogitauisse, et Asphaltite lacu, et Hierosolymis. Atque sic interdum confundi *Solymos* et *Hierosolyma*. In quam rem Bochartus laudat Tacitum Histor. V. 11. Stephanum Byz. in v. Ἱεροσόλυμα, Tzetzen Chil. VII. vs. 840. Iosephum ipsum Antiq. lib. VII. cap. III. Sed obstat, vt Bochartus ait: *quod iidem populi versu statim sequente describuntur* τροχοκουράδες, *id est vertice tonso in orbem. Quod tonsuræ genus Iudæis lege fuit interdictum Leuit.* 19, 27. Eo autem modo se totondisse Arabes; quod docet ex Herodoti loco mox apponendo et ex Ieremia. Proinde morem in Arabia ortum inde manasse ad Solymos. Iam vero, vt probet id, in quo rei cardo vertitur, Solymos Arabum siue Phoenicum fuisse colonos, omnes etymologiæ latebras excutit Bochartus, et montium, vrbium, deorum nomina aliquot, apud Solymos et Phaselitas, Solymis vicinos, obuia deriuat ex sermone phoenicio, siue arabico, siue hebraico. Exempla qui videre cupiat, veluti qui Homericam Chimæram ex lingua illa orientalium populorum illustratam habere velit, ipsum Bochartum adeat. Qui doctrinæ et acuminis in eam rem impendit multum. Quod vero idem Choerili quoque locum in testimonium vocat, et ex hoc maxime loco effici statuit, vt Phoenicum coloni fuerint, et Phoenicum linguam ritusque vsurpauerint Solymi, id statim reprehensione dignum, quandoquidem hoc demum demonstrandum erat, quod ponit Bochartus, de Solymis loqui Choerilum.

Iisdem fere argumentis pugnat, sed minus accurate, et eamdem sententiam profitetur P. Cunæus de republica Hebræorum lib. II. cap. XVIII. pag. 266. sqq. Iudæos non fuisse τροχοκουρίδας, hoc est, *in orbem tonsos.* Intelligendos esse montes Solymos alios, procul a Palæstina sitos, ab Homero celebratos Odyss. V. Hos Pisidarum esse, maximis vetustissimisque auctoribus testantibus. Eos etiam stagnum quoddam in vicino po-

nere. Phoenicum autem idioma latissime patuisse. Quod
de stagno monet Cunæus, Strabonis locum innuit a
Bocharto indicatum. Qui est pag. 982. B. ed. Alm.

Neque Barlouio ad Iosephum Choerilus de Iudæis
loqui videbatur. Caussam ille non declarauit.

His contrariam sententiam primus, puto, præiuit
Hadrianus Iunius de coma c. VI. pag. 589. ed. Basil. vbi
ex Eusebio laudat verba Choerili hæc: αὐχμαλέοι κεφαλὰς τροχοκουράδες. In quibus quum animaduertisset, τροχοκουράδας non recte dici posse Iudæos, primus coniecit, fortasse vicinarum gentium morem Iudæis poetice
tribuisse Choerilum. Eum autem morem fuisse apud
Arabes, teste Herodoto.

Quam sententiam vberius exornans Salmasius in
epistola de cæsarie et coma pag. 46. sqq. et pag. 50. sq.
et pag. 82. illud tondendi genus rem fuisse lege Iudæis
prohibitam docet, atque Mosen eo præcepto comæ in
orbem non tondendæ voluisse, vt Iudæi separarentur
diuerso capillitii habitu a vicinis gentibus Chananæis
siue Phoenicibus, et Arabibus; sed absque dubio Choerilum poetam tondendi modum, Phoenicum Arabum-
que proprium, attribuisse Iudæis. Rem breuiter attingit Casaubonus ad Sueton. Aug. XLV. sed de Iudæis
Choerili verba accipit sine hæsitatione.

Denique et Grotius, Annotat. in Lucam III. 14. pag.
727. tom. I. ed. Hal. et in Leuit. XIX. 27. pag. 124. edit.
Hal. de Iudæis loqui statuit Choerilum. Antiquis quidem *Solymos* montes Lycios fuisse, concedit Bocharto
Grotius. Sed factum esse, vt et Iudæi, propter Hierosolyma, truncato nomine, Solymi appellarentur. Id
quod Taciti et aliorum testimonia probant, ab ipso Bocharto prolata. Add. quos laudat Pinedus ad Steph.
Byz. et Valerius Flaccus I. 13. Et quod τροχοκούραδας
dixerit Iudæos, Choerilum, vt hominem Græcum, confudisse eos cum Arabibus vicinis eorum et tunc fortasse
commilitonibus. Solymos Lycios intelligi posse negat

Grotius, qua de re hæc sunt eius verba: *sane Lycios lingua vsos Phoenissa, id est, Syriaca, aut ad eam accedente, quis credat?*

Recte omnia. Bocharti disputatio quum tota pendeat de ea coniectura, qua Solymos Phoenicum linguam vsurpasse statuit, ruit et nulla est, quandoquidem ea, quibus coniecturam illam fulcire studuit Bochartus, infirma sunt et nulla. Etenim vt credamus, voces illas Solymorum, quas ex phoenicio sermone repetit vir doctissimus, phoenicia origine esse omnes: propterea non vsi sunt phoenicia lingua Solymi, non ἀφῆκαν ἀπὸ στομάτων γλῶσσαν Φοίνισσαϑ. Persicæ linguæ cum nostra miram quamdam similitudinem intercedere affirmant, qui persice sciunt: at nemo sanus Germanos persice loqui dixerit, vel Persas germanice. Tam periculosa res est etymologiæ studium.

Sed ad exornandam eam sententiam, quam meam feci, adspergenda sunt nonnulla. Enimuero, etsi Iosepho Eusebioque eatenus adstipulamur, vt de Iudæis loqui Choerilum ponamus, multum tamen abest, vt accuratam Iudæorum notitiam habuisse videatur Choerilus. Qui primum in eo deceptus est, quod tonsam in orbem comam tribuit iis, qui hac ipsa re distincti essent a vicinis suis, Arabibus, quod comam haberent non tonsam. Quem Choerili errorem notare debuerat Iosephus, vt monuit Salmasius l. l. pag. 51. Sane de Iudæis nihil aliud compertum habuisse videtur Choerilus, quam hoc: populum esse Phoenicium in interiore Asia, miro quodam habitu; montes ibi esse, *Solymos* vel simili nomine, et lacum quemdam insignem, nimirum Asphaltiten. *Solymos* montes quod attinet, non dubitandum est, quin in Iliade Homerus *Solymos* in vicinia Lyciæ posuerit, eo fere loco, quo a Strabone positos videmus. Quamquam non incredibile est, iam Homeri aetate vagum fuisse Solymorum nomen: si quidem quæritur, an *Solymos montes* is, a quo est Odys-

seæ liber quintus, v. 283. non prorsus eidem regioni as-
signauerit, cui *Solymos* Iliados auctor libro sexto. Qua
de re aliquid suboluit Straboni lib. I. pag. 59. et pag. 59.
60. Almel. Sed ea aetate, quæ sequuta est Homerum,
Solymis haud dubie idem accidit, quod aliis populorum apud Homerum et regionum nominibus. Nimirum quum aucta et amplificata orbis terrarum notitia,
regiones eæ, quæ ignotæ et fabulosæ fuissent Homero,
ignotæ fabulosæque esse desinerent, factum est passim,
vt ea, quibus illas regiones appellauisset Homerus, nomina longius longiusque remouerentur et ad terras po-
pulosque longinquos relegarentur. Sic quum ad Græcos obscura quædam peruenisset de singulari quodam
populo, Iudæis, et de *Hierosolymis* notitia: coeperunt,
ac fortasse primus coepit Choerilus, ad eos referre *Solymos* illos montes, fabulosos et antiquis poetis celebratos. Nomen autem *Iudæorum* ignorasse videtur Choerilus. Quod nomen quidam in ipsam Iliadem inferre
conati sunt, infando facinore: v. Heyn. ad Il. II. 783.
Porro Choerilus propter mancam et obscuram, quam
habebat, harum rerum cognitionem, Iudæis, siue per
errorem siue poetica libertate vsus, quædam adscripsit,
quæ Herodotus fortasse rectius aliis populis. De comæ
habitu, quem ille ab Arabibus perperam transtulit ad
Iudæos, certa res est. De capitis tegimento, quo Iudæos illos suos vsos esse tradit Choerilus, certe dubitari
poterit. Omnino hoc reputari velim, quam variæ et
quam confusæ, post irruptionem Xerxis, apud Græcos
esse debuerint tot populorum imagines; quam variæ et
confusæ narrationes. Simile quid nostra ætas, qui de
orbe terrarum quanto meliora edocti eramus, quam
tum Græci, experta est, quum vltimæ barbariæ stirpi-
bus Europam peruagandam dedit insolens sortis volun-
tas. Diuersas illorum temporum de barbarorum gentibus et cultu auditiones diligentissime omnium, vt credere par est, distinxit Herodotus. Choerilum in ea re

minus anxie versari decebat, vt poetam. Atque hic
opportune quæratur, quo modo militiæ apud Iudæos
consuetudinem probent Choerili versus. Quam quæstionem Grotius ad Lucam attingit quidem, sed incertam relinquit. Idque sapienter. Certe ego nemini auctor sim, vt Choerili testimonio fretus Iudæos in exer-
citu Xerxis contra Græcos militasse scribat. Fieri enim
potuit, vt Choerilus pro Iudæis haberet alium quemdam populum, et pauca illa, sed memorabília, quæ
vndecumque comperisset de Iudæis, affingeret iis, qui
non essent Iudæi.

Iam de singulorum lectione versuum monebo. Qua
simul occasione, quæ forte adhuc prætermiserim, addam, vel quæ incerta reliquerim, clarius eloquar. Cæterum Eusebius, si ex Iosepho deprompsit Choerilea,
vt deprompsisse videtur, codice Iosephi passim meliore,
quam nostri sunt, vsus est.

Vs. 1. Τῷ δ᾽ apud Iosephum dedit Hauercampius,
varietatem annotans nullam. Et sic Coloniensis siue
Lips. a. 1691. Τῷ δ᾽ habent, vbi Choerili versus ex Iosepho excitant, et Bochartus et Grotius. Male. Τῶν δ᾽
Eusebius p. 412. Colon. et qui ex Eusebio hausit Choerili versus, Turnebus in Aduersariis, loco supra laudato. Hoc et Salmasius l. l. pag. 50. nescio an ex coniectura: Eusebium enim dubito an non inspexerit Salmasius. Non omnibus viris doctis innotuit, Choerilea
illa et apud Iosephum et apud Eusebium exstare: vnus
ex Iosepho illa protulit, alter ex Eusebio.

Versu secundo et tertio conficitur ea quæstio, de
qua virorum doctissimorum suffragia audiuimus. Quum
enim ex versu 2. appareat, de populo Phoenicio agere
Choerilum, versu 5. euincitur, eum populum non posse
alium esse, quam Iudæos, apud quos *Solymorum montium* vestigia supererant, vel potius superesse videbantur in nomine *Hierosolymorum.* Hic iterum discrepant
Iosephus et Eusebius. Ὥκεε᾽ ἐν edidit Hauercampius,

et in codicibus Big. et Hafn. dicit esse: ᾤκεε δ᾽ ἐν. In aliis esse ᾠκεῖν τ᾽ ἐν et ᾤκουν τ᾽ ἐν. Hoc, ᾠκοῦν τ᾽ ἐν, est in Iosephi Coloniensi, vtrum ex antiquioribus exemplaribus an ex Eusebio, nescio. Ὤικέετ᾽ ἐν Salmasius quoque, et sic, nisi fallor, Grotius ad Lucam. Bochartus: Ὤκεε δ᾽ ἐν. Sed Eusebius habet: Ὤικουν δ᾽ ἐν. Atque hoc profectum fuerit ab Iosepho, vt paullo post ἐφόρουν, vulgares formae pro poeticis. Choerilus scripserat: ᾤκεον δ᾽ ἐν. Prorsus vt Homerus ll. XIV. 116.

> ᾤκεον δ᾽ ἐν Πλευρῶνι —

Cf. Il. XX. 218.

> ἀλλ᾽ ἔθ᾽ ὑπωρείας ᾤκεον πολυπίδακος Ἴδης.

Quamquam hoc quidem exemplum ei dubitationi obnoxium, quam iniecturus sum ad versum quintum.

Deinde ὄρεσιν scripsi, qui vsus certe ante Choerilum, et Choerili aetate, et saeculis proxime sequentibus communis fuit. Mox apud Iosephum est: ἐνὶ λίμνῃ. Quod quamuis per se ipsum ferri posse concedo, at non bene iidem ἐν ὄρεσιν et ἐνὶ λίμνῃ habitare dicuntur. Subveniunt Eusebius, qui παρὰ praebet, et apud Iosephum codex Hauercampii Hafn. qui ἐπί. Optio datur, vtrum praeferas. Ego hoc praetuli, quod alteri lectioni, ἐνί, propius. Παρὰ Eusebio exciderit in describendo. Neque propter hiatum aliquid timendum est. Si eum hiatum dicere velis. Illum quidem, qui vere hiatus dicitur, modice admisit Choerilus. Quod alibi significatum est. Caeterum quod dixi, apud Iosephum legi ἐνί, non ab omni parte verum est, quandoquidem ibi Coloniensis editio praebet παρά. Quid antiquiora exemplaria, nescio: at ἐνὶ habent, si fides Hauercampio. Quare quod παρὰ est in Coloniensi, fluxisse id existimo ex Eusebio, emendatoris ope.

Paullo grauior erit de versu quarto disputatio. Vbi quae leguntur de tondendi modo, magnum momentum habuisse vidimus, ad diiudicandam quaestionem eam,

quæ est de populo, quem describere voluerit Choerilus.
Ea maxime pendet de vocabulo τροχοκουράδες siue τροχοκούριδες. Ac primum remouere liceat Samuelis Petiti
emendationem, nec necessariam, quantum equidem
iudico, nec tolerandam. Nimirum ille in Animaduersionibus ἀνεκδότοις pag. 446. legendum censebat: τριχοκούριδες id est *omnino tonso capite*. Rem cognoui ex
Hauercampii ad Iosephum monito. Librum Petiti studiose hîc quæsiui et illic, deprehendere non potui: ita
vt ne hoc quidem cognouerim, an ille diuulgatus fuerit. Sed vel sic parui facio istam coniecturam, nisi argumentis prorsus inexspectatis illam muniuerit: quod
nescio an non potuerit facere. Certe Iudæis non conuenit hoc, τριχοκούριδες. Et de Iudæis tamen loquitur
Choerilus. Præterea, quum τριχοκούριδες vox sit nuspiam obuia, et τροχοκούριδες siue τροχοκουράδες semel
tantum, apud Choerilum, ex Iosephi Eusebiique auctoritate, maior habenda erit horum virorum auctoritas, quam Petiti. Præsertim quum hæc compositio, quæ
est in τριχοκουρίς, non magnopere se commendet. Quare
mallem, hanc vocem omisisset in lexico græco Schneiderus, quamquam is non plane hoc, sed τριχοκουράς,
recepit, et paullo post, parum sibi constans, etiam alteram vocem, τροχοκουράς, agnoscit. Igitur hanc lectionem, τροχοκουράδες, vel τροχοκούριδες, præter Petitum retinuerunt et probauerunt viri docti omnes: Bochartus, Cunæus, Salmasius, Grotius, Iunius, Casaubonus. Iidemque omnes in eo consentiunt, vt *in orbem tonsos* interpretentur. Quem tondendi morem
apud Phoenices et apud Arabes fuisse docent, et hinc
quoque apud Saracenos. Francos quoque eodem modo
se totondisse, exceptis regibus, et Siculos Andronici
Comneni temporibus. Græci quoque, ephebi facti et
viri, in orbem tondebantur. Quod probatur Plutarchi
loco de mulierum virtut. pag. 261. F. et Dionis Chryso-
stomi de regno orat. II. emendati a Salmasio pag. 55.

Comam intonsam seruabant, qui delicati videri vellent.
Hoc totum tondendi genus a Græcis appellatur: περι‐
τρόχαλα. Pollux: Κουρᾶς δὲ εἴδη, κῆπος, σκάφιον, προ‐
κόττα, περιτρόχαλα. τὴν προκότταν δὲ φασίν etc. Ex Sal‐
masii emendatione; antea legebatur: περιτροχαλάτην vel
περιτροχαλάτη. In eamdem emendationem incidit Iun‐
germannus. Περιτρόχαλα Herodotus loco statim profe‐
rendo, Plutarchus l. l. et Nicetas Chon. vbi de Siculis
agit; περιτρόχαλον κουράν Hesychius in v. σκάφιον, et
quem ibi laudant, Photius. Περίτροχα Agathias, vbi
de Francis. Idem περικείρεσθαι dicunt Dio l. l. et Inter‐
pretes septuag. in Ieremiæ IX. 26. XXV. 23. Cum no‐
mine περιτρόχαλα manifesto cognatum est, et origine et
significatione, quod Choerilus dicit, τροχοκουράδες. Ve‐
rum quum περιτρόχαλα et quas alias protuli appellatio‐
nes, valde sint ambiguæ, et omne id tondendi genus
indicare possint, quo cæsaries in formam orbis redigi‐
tur, non vnum genus, sed plura fingi possunt, quæ
omnia recte περιτρόχαλα appellaueris. Quæ res de eo
pendet, qua capitis parte inceperit tonsura illa orbicu‐
lata. Quare populi illi omnes περιτρόχαλα, in orbem,
tondebantur, sed diuerso modo. Id quod non fugit Sal‐
masium, qui de his rebus doctissime disputauit. Nobis
hic pauca quædam et satis perspecta attingere sufficit,
sepositis iis, quæ altioris sunt indagationis. Græci an‐
tiqui, si communi plerumque vsu περιτρόχαλα tonsi fu‐
isse dicuntur, cogitandum est de cæsariei habitu sim‐
plicissimo et maxime commodo, quo ipsum caput, et
præter caput nihil, tegitur, capillis fronti imminen‐
tibus, tempora obtegentibus, ad colli initia vsque per‐
tinentibus. Præterea, quæ in hoc genere apud Græ‐
cos fuit, varietatem: fuit autem multa. Exempli gra‐
tia σκάφιον, quo meretrices vsas esse scribit Hesychius,
non prorsus idem, quod περιτρόχαλα, sed potius tonsu‐
ræ περιτρόχαλον speciem fuisse puto. Nimirum epheho‐
rum habitum affectabant meretrices. Arctior est voca‐

buli significatio, vbi barbaræ gentes περιτρόχαλα tonsæ
appellantur. Ibique non solum de capillis decurtatis
cogitandum est, sed de tondendo, quod proprie dicitur. De Arabibus memoria diguissimum et ad Choerilum explicandum est grauissimum, quod Herodotus
narrat, III. 8. Διόνυσον δὲ θεὸν μοῦνον καὶ τὴν Οὐρανίην
ἡγεῦνται εἶναι· καὶ τῶν τριχῶν τὴν κουρὴν κείρεσθαί φασι,
κατάπερ αὐτὸν τὸν Διόνυσον κεκάρθαι· κείρονται δὲ περιτρόχαλα, περιξυροῦντες τοὺς κροτάφους. Vbi περιτρόχαλα
communi iam consensu, vt videtur, legitur: olim ὑπο-
τρόχαλα legebatur. At quæ præterea coniecit Valkenarius, eorum nihil verum, nisi περιξυρεῦντες. Herodoto
de Arabibus assentit, vel certe non repugnat Plutarchus
in Theseo pag. 2. F. Cuius verba detorsit Grotius ad
Leuiticum XIX. 27. Hoc quidem apparet ex Plutarchi
loco, fuisse, qui putarent Arabes esse ὄπισθεν κομόωντας,
vt Abantes. Quod repugnat Herodoto. Nos in Herodoto
acquiescimus, cuius sententia clarissima est. Si enim
tempora circum et cætera περιτρόχαλα tonsi fuerunt Arabes, sequitur, vt frontem liberam et occipitii partem
inferiorem, fere ad summas aures vsque, cultri ope,
caluam habuerint. Atque hoc modo, a Græcorum, quem
descripsi, more, prorsus alieno tonsi fuerunt populi
Arabibus Herodoti confines, qui περικειρομένων et περι-
κεκαρμένων nomine designantur apud Ieremiam. Et hoc
sensu ego τροχοκουράδας credo ab Choerilo appellari, licet iniuria, Iudæos. Poterit sic hoc περιτρόχαλα, quo
vsi sunt barbari, satis distinctum et separatum videri
ab illo, quo Græci. Verum alia res est, in qua vtriusque generis discrimen et discrepantiam ponit Salmasius
pag. 59. sqq. et pag. 248. sq. Quæritur enim, quo modo
illos barbari adornauerint capillos, qui, rasis temporibus et rasa occipitii parte, in vertice remanerent. Tri-
plici autem modo adornare potuerunt. Aut illos eatenus decurtauerunt, vt nuda esset et appareret occipitii,
quam dixi, caluities. Aut promissos effluere iusserunt

in collum et ceruicem, ita vt caluum occipitium obte-
geretur, et ipsi similes essent iis, qui ὄπιϑεν κομόωντες
dicti sunt a Græcis. Hac ratione explicari posset, quo
modo quibusdam apud Plutarchum in Theseo Arabes
videri potuerint ὄπιϑεν κομόωντες, vt Abantes. Aut denique illos verticis capillos, ne effluerent, religauerunt
et in nodum coegerunt. Id quod statuit Salmasius loco
laud. Atque hunc morem apud quosdam barbaros fuisse non negauerim, immo credo. Sic Thraces eiusmodi
nodum fecisse crediderim, de quibus Salmasius pag. 62.
In eamdem opinionem incidit Heynius ad Hom. Il. IV.
533. Et propterea illi ἀκρόκομοι dicti fuerint, quamquam neque in hac voce est, quod nodum intelligi necessario iubeat. Verum quod eum morem apud barbaros illos omnes, qui περιτρόχαλα tonsi dicuntur, valuisse
innuit Salmasius, in eo, puto, fallitur. Vt in Herodoto
et Choerilo consistam, dubito, an neque hic neque ille
de eiusmodi nodo cogitauerit. Nam hoc si voluissent,
aliquid addituri fuissent disertius, quo describeretur
nodus iste perquam mirus. Id vero non faciunt, sed
simpliciter hic περιτρόχαλα scribunt, ille τροχοκουράδες,
in quibus vocabulis nihil inest de nodo capillorum. Itaque nescio an Herodotus et Choerilus eo modo adorna-
tos voluerint verticis capillos, quem paullo ante commemoraui. Vt vel promissi defluxerint trans rasam occipitii partem; vel, quod malim, vt promissi quidem
fuerint, sed eatenus decurtati, quo minus trans rasam
illam occipitii partem effluere possent: qua ratione clarissime apparebat tonsura capitis orbiculata.

Hunc igitur capillorum in vertice relictorum orbem, densum et incomtum, et reliquarum partium, fron-
tis, temporum, occipitii inferioris, nuditatem caluitiem-
que Choerilus denotauit his verbis:

αὐχμαλέοι κορυφάς, τροχοκουράδες·

In quibus hæc, αὐχμαλέοι κορυφάς, nunc paullo accura-

tius examinanda sunt. Quod ad lectionem pertinet,
Eusebius hic male: *κεφαλάς*. Magis poeticum est et aptius
ad sensum, quod Iosephus: *κορυφάς*. Illud exhibet Casaubonus ad Suetonium, vnde colligitur, Choerilea ex
Eusebio deprompsisse Casaubonum, Iosephi certe tunc
immemorem. Deinde idem Casaubonus comma habet
post *αὐχμαλέοι*, vt sit:

αὐχμαλέοι, κεφαλὰς τροχοκουράδες·

Et sic editio Iosephi Coloniensis:

αὐχμαλέοι, κορυφὰς τροχοκούριδες·

Quæ interpungendi ratio contortior ea, quam nos cum
plurimis aliis exhibuimus. Sed cur præferendum sit
κορυφάς, exponendum est. Nimirum *κεφαλάς* nimis amplam pro hoc loco haberet significationem. Qui *τροχο-
κουρὰς* est, siue *περιτρόχαλα* tonsus, non potest esse *αὐχμαλέος κεφαλήν*. At idem est *αὐχμαλέος κορυφήν*. Etenim *κορυφή*, etsi interdum ita vsurpatur, vt verti possit
caput, proprie tamen est *vertex capitis*. Sic, quod
hymni Homerici in Mineruam XXVIII. 5. auctor et Hesiodus Theog. v. 923. dixerunt: *ἐκ κεφαλῆς*, id hymni
in Apollinem auctor v. 309. paullo ad rem significantius:

ἐκ κορυφῆς

Qui locus propter hanc vocem memorabilis, quum ne-
sciam, an *κορυφή* de vertice capitis humani non sit Homericum, si ab hoc vno loco discesseris. Frequentatum in hac fabula vocabulum *κορυφή* ansam dedit miri
cuiusdam commenti, quo Mineruam quamdam finxerunt Neptuni, vel etiam, vt quidam, Iouis et *Coryphes*
Oceanitidis filiam. V. Harpocr. in v. *Ἱππία Ἀθηνᾶ*, et
quos ibi laudat Valesius: add. Clemens Alex. Protrept.
pag. 17. C. ed. Col. Cum Etymologico M. in v. *Ἱππία*
prorsus conspirat lexicon rhetoricum a Bekkero editum Anecd. vol. I. p. 207. sq. Vnde *Κορυφῆς* restituendum est alteri grammatico pag. 350. Bekk. quæ iam
vulgauerat Montefalconius in Bibl. Coislin. Contra hic
grammaticus alia quædam habet meliora et accuratius

scripta: primum hoc, quod Mnaseæ meminit; deinde, quod ita scripsit: ὡς ὁ μῦθος. Etymologicum M. et lexicon Bekkeri rhetoricum *hymnum* vocant ad testimonium, Homericum hymnum intelligentes haud dubie: at in hoc nihil est de curru Mineruæ. Ciceroni de nat. d. III. XXIII. *Coryphasiam Mineruam* reddendam putabat pro *Coria* Victorius Var. Lect. XI. XV. Quem vel Pausanias redarguit VIII. pag. 639. Omnino fraudem fecerunt Victorio Pausaniæ locus is, qui legitur in Messenicis pag. 371. et Clemens Alexandrinus. Quod non mirum, quum Clemens ille ipse l. l. et hinc Arnobius, quem Valesius laudat ad Harpocrationem, circa eam rem errauerint. *Coryphasia* neque a *Coryphe* matre dicta est Minerua, neque a *vertice Iouis:* qui enim hoc fieri potuerit? sed a *Coryphasio* promontorio. Eorum narratio, qui Mineruam ex Neptuno et Coryphe Oceani filia genitam nobis tradiderunt, quam sit antiqua, et an sit antiqua, incertum relinquimus. Hoc vtique certum est, *Coryphes* nymphæ nomen ex altera fabula, quæ Mineruam ex vertice Iouis progenitam prædicaret, deductum esse et deberi iis, qui mythologiam ad historiam nescio quam reuocare studerent. Mnaseas quidem quale mythologiæ genus venditauerit, etiam aliunde cognoscitur; veluti, vt proxima et simillima arripiam, quæ docemur a scholiasta Apollonii Rhodii ad I. 1129. II. 1054. Dactylos Idæos fuisse Dactyli et Idæ filios, et Stymphalides Stymphali et Ornithis filias. Idem illud studium tertiam quamdam Mineruam siue Athenam peperit, Itoni filiam, Iodamæ siue Iodamiæ sororem: cuius sponsor Simonides genealogus. Vid. Etym. M. in v. Ἰτωνίς, Tzetzes ad Lycoph. v. 355. Saniora et antiquiora Pausanias IX. p. 778. et scholiastes ad Apoll. Rhod. I. 551. Hæc quasi per deuerticulum. Choerilus aptissime coniunxit et sibi opposuit duo ista, *verticem capillis horridum* et *tonsuram orbiculatam:* αὐχμαλίοι κορυφάς, τροχοκουράδες. Quæ tam egregie se inuicem illustrant, vt non potuerit melius describi tondendi illud genus. Iam, puto, apparet, quonam sensu ego accipiendum putem vocabulum αὐχμαλέοι. Quo nihil aliud significauit Choerilus, quam verticem *capillatum*, ratione habita earum capitis partium, quæ non essent capillatæ. Densos autem intellexit capillos, vt dixi, et promissos, et eatenus tantum tonsos, vt ne defluerent supra rasas capitis partes. Vox αὐχμαλέος, quum hoc solo loco obuia sit, quid significet, tantum diuinari potest ex nexu loci, et colligi ex vocabulis cognatis: αὐχμήεις, in hymno Panis Homerico, αὐχμηρός, αὐχμώδης. Quæ omnia quum conueniant in communi notione hac, vt significent id, quod *horridum* est, vt αὐχμεῖν et αὐχμᾶν *horrere*, singulis locis dispiciendum est, quo modo vnaquæque res *horrere* dici possit. Quare vt αὐχμήεις Pan *horridus* est, id est, squallidus puluere et aliis rebus; vt αὐχμηρὰ κόμην apud Lucianum femina est capillis non vnctis et incomtis: ita αὐχμαλέος κορυφὴν is est, cui vertex, præ aliis capitis partibus, horret et densus est capillis. Disputaui hæc maxime contra Salmasium, quem illud ipsum αὐχμαλέοι commouit, pag. 63. vt de cirro in nodum collecto, squallido et impexo, Choerilum cogitasse scripserit. Quod licet peruicacius negare nolim, at nihil tamen ea de re est in Choerili verbis.

Vocem αὐχμαλέοι in Choerili versu temere sollicitauit Lamb. Bosius Animaduers. ad scr. gr. cap. XXVIII. pag. 118. Ipse αὐχαλέοι scribendum censet Hesychii auctoritate. Qui Bosium recte reprehendit, Albertus ad Hesych. v. Αὐχαλέοι, fallitur, quod voce αὐχμαλέοι etiam Xenophanem vsum esse scribit apud Athenæum XII. p. 526. B. Imposuit viris doctis Casaubonus. Librorum ibi et priorum ante Casaubonum editionum omnium lectionem αὐχαλέοι restituit, et recte quidem Schweighæuserus.

Notandum etiam vt Choerileum et alibi, quantum adhuc quidem constat, non obuium, τροχοκουράδες. Sic scribendum putaui ex Eusebio. Iosephi editiones Coloniensis et Hauercampiana: τροχοκούριδες. Quod hinc et Cunæus exhibet de rep. Hebr. l. l. At viri docti plerique, etiam ii, qui ex Iosepho Choerilea desumpserunt, Salmasius pag. 22. p. 5o. et p. 63. Bochartus, Grotius ad Leuiticum et ad Lucam, exhibent τροχοκουράδες: siue Eusebium hac in re sequuti, siue ex coniectura; nisi Iosephi quoque editio quædam hoc habeat. Nec Schneiderus in lexico gr. v. τριχοκουράς, et v. τροχοκουράς, aliam formam agnoscit, nisi hanc, quæ est per ας. Quibus ego obtemperandum duxi, non vna de caussa.

Denique quod de Iudæis illis suis prædicat Choerilus:

— αὐτὰρ ὕπερθεν
ἵππων δαρτὰ πρόσωπ' ἐφόρευν ἐσκληκότα καπνῷ,

idem in recensione copiarum Xerxis de Aethiópibus Asiaticis Herodotus VII. 70. οὗτοι δὲ οἱ ἐκ τῆς Ἀσίης Αἰθίοπες τὰ μὲν πλέω καταπερ Ἰνδοὶ ἐσεσάχατο, προμετωπίδια δὲ ἵππων εἶχον ἐπὶ τῇσι κεφαλῇσι, σύν τε τοῖσι ὠσὶ ἐκδεδαρμένα καὶ τῇ λοφιῇ· καὶ ἀντὶ μὲν λόφου ἡ λοφιὴ κατέχρα· τὰ δὲ ὦτα τῶν ἵππων ὀρθὰ πεπηγότα εἶχον. Δαρτά, pro quo inepte δ' ἀργὰ in Iosephi ms. Eliensi apud Hauercampium, vox non vbique obuia: sed νεόδαρτον Homericum, in Odyssea. Mox πρόσωπ' eiusmodi elisio, nisi sensus me fallit, quæ auribus non valde blandiuntur. Non acsi hoc a Choerilo profectum esse negem: sed scholæ Homericæ poetæ, qui accuratissimi, hanc syllabam fortasse non fuissent elisuri. Accusatiui ὄπα. quod non dissimile est, vltimam syllabam aliquoties elidit Homerus: quae tamen exempla omnia vnius tantum exempli vim habent, quum non fiat hæc elisio nisi ante verbum ἀκούω. Praeterea bis eliditur ea syllaba ante verbum ἰεῖσαι. In hymno Dianæ Homerico v. 18. Hermannus scribendum censet: ἄμβροτον ὄσσαν ἰεῖσαι, ex Hesiodo Theog. v. 45. Elegans sane et facilis emendatio. Nisi

K

restaret Hesiodus Theog. 829. Qui versus quum omnem
emendationem respuere videatur, ego vtrobique reti-
néndam putauerim vulgatam lectionem:

$$ ὅπ' ἱεῖσαι. $$

Non quod ἵημι tum dictum esse putem pro ἵημι: sed hac
sola in formula id sibi permiserunt poetæ illi, vt spiritus asperitatem lenirent, inauditam vocis formam, ὅφ',
euitaturi. Quæ forma quam monstruosa esset, iam sensit Henricus Stephanus ad Hesiodum. De voce ἐσκληκότα singularia notauerunt Hesychius, alii. Quorum
nihil ad Choerilum spectat propius. Cf. si placet, Pier-
sonum ad Moerin pag. 49. seq. Frequentat hoc verbum
Nicander. Velut in Theriacis v. 785. 789. Vbi Hermannus coniecturam propositam ad Orph. pag. 804. facile nunc, opinor, postponet nuper diuulgatæ Bentleii
emendationi: ἐσκληκόσι. Quam emendationem non modo respuit sensus, sed postulat: nam in vulgata lectione otiatur, vel potius impedimento est verbum ἐσκλή-
λασι. Quod in Alexiph. v. 464. præbet cod. Riccard.
ἐσκληότα, non longe abfui, quin restituerem Choerilo.
Cæterum huic perfecto propria est neutralis siue in-
transitiua, quam vocant, significatio. Inter alios Apollonius Rhodius II. 53.

$$ — ἱμάντας $$
$$ ὠμούς, ἀζαλέους, πέρι δ' οἵγ' ἔσαν ἐσκληῶτες. $$

In Epicharmi versum apud Athen. II. p. 6c. F. quem
tentauit Porsonus Aduers. p. 5o. inferri posse putabam
Hesychii glossam ἐξεσκληκότες, hac ratione:

$$ — οἷον αἱ μύκαις ἄρ' ἐξεσκληκότες $$
$$ πνιξεῖσθε. $$

οἷον αἱ fortasse dixerunt Dorienses pro οἰονεί.

In vulgarem dialectum, ἐφόρουν, Iosephus traduxit
id, quod Choerilus reliquerat: ἐφόρευν. Hoc et Barne-

eius dat, vbi hos versus profert, in Euripidis vita cap.
XXX. p. 31. not. ed. Lips. Illud cum Iosepho Eusebius
dedit. Ego quod hic Choerilo reddam ἐφόρευν, quum
ᾤκεον reposuerim in tertio versu, non vereor ne incon-
stantiæ me accusent harum rerum periti. Homeri enim
exemplum, Odyss. XXII. 456.

ξῦον· ταὶ δ᾽ ἐφόρεον δμωαί —

non tantum apud me effecit, vt Choerilo tam duram
synæresin placuisse putem. Duram dico, quam Choerili ætate duram visam esse existimem: quæ, quum
duæ suppeterent formæ, ἐφόρεον et ἐφόρευν, haud dubie
hanc prætulit, vt versui faciliorem. Apud Homerum
maior synæreseos libertas, quamquam Odysseæ versus,
quem posui, dubitationem admittit. Ἐφόρευν est in Scuto Herculis v. 293. 296. Contra synæreseos exemplum hoc:

ᾤκεον δ᾽ ἐν —

et Homeri tempore et Choerili placuit, et nunc placet.
De vocalibus apud Homerum contractis et non contractis lata est disputatio. Hic de imperfectis verborum,
quæ exeunt in εω, loquor: de quibus quæ moneri possunt, adhibenda sunt etiam ad alia exempla. Nimirum
hac in re qui efficere velit criticus, vt semper sibi similis et constans sit Homerus, et semper vel contractione
vtatur, vel non contractione, verendum est ei, ne, dum
diligens videri velit, negligentem se præbeat. Multa
enim ille negligit, quæ, si probe perpendantur, demonstrant, Homerum hac in re sibi constare nec posse nec
potuisse. In quibus primum est diuersa poetarum, quibus Homerica debentur, ætas, diuersus stylus. Deinde
numerorum ratio, quæ alia est in vna versus sede, alia in
altera; præsertim theseos et arseos discrimen, quod
magnum est. Porro ne hoc quidem sine momento esse
potuit, quale verbum illud esset, de quo contrahendo

K 2

an non contrahendo ageretur: quibus illud litteris constaret; qualis ante vltimam syllabam syllaba antecederet. Veluti pro θέον, ἔθεον profecto nemo scripturus erat θεῦν, vel ἔθευν; pro πνέον neino πνεῦν. Denique et hoc fortasse respexerunt poetæ, quænam littera esset in capite vocabuli sequentis, vocalisne an consona. Sané in vniuersum non dubitem antiquiorem et probatiorem dicere eam formam, quæ non contracta, in εον. Exemplis vtar.

ᾤκεον δ' ἐν Πλευρῶνι,

Homericum est et omni dubitatione maius. Plane sic Choerilus:

ᾤκεον δ' ἐν Σολύμοις ὄρεσιν.

Eodem modo recentiores poetæ, exempli gratia; qui nunc mihi occurrit, Apollonius IV. 1192. De quo bene ibi monuit Brunkius; modo ne illud addidisset de pronunciatione: nam Apollonius suum θάμβεον non aliter pronunciabat, quam ᾤκεον suum Homerus et Choerilus. Nempe ita, vt vtraque vocalis audiretur, sed fortius et longius littera o. Eadem, quæ Brunkius ad Apollonium, sed perinde falsa, Heynius præcipit ad Iliad. XI. 282. Contra, quod αὔτευν legitur Il. XII. 160. et γεγώνευν Od. IX. 47. et quod ἤρευν, αὔτευν in Scuto Herc. 302. 309. non tam inde explicandum, quod recentiores sint hi loci, quam poetarum antiquorum consuetudini tribuendum crediderim, qua vltimam versus syllabam, quam longissimam facere et pondere sonoque quam plenissimam amabant. In Odyss. XIX. 61. et similibus exemplis ne potuit quidem ἤρευν scribi. Alius generis, quam quæ supra attuli, nec tamen dubium, est ᾤκεον, Il. XX. 218. Add. Od. XXIV. 336. ad quam normam in Il. XVIII. 539. fortasse restituendum est ὡμίλεον, non sine codicibus. Paullo duriora, sed non magis dubia videntur ἠγίνεον Il. XVIII. 493. ἐθρήνεον in Iliadis vltimo v. 722. et ἠρίθμεον in Od. X. 204. Quod est in Iliadis septimo v. 394. *ἠνώγεον*, pro eo antiquior poeta daturus fuisset *ἤνωγον*. Apollonius IV. 176.

— *χρύσεον ἐφύπερθεν ἄωτον*:

quod aliter efferri non potuit. At in Odyss. IV. 252. non ambigendum est, nisi de eo, vtrum *λόεον* maluerit poeta, an *ἐλόευν*. Si cum augmento, vt credimus, maluit, sponte se offerebat *ἐλόευν*, vix vt cogitare potuisse videatur de altera forma *ἐλάεον*. Quæ quam difficultatem habitura fuisset ad pronunciandum, ea fortissimo sentiri debuerat in hac sede versus. Non omnes pedes eumdem vigorem habent; ac plerumque maiorem habent priores. Neque in Odyss. XXII. 456. vllam caussam exputo, cur *ἐφόρεον* scribi maluerit poeta, quam *ἔφερον*, quod est apud Eustathium, aut *ἐφόρευν*, quod facilius ad pronunciandum, et Scuti auctori placuit. Ac subit dubitatio, an librariis debeatur *ἐφόρεον*, quibus ante oculos versaretur versus 451. Quam suspicionem confirmant codex Vindobon. LVI. et cod. Harlei. in quibus etiam *ἐκφόρεον* contra metrum. Nisi hi codices aliam, quæ olim fuerit, lectionem monstrent:

ξέον· ταὶ δ᾽ ἐκφόρεον δμωαί.

Choerili fragmentum desumptum esse ex eo loco, vbi Persicas copias recensebat poeta, ipse Iosephus affirmauit. Id autem qua occasione fecerit Choerilus, monui ad fragmentum III. Quo hic pertinet verbum, quod posuit Choerilus, *διέβαινε*. Cur autem hoc fragmentum posteriore loco ponerem, illud de Sacis priore, leues fuerunt caussæ. Potest enim contraria ratione Choerilus priore Iudæos commemorasse, posteriore Sacas. Sed qui Herodoto placuit ordo in recensendis Xerxis copiis, fortasse idem et poetæ placuit: vt primo Persas poneret, principem populum, deinde qui Persiæ a septemtrione et ab oriente populos; vnde transiret ad Arabes et Aethiopes, et hinc adscenderet in anteriorem Asiam. Quem ordinem si sequutus est poeta, Sacæ

occurrerunt ante Iudæos. Quamquam hæc omnia incerta. Quare hoc statim frustra quæratur, quinam illi
fuerint, *post quos*, ἄπισθεν, transiisse dicuntur Iudæi.
Vnum, quod et aliis de caussis veri simile, et ex Choerili fragmento vtroque demonstretur, hoc est. Choerilus neque in nominibus populorum tam accuratus,
quam Herodotus, neque in nominibus vrbium regio-
numque designandis tam diligens, quam Homerus in
catalogo, videtur fuisse. Quid enim attinebat Choerilum, accuratam Asiæ geographiam et barbarorum notitiam plenam exhibere? At si qui barbari miri essent
et memorabiles cultu vel situ, vel alia quadam re, eos
fortasse paullo longius, quam singulos populos Homerus, descripsit.

Delectationis caussa Iosephi locum subiungam ex
antiqua Rufini, vt fertur, interpretatione. Descripsi
autem ex latina Iosephi editione Basileensi Frobeniana
a. 1534. quæ inscriptionem habet hanc: *Flauii Iosephi
— opera quædam Ruffino presbytero interprete.* Vbi
hæc leguntur pag. 855.

— *Quod de eis agnoscens et Cyrillus, antiquus
poeta, meminit hoc modo de gente nostra dicens:
Quia castrametati sunt nostri maiores cum Xerxe
Persarum rege apud Hellada: et dinumerans
vniuersas gentes, nouissimam nostram posuit, ita
dicens: Postremum vero transibant genus mirabile visione, linguam quidem plenissimam ope
proferentes. Habitantes autem in solis montibus,
vbi palus amplissima est. Iuuenes capillis sub
rotunditate detonsis, super equos erectos habentes vultus, et quasi fumo siccatos. Palam ergo
est, sicut arbitror, quia nostri meminerit, eo
quod et montes in nostra regione sunt constituti,
in quibus habitamus, et palus, qui dicitur Asphal-
tites, id est, bituminalis. Hæc enim inter omnes
palus in Syria latior atque maior est. Et Cyril-*

lus quidem cum ita meminerit, Iudæos scisse dignoscitur: quem quilibet cum legerint admiran- ᵥ*tur, non calumniosi Græcorum, sed sapientia summa conspicui. Clearchus enim —*

Cum imperito homine agimus. At quædam tamen insunt tam stupenda, vt librariis potius, quam Rufino, seu quisquis ille fuerit, tribuenda sint. Veluti quod legitur, *plenissimam ope,* manifesto ita corrigendum est: *phenissam ore.* De *solis montibus* dubitari potest, an scribæ debeantur: sed quum paullo post *montes* dicat sine cognomine bonus ille interpres, pæne crediderim, genuinum esse *solis.* Quid enim, si indoctus homo, soni similitudine deceptus, vocabulum σόλυμος respondere putauerit voci latinæ *solus?* Ex proxime sequentibus facile exsculpseris hanc lectionem:

— πλατίη ὅθι λίμνη.

Quod tamen non valde placet. Neque semper pressit verba græca interpres. Pro αὐχμαλέοι Rufinum legisse; ἀκμαλέοι, coniectura est Alberti ad Hesych. v. *Αὐχαλέοι.* Mox pro δαρτὰ legisse videtur: δ᾽ ἀρτά. Quod quum ab αἴρω deriuaret, vertit *erectos.* Nisi δ᾽ ὀρθά legerit. Hæc in mentem mihi reuocant Grotii ad Lucam disputationem, vbi Iudæos *equites* describi his versibus dicit: at nihil inest de *equitibus.*

Istum interpretem intelligebat Gyraldus de poet. hist. dial. III. pag. 107. quum Choerili versuum ex Eusebio et Iosepho mentionem fecit et in latinis Iosephi exemplaribus omnibus animaduertit perperam legi *Cyrillus.* Non insolita aberratio. *Cyrillus* in chronicis Hieronymi duo Palatini, eo loco, quem tractaui, quum sermonem faciebam de Choerilo Tragico.

V.

Scholiastes Apollonii Rhodii ad lib. I. v. 212. vbi
de Orithyiæ raptu agit:

Χοιρίλος δὲ ἁρπασθῆναι φησὶν αὐτὴν ἄνθη ἀμέλγουσαν
ὑπὸ τὰς τοῦ Κηφισσοῦ πηγάς.

Nimirum in Persicis. Atque haud dubie eodem loco
atque eadem occasione Boreæ et Orithyiæ mentionem
fecerat Choerilus, qua eam fabulam insertam legimus
ab Herodoto VII. 189. Cf. Hermiam scholiastam apud
Ruhnkenium ad Timæum pag. 268. et Pausaniam I. pag.
45. Boreæ operam, qua adiuuisset Athenienses, fortasse splendida narratione descripsit Choerilus. Quem
poetam cæteroquin parcum fuisse videri in adhibendis
diis, alibi significaui.

Locum quod attinet, vnde rapta fuerit Orithyia, a
Choerilo dissentit Pausanias. Qui ab Ilissi ripis raptam
Orithyiam tradit. Ac sane hæc est narratio vulgaris et
frequentatissima, quam confirmare videtur id, quod
delubrum ad Ilissum conditum esse scribit Herodotus.
Conferatur, quem ibi Valkenarius laudat, Plato in Phædro p. 229. Deinde Meursii, quem Valkenarius voluit,
locus, est in libro de Athenis Atticis II. IV. pag. 363, sq.
vol. IV. Thes. Gron. Sed bis præterea de Orithyiæ raptu
disseruit Meursius, in Græcia Feriata I. II. v. *Βορεασμοί*,
pag. 241. sq. vol. VII. Th. Gron. et vbi Choerili quoque
meminit, in libro, quem inscripsit Regnum Atticum,
II. XIII. p. 142. sq. ed. Amst. 1633. Haud pauca præoc-
cupauerat Natalis Comes in mythologia. Addi potest
Heynius ad Apollodorum III. XV. 2. qui in secunda editione etiam Maximum poetam adhibuit. Tot auctoribus, qui ab Ilisso flumine Orithyiam raptam tradunt,

quibus etiam Tzetzes accedit Chil. VIII. v. 255. sqq. pag.
145. Bas. repugnauit Choerilus, si fides Apollonii scholiastis. Quibus cur negetur fides, caussam idoneam non
habeo. Nam quod Brunkius ad Apollon. append. pag.
211. Boeotiæ fluuium esse Cephissum animaduertit, non
meminerat vir doctus, etiam Atticæ fluuium esse Ce-
phissi nomine. V. Pausan. I. pag. 92. et Strab. IX. pag.
613. B. 650. A. ed. Almel. Nihil eam in rem Ruhnkenius ad Tim. p. 268. vbi de Choerilo mentionem infert.
Choerili hoc fragmentum primus, quem sciam, inue-
stigauit et indicauit Gyraldus, quem sæpius laudaui,
pag. 108.

Pausaniae pag. 92. vbi de Cephisso Attico loquitur
πρὸς Ἐλευσῖνι labente, prope ad fluuium narrat locum
esse, vbi Pluto, rapta Proserpina, descendisse dicatur.
Quod memorabile. Quid enim, si is, a quo primo Choerili testimonium acceperunt nostri Apollonii scholiastæ,
Choerili libro non inspecto, pro eo, quem deberet,
Ilisso, posuerit Cephissum, memoriæ lapsu, Proserpinam cum Orithyia confundentis? Etenim haud dubie
iam ante Pausaniam fuerunt, qui Proserpinam prope
Cephissum Atticæ raptam narrarent. Certe in Attica
raptam qui tradiderint, nouimus. Vid. quem Spanhe-
mius laudat ad Callim. h. Cer. 9. p. 752. scholiastam Sophoclis ad Oed. Col. 1590. sq. et quem Heynius ad Apol-
lod. not. p. 57. schol. Hesiodi. At hæc quum in mera
coniectura posita sint, præstat tenere hoc, Choerilum
Orithyiæ raptum ad Cephissum Atticum retulisse.

Omnino diuersi ab diuersis, vt vel ex Platone liquet, indicabantur loci, vnde rapta fuisset Orithyia.
Quod qui cognitum habebat Heynius ad Apollodori locum supra laudatum, tamen in Simonidis apud schol.
Apollonii fragmento, pro βριλισσοῦ legi iubet Ἰλισσοῦ:
in aprico est leg. Ἰλισσοῦ. Multum abest, vt hoc sit in
aprico. Legendum potius: Βριλησσοῦ. Qui mons est
Atticæ. Meminerunt Strabo IX. p. 612. Alm. ibique a

Casaubono excitati Thucydides Pliniusque. Cf. Callim.
fr. CLXXXV. ibique Hemsterh. Ex eo autem, quod
scholiastes Apollonii inferius titulum operis Simonidei
addit: ἐν τῇ ναυμαχίᾳ, satis certo indicio colligo, eodem
loco eademque occasione Orithyiæ mentionem fecisse
Simonidem, qua Herodotum, et qua Choerilum fecisse
supra monui.

Denique, ne lectionis varietatem in scholiastæ verbis iis, quæ ad Choerilum pertinent, intactam præter-
mittam: legitur in scholiis vulgatis, quod supra dedi,
ἄνθη ἀμέλγουσαν. Reconditus verbi ἀμέλγειν vsus fraudem fecit scholiastæ Parisino, qui pro eo scripsit ἐκλέ-
γουσαν. Si hoc scripsit. Verbum ἀμέλγειν illustrat scholiastes Aristophanis ad Equit. v. 326. et v. 959. Eadem
hinc prostant apud Suidam in v. ἀμέλγειν et v. μολγός.
Cf. Eustathium apud Kusterum ad Suid. v. ἀμοργοί, et
Hesych. in v. μολγός. Quamquam vel sic paullo inso-
lentius dictum est ἀμέλγειν ἄνθη, decerpere flores. Abs-
tinet ab hoc verbi vsu poesis altior, cui proprium est
ἀμέργειν siue ἀμέργεσθαι. Librarii tamen vbique ἀμέλγειν
suum obtrudere solent. Quippe tritius vtique verbum
ἀμέλγειν fuit, quam ἀμέργειν. Vid. Apollon. Rhod. I.
882. IV. 1144. Ex poeta desumpta est Hesychii glossa:
ἀμεργομένη. Καρπὸν ἀμέρξων: Euripides, quem ibi laudant, in Herc. Fur. 396. Ἀμέργονται recte nunc legitur
apud Dionysium Perieg. 295. Etsi Eustathius præferre
voluisse videtur ἀμέλγονται: quod etiam Etymologus tenet in v. Ἡλιάδες. Ἄνθεα ἀμέργειν siue ἀμέργεσθαι etiam
Sappho dixit. Hoc tenebimus ex Athenæo XII. p. 554.
B. καὶ Σαπφώ φησιν ἰδεῖν ἄνθε᾽ ἀμέργουσαν παῖδ᾽ ἄγαν ἀπα-
λήν. Sapphus verba constituere velle fortasse frustra foret, et possunt non vno modo constitui. Repetit hæc
Athenæus ex Clearcho, qui dudum vt dialectum ita alia
quædam mutauerit. Potuit et Choerilus ita scribere:
ἄνθε᾽ ἀμεργομένη.

VI,

Νῆυς δέ τις ὠκύπορος Σαμίη, συὸς εἶδος ἔχουσα.

Versus, quem ad Choerilum refero certis indiciis,
etsi nemo illi diserte tribuat.

Hesychius: Σαμιακὸς τρόπος. — Δίδυμος δὲ, τὰς Σα-
μίας ναῦς ἰδιαιτέραν παρὰ τὰς ἄλλας ναῦς τὴν κατασκευὴν
ἔχειν· εὐρύτεραι μὲν γάρ εἰσι τὰς γαστέρας. τοὺς δὲ ἐμβόλους
σεσίμωνται, ὡς δοκεῖν ῥύγχεσιν ὑῶν ὁμοίως κατεσκευάσθαι,
οἷον ἰχθυπρώρους εἶναι. διὸ καὶ ἐπὶ ταύτης λέγεται·

Ναῦς δέ τις ὠκύπορος Σαμία, ὑὸς εἶδος ἔχουσα.

Eadem hinc Phauorinus pag. 651. sq. ed. Ven. Photius
in lexico: Σαμιακὸν τρόπον, Κρατῖνος Ἀρχιλόχοις· — —
ὑοὶ γὰρ ἐμφερεῖς εἶχε τὰς πρώρας τὰ τῶν Σαμίων πλοῖα, ὡς
Χοιρίλος ὁ Σάμιος.

Legitur apud Photium: Χοιρίλοχος ὁ Σάμιος. Sed
iam Albertus in scriptorum indice *Choerili* nomen restituendum esse vidit. Quæ res extra omnem dubitationem posita est. Eodem errore apud Strabonem lib.
XIV. pag. 989. Alm. tom. V. ed. Tzschuck. pag. 694. de
quo infra accurate disputabitur, codex apud Tzschu-
ckium Mosquensis: Χειρίλοχος. Photio adhibito, versum, qui adhuc sine nomine ferebatur apud Hesychium,
pronum mihi fuit, domino suo reddere.

Nolo repetere, quæ de Samiorum naui, *Samæna,*
disseruerunt viri docti. Attingere satis habeo ea, quæ
pertinent ad lectionem Hesychii Photiique. Ac primum
in Hesychii loco, quum fortasse excusari possit, quod
vulgo legitur: σεσύμανται, ego malui exhibere: σεσίμωνται, elegantem emendationem, quam Schneiderus

proposuit in lexico græco v. ὑπόπρωρος. Σεσήμανται etiam Phauorinus. Præterea nihil mutandum, Quum illam proræ formam cum rostris suum comparasset Hesychius, rem etiam alia comparatione illustraturus, addit: οἷον ἰχθυπρώρους εἶναι. Aptissime: nam pisces rostrum habent suillo simile. At in Plutarchi Pericle p. 166. D. vtique legendum: ὑάπρωρος μὲν τὸ σίμωμα. Vidit hoc Schneiderus l. l. vbi contra mentem viri doctissimi seruata est, operarum errato, vetus lectio ὑπόπρωρος; vidit et auctor dissertationis de tutelis et insignibus nauium, quæ est in Ruhnkenii Opusculis, Lugd. Bat. 1807. pag. 280.

Photii verba ita scripta protulit ex codice Hermannus: Σ. τρόπον, Κρατῖνος Ἀρχιλόχῳ· εἰς συαμίαν ἐπισκώπτων μιννύω ναυσὶ γὰρ ἐμφερεῖς etc. Apographum Dresdanum: Ἀρχιλόχης εἰσυαμίαν. Albertus ad Hesychium hæc tantum protulerat, negligentius excerpta; Σ. τ. Κρατῖνος Ἀρχιλόχοις, εἰσυμίαν ἐπισκώπτων; pro εἰσυμίαν legendum esse εἰς Σαμίαν. Quod non satisfacit. Quænam enim est Samia illa? Nisi credideris nomen proprium latere in μιννύω. Hoc vtique persuasum habeo, nihil in his esse Cratini, præter verba Σαμιακὸν τρόπον. Cratinus, quod colligo ex Hesychio Photioque, de re quadam obtusa loquens, eam dixerat obtusam esse Samio more. In voce μιννύω, vel μιννύωνα, ego latere suspicabar vocabulum ὑῶν. Sed certiore aliquanto coniectura ex codicis lectione εἰς συαμίαν, vel εἰσυαμίαν, exsculpsi, εἰς ὑν σαμίαν. Postrema clarissima sunt. Hoc enim certum est, in vocabulo ναυσὶ latere, quod exhibui, ὑσί. Simillima ratione coaluerunt σάμια et ὑσίν apud Photium in v. Σάμαιναι.

Vnum de Samiorum naui, idque antiquissimum et Choerilo proximum, testimonium apponendum est, Herodoti lib. VIII. 59. τῶν νηῶν καπρίους ἐχουσέων τὰς πρώρας ἠκρωτηρίασαν. Quæ peruerse cepit Wesselingius. Eodem errore inductus auctor dissertationis eius, quam

supra laudaui, ad caput illud de insignibus nauium re‑
tulit et Herodoti et aliorum scriptorum de Samiorum
naui locos. Nimirum opinabatur ille, huic nauium
generi suis caput vel anteriorem partem in prora appo‑
situm fuisse, tamquam insigne siue parasemon, vt alio‑
rum animalium capita et figuras aliis nauibus appositas
esse scimus: ornamenti caussa, vel vt haberent, quo
distinguerentur. Verum hoc vetant et Choerili versus,
et Herodotus, qui proras aprum insigne habentes, num‑
quam καπρίους dicturus fuisset; vetat, ne alios in par‑
tes vocem, luculenta Hesychii, quam apposui, descri‑
ptio. Contra quos leue est Eustathii patrocinium, qui
vnus auctori dissertationis fauet. Samiorum illæ naues
non apri insigne in prora, sed ipsius proræ extremita‑
tem obtusam habuerunt et reflexam, vt est suis ro‑
strum; quæ proræ forma, cum alueo nauis lato et cur‑
vato, efficiebat, vt tota nauis suis quamdam similitudi‑
nem præ se ferret. Hoc est, quod dicit Choerilus,

$$συὸς\ εἶδος\ ἔχουσα.$$

Versum laudant ex Hesychio, sed de suo nihil ad‑
monent, Salmasius in Plin. exercit. pag. 403. C. Panti‑
nus ad Mich. Apostolium cent. XVII. 25. pag. 348. dis‑
sertationis de tutelis et ins. n. auctor pag. 279. Et est
in Scaligeri libello eo, qui inscribitur Στρωματεὺς παρ‑
οιμιῶν ἐμμέτρων, et in Erasmi adagiis pag. 1638. ed. We‑
chel. 1599. in prouerbio *Samii litterati.* Σαμίη scriben‑
dum esse vidit Albertus. Præterea ῥῆυς scribendum
erat et συός. Hoc quidem, quoniam magis poeticum et
magis Homericum, et quoniam ad græcas aures suauius
accidebat συός quam ὑός, præcedente littera vocali.
Quamquam hoc leuius: vid. fragm. IV. vs. 3. Neque
obstat, quod eo augetur huius versus sigmatismus.
Sed cur magis Homericum dixerim συός, caussa redden‑
da est. In Odyssea vtraque forma occurrit: ὑῶν et συῶν,
ὕεσσι et σύεσσι. Genitiuus singularis rarius obuius, sed

vtraque forma: Atque υός quidem, nisi fallor, in hoc
tantum hemistichio: ἀργιόδοντος υός. Ita vt, quantum
ad Odysseam pertineat, credere liceat, nullam poetis,
præter metri conditionem, fuisse legem. Verum in
Iliade longe longeque præpotens est hæc forma, συός et
reliqua. Nescio enim, an nusquam sit alterius formæ
exemplum, præter hæc duo: ἀργιόδοντος υός, et ἀργιό-
δοντες υἱες, lib. X. 264. et XXIII. 52. Cæterum eiusmodi
exempla, quæ Choerilo prorsus sint gemina, frustra
circumspectes apud Homerum. Vnum est in Il. VIII.
338. Ita genitiuum illum ponere solet Homerus, vt
vltimam in arsi habeat.

Si de sede huius fragmenti, et quonam illud Persicorum loco fuerit, nam ex Persicis est, sermo infera-
tur, rationem comminisci poterimus non vnam. Fortasse locum suum habuit versus in descriptione pugnæ
Salaminiæ. Verum huic etsi interfuisse videntur Sa-
miæ naues, nullum tamen vsquam, quod sciam, earum
facinus, quale indicat Choerilus, commemoratur. Versus talis est, vt sponte aliquis suspicetur, Choerilum de
re quadam graui et magni momenti loquutum esse, quæ
per nauem illam effecta fuisset. Vnum memini, quod
huc trahi possit. Quum Herodotus VIII. 79. sqq. Græcos de circumuenta a Persis classe certiores factos esse
narret per Aristidem et per triremem Teniam, Diodorus hoc officium viro Samio tribuit, XI. XVII. Neque
incredibile est, Choerilum Samium vel hoc vel aliud
quoddam in Salaminia pugna facinus ciuibus suis vin-
dicasse. At quum hæc prorsus incerta sint, et quum
Diodorus de viro tantum Samio, natatore, non de naui
Samia loquatur, malim de eo tempore et de iis rebus
cogitare, in quibus Samiorum partes fuisse constat. Id
vero fuit, Herodoto et Diodoro testibus, circa pugnam
Mycalensem. Quam attigisse videtur, vt alibi monitum est, Choerilus. Ac nescio an aptior nostro fragmento sedes inueniri non possit, quam in ea narratione,

quæ est apud Herodotum IX. 90. et apud Diodorum XI. XXXIV. Vbi Samiorum legatos in Delum insulam venisse narratur, Græcorum pro Ionia auxilium imploraturos. Hanc igitur fortasse narrationem ita exorsus est Choerilus:

Νηῦς δέ τις ὠκύπορος Σαμίη, συὸς εἶδος ἔχουσα.

Et, quod præterea coniici licet, hoc fortasse fuit libri Persicorum vltimi initium. Non vendito hæc pro certis. Res eiusmodi est, vt, quid esse potuerit, demonstrasse sufficiat; quid fuerit, demonstrari non possit.

VII.

Ὅρκον δ' οὔτ' ἄδικον χρεὼν ἔμμεναι, οὔτε δίκαιον.

Hoc versu sermonem XXVII. qui est de iureiurando, exorditur Stobæus. In Gesnerianis præfixum: *Choerili in Perseide.* Schowius edidit: Χοιρίλου Περσηΐδος·

Ὅρκον δ' —

Nescio an non ex codicibus. Trincauelliana certe simpliciter habet: Χοιρίλου. sine additamento isto. Decernant, quibus Stobæi codices inspicere licet.

Interea suspensum relinquemus, vtrum ad Persica referendum sit hoc fragmentum, an ad aliud quoddam carmen. Quæ dubitatio ne tum quidem prorsus sublata erit, si constiterit, ad Persica illud retulisse Stobæum. Sane versus est magniloquentia epica dignissimus. Persam loquentem audire tibi videaris, vel poetam de Persis. Quos veritatis fuisse studiosissimos, testatur, vt vnum aduocem, Herodotus I. 138. Cui addas, si placet, Nicolaum Damasc. apud Stobæum serm. XLII. pag. 295. med. Alioquin, si liberum sit iudicium, nescio an non tam epicum carmen deceat hic versus, quam ethicum vel philosophicum. Eiusmodi autem carmen scripsisse Choerilum, vel fuisse, qui a Choerilo scriptum esse opinarentur, probabile fiet, qui comparauerit fragm. IX. et X.

Rarum est in poesi antiquissima vocabulum χρεών. Et Choerilus fortasse inter primos, qui inferrent, fuit. Qui alii vsurpauerint, vide apud Stephanum in thesauro t. IV. p. 581. sq. Eustathii, quem laudat Stephanus, in

Herodoteum locum obseruatio est ad Iliadi s librum II.
p. 166. 8. Rom. Ab Homero illud alienum est. In Odys-
seae libro XV. y. 201. quod refragante Homeri vsu et
refragantibus antiquis libris, casu magis quam consilio,
propagatum fuerat, χρεών, bene euanuit ex nouissima
editione. Ibi χρεώ praebent inter alios codex Vindob.
V. et Harleianus cum Eustathio. Iterum in Odyss. I.
225. χρεών exhibent libri Athenaei, vt videtur, omnes
VIII. p. 362. D. Homeri codices, quod sciam, omnes:
χρεώ. Nimirum Athenaei aeuo longe tritius fuit χρεών
quam χρεώ. Ne autem aliquis eo deferatur, vt etiam in
versu Choerili χρεώ restituendum opinetur, tenendum
est, Homericum vsum hoc postulare, vt vnam syllabam faciat vocabulum χρεώ. Eam legem quum constanter seruauerit Homerus, mirum non est, quod illam syllabam corripere non dubitauerit ante vocalem,
Iliad. XI. 606. Vbi non erat, cur tam desperata moli-
retur Heynius, qui non offendit in hoc versu: δενδρέῳ
ἐφεζόμενοι. Quamquam fatendum est, paullo facilius
et lenius hoc esse, quam: τί δέ σε χρεώ ἐμεῖο. Itaque
Homericam legem migrare non ausus est Choerilus.
Alii vtrum ausi sint, nec ne, non expedita est quaestio.
Apud Apollonium Rhodium II. 167. non dubitarem re-
ponere, ad Choerili exemplum:

— ὅσην χρεών ἦεν ἄγεσθαι.

Nisi bis alibi idem Apollonius vocabulum χρεώ eodem
modo ponere videretur in versu. Nempe ita, vt bisyllabum sit et vltimam corripiat ante vocalem: contra
Homeri vsum. Semel lib. II. v. 817. quem locum indicauit Stephanus in thesauro t. IV. p. 613.

— ἐπεὶ χρεώ ἦγε δαμῆναι.

Alter locus est IV. 1164.

— τότ᾽ αὖ χρεώ ἦγε μιγῆναι.

Quibus locis quo minus χρεών restituamus, hoc impedit,
quod nescio an apud epicum poetam χρεών non possit
significare *fatalem necessitatem*. Igitur Apollonius for-

L

tasse hoc sibi permisit, vt χρεώ bisyllabum faceret. Eadem ratione, quum Choerilus χρεών vna syllaba extu-
lisset, idque sapientissime: alii bisyllabum facere non
dubitarunt. Is, qui aureum, quod dicitur, carmen
scripsit, v. 30. 31.

— ἀλλὰ διδάσκευ,

ὅσσα χρεών.

Item Theognis v. 575. 6. Brunk.

— παρέζεσθαι δὲ παρ᾽ ἐσθλὸν

ἄνδρα χρεών.

Poetæ elegiaco fortasse lenius videbatur, talem correptionem admittere, quam χρεών monosyllabum facere.
Qui deinde hoc vocabulum frequentarunt, poetæ attici,
partim et plerumque, nisi fallor, per duas syllabas ef-
ferunt, partim contrahunt attico more. Numerorum
elegantiam non nimis curauit Pythia. Quæ nunc antiquo more, quem perpetuo illâ seruare debuerat, χρεών
habet vna syllaba, nunc duabus syllabis cum correptione. Oraculum apud Pausaniam IV. p. 310. et p. 342.

ἔρδ᾽ ὅππη τὸ χρεών.

Aliud apud eumdem pag. 309.

πρὶν τὰ παρ᾽ ἄλλα φύσις δόξαν χρεών εἰσαφίκηται.

Nisi quis malit: αὖτις ἵκηται, ex cap. XIII. p. 311. vbi
Pausanias: ἐς τὸ χρεών αὖτις ἐλθόντας. Τὰ παρ᾽ ἄλλα, vel
τὰ πάραλλα aduerbium est, vt τὰ πρῶτα. Quum χρεών
rarum esse in poesi antiquissima dicebam, altiorem
poesin intellexi. Multum ea voce delectati fuerunt poetæ
philosophi, si ex Parmenide iudicium facere volumus.
In cuius versibus, quos collegit Fullebornius, quater
occurrit χρεών: v. 41. 65. 99. 108. semper antiquo more
positum ita, vt vnam syllabam faciat. Id quod forte
fortuna magis factum est, et propter fortuitam versus
commoditatem, quam consilio: nam vs. 28. idem Parmenides χρεώ fecit bisyllabum cum correptione.

VIII.

— χερσὶν
ὄλβον ἔχω κύλικος τρύφος ἀμφὶς ἐαγός,
ἀνδρῶν δαιτυμόνων ναυάγιον, οἷά τε πολλὰ
πνεῦμα Διωνύσοιο πρὸς Ὕβριος ἔκβαλεν ἀκτάς.

Athenæus XI. pag. 464. A. Παραιτητέον δ' ἡμῖν τὰ κεράμεα ποτήρια. καὶ γὰρ Κτησίας παρὰ Πέρσαις, φησίν, ὃν ἂν βασιλεὺς ἀτιμάσῃ, κεραμίοις χρῆται. Χοιρίλος δὲ ὁ ἐποποιὸς φησίν·

χερσὶν etc.

Dedi abrupta versuum membra, vt exhibuit Casaubonus. Quod et tutissimum, et mea quidem sententia vero proximum. Facile fuerat, tres versus integros efficere. Idque certatim tentarunt viri docti. Valkenarius ad Herodoti VIII. 12. pag. 624. vlcus, quod dicit, primi versus, sic persanari putabat, si legeretur:

χερσὶν ἔχων κολοβοῦ κύλικος τρύφος·

Eumdem Athenæum VI. p. 230. F. scribere: πίνειν ἐκ κεραμέων κολοβῶν. Toupius ad Theocritum pag. 332.

χερσὶν ἄνολβον ἔχω κύλικος τρύφος —

Quod interpretatur *frustum inutile*, laudato scholiasta Sophoclis ad Antig. 1265. Ἄνολβα, ἀνωφέλητα. Toupium sequutus est Schweighæuserus. Denique Iacobsius in Additam. animaduers. in Athenæum pag. 247. hanc coniecturam proposuit:

χερσὶν ἰδ' ὅλμον ἔχω.

quod inferiorem partem poculi fracti significare vi-

L 2

detur. Laudat Valkenarium ad Ammon. pag. 183. et
Athenæum lib. XI. p. 494. B. Nescio, an horum nihil
satisfaciat Iudici seuero. Valkenarii coniectura iusto audacior; præterea κολοβοῦ abundat. Toupius validiorem
circumspicere debebat testem. Nam primo falsum est,
quod dicit scholiastes ille, ἄνολβα Sophocli esse ἀνωφέλητα; deinde, etiamsi hoc verum esset, multum tamen
interest inter ἄνολβα βουλεύματα et ἄνολβον κύλικος τρύφος. Iacobsius autem quæ attulit, non efficiunt, vt ὄλ-
μον putem id significare posse, quod ille voluit. Accedit, quod vox ὄλβον hoc verborum nexu tam elegans
est et tam poetica, vt suspicione exemta esse videatur.
Hanc vero si retinemus, vt retinenda est, peritior quisque nomen excidisse intelliget, quod eius epitheton esset. Tale igitur in versus initio excidisse existimo. Nisi
Choerilus dedit:

— χερσὶν
ὄλβον ἄνολβον ἔχω, κύλικος τρύφος ἀμφὶς ἐαγός.

Quod placebit, quicumque lyricum huius fragmenti colorem reputauerit. Atque sic clarissimum, qua ratione
poetæ verba a librariis mutilata fuerint. Ὄλβος ἄνολβος
est, qui desiit esse ὄλβος, qui iam non est ὄλβος. Fami-
liaris Græcis elegantia. Quam imitantur Romani. Ca-
tullus:

Funera — nec funera.

Ἄνολβον, *infelix*, Empedocles dixit ap. Clementem
Alex. Strom. III. p. 432. B. vs. 552. ed. Sturz. Si vero
conieci:

— ὢ δὶς ἄνολβον.

Necdum poenituit coniecturæ. Etsi fatendum est, δυς-
άνολβον rarissimum vocabulum non indignum videri
Empedocle: cui ego nullum nunc memini quod respondeat, præter Homericum δυσάμμορος. Apud Choerilum
moneo, ante χερσὶν fortasse fuisse μετὰ vel etiam ἐνί,
præcedente epitheto aliquo. Dictio Homerica est: κιο-

σύβιον μετὰ χεροὶν ἔχων. Certe praecessisse videtur aliquid, quod cum χεροὶν cohæreret. Hoc autem omisit, brevitati studens, Athenæus; χεροὶν retinuit, vt necessarium ad sensum loci.

Qui hos versus protulit de sat. Horat. pag. 268.
Dan. Heinsius, in vltimo versu tacite admisit coniecturam quamdam suam, sed eam commemorandam:

— πρὸς Ἤβρεος ἔκβαλ᾽ ἀνάσσης.

Quam inde recepit, non dubitanter, Sam. Petitus Obs.
pag. 168. Quanto melius et omnino egregium, quod
exhibui. Debetur id Guilelmo Cantero Nou. Lect. IV.
V. p. 596. tom. III. Thes. crit. Gruter. In codicibus est:
ἔκβαλ᾽ ἄνακτος.

In qua emendatione hoc maxime laudandum est,
quod sermonem poetæ allegoricum bene perspexerit
Canterus. Quod etiam Casaubonus tangit. Conferendi
sunt de hac allegoria, quam audacissime, sed feliciter
ad finem perduxit Choerilus, Valkenarius ad Herodotum l. I. qui vocis ναυάγιον vsum illustrat, et quem ille
laudat, Bern. Martinus Var. Lect. lib. III. cap. II. pag.
132. sqq. edit. alt. qui præter Choerili fragmentum apto
apposuit Dionysii cognomine Aenei locum ex Athen. X.
p. 443. D. Sed in caussis et seminibus metaphoræ ex-
quirendis fluctuat et fallitur Martinus, dum nimis sub-
tilem se præbet. Res ita se habet. Merum large profu-
sum prouocabat imaginem maris. Hinc compotores re-
miges siue nautæ, pocula naues siue cymbæ dicebantur. Apparet, in his metaphoram esse peruersam:
sed in eo non argutandum. Opportune autem Martinus illum commemorat veterum vsum, quo poculorum
generibus nomina a re nauali impertiuerint. At longius progressus Choerilus quædam habet singularia et
vix apud alios obuia. In his primum est ναυάγιον. Quod
comparat ex Clementis Pædagogo lib. II. Valkenarius,
non accurate respondet: nam ibi τὰ τῆς μέθης ναυάγια

significant mentis humanæ in ebrietate perturbationem et solutionem. Itaque τὰ ναυάγια dixit Clemens pro eo, quod ex obseruatione grammaticorum rectius dixisset ναυαγίαν. Omnino Clemens metaphoram illam a re navali ductam aliter quam veteres Græci et pro suo more flexit atque tractauit: cf. eumdem paullo inferius pag. 155. sq. ed. Colon. Choerilus ipsa poculorum ab ebriis conuiuis disiectorum fragmenta appellat ναυάγια. Audacter, vt tragicum poetam decet, sed minus audacter, quam Choerilus, ναυάγια dixit Sophocles in Electra v. 750. 1444. Verum nescio, an quid vspiam inueniatur, quod melius respondeat Choerilo, quam Aeschyli versus apud Athenæum l. p. 17. D. satyricæ poéseos lepore plenissimi. In quorum primo coniiciebam supplendum esse οὗτος. Ἐκεῖνος Iacobsius in Addit. anim. p. 11. Qui ex Plutarcho de curios. p. 517. F. comparauit ναυάγια οἴκων. Idem Valkenarium ad Ammonium laudat: quem librum nunc non habeo. Choerili et Sophoclis Aeschylique audacia quum metaphoram magis quam significationem vocis ναυάγιον spectet, non alienum est, recordari aliud insolentiæ genus, quod in significatione et etymologia vocis illius sibi permisit Euphorio. Hic ναυαγόν dixit nauis ductorem, teste Helladio in Photii Bibliotheca p. 1588. De illo autem sollemni vocis ναυάγιον vsu, quo sic appellantur ipsæ nauium fractarum tabulæ, plura cumulari possent. Vnum sufficiat comparasse Plutarchum, qui Salaminiam victoriam mille nauium fragmentis, tamquam currui seu sellæ, insidentem proponit, de gloria Athen. pag. 349. D. Allegorico sensu iterum eamdem vocem posuit Plutarchus in Phocionis initio. Deinde apud Choerilum notabile est: πνεῦμα Διωνύσοιο. Denique hoc, quod longe audacissime dictum est: ὕβριος ἀκτάς. Tamen hæc omnia egregie concinunt. Modico vini vsui, ὀλίγῳ οἴνῳ, Clemens opponit τοὺς ὕβρεως κρατῆρας, eo loco, quem tetigi, p. 152. D. Colon. Qui sint ὕβρεως κρατῆρες, quum

alii docent apud Athenæum lib. II. p. 36. tum elegantissimis versibus Panyasis apud Schweighæuserum vol. I.
pag. 138. 139. vbi quasi dea quædam Ὕβρις fingitur. Vt
apud Choerilum quoque scripsi Ὕβριος, littera longa.
Quod autem ad insolentiam metaphoræ Choeileæ vel
ex longinquo accedat, non habeo præter Empedoclis
versum apud Simplicium in Aristot. Phys. lib. VIII. fol.
258. a.

πλάζεται ἄνδιχ᾽ ἕκαστα περὶ ῥηγμῖνι βίοιο·

Versus est 224. ex Sturzii collectione. Sunt in his Empedoclis versibus et alia non vbinis obuia: ὑδρομελά
θροις, et quod audacissimum, πτεροβάμοσι κύμβαις, de
quo cf. Hesych. Modestius Empedocles loquitur v. 77.
ed. Sturz. vbi similiter arbores, feræ, aues, pisces componuntur. Quod autem v. 226. legitur, ὀρειμελίεσσιν,
id ego cum Schneidero in lexico graeco scribendum putem: ὀρειλεχίεσσιν. Præsertim quum hoc etiam alibi dixerit Empedocles, v. 227. Vbi suppetebat rite formatum epitheton et poetarum vsu sancitum, non formaturus erat nouum, simile sonans, sed ad compositionem
inauditum.

Martinus pag. 133. huius, quod tractauimus, fragmenti auctorem laudat Choerilum, *qui licet malus et
ineptus versificator ab Horatio, et aliis quibusdam
habeatur; boni illius tamen et cedro non indigni versus nonnulli ad nos peruenerunt, ex quorum numero
sunt hi apud Athenæum.* Videtur Martinum induxisse
Scaligeri de Choerilo error. Commemorat hos versus
etiam Torrentius ad Hor. Epist. II. I. 233. Qui quod
parum honorifice sensisse videtur de eorum auctore,
errauit. Vid. quæ disserui de edacitate Choerili. Merito
illos collaudat Heinsius. Et Valkenarius ad Herodotum:
neutiquam absurdi sunt, inquit, *Choerili versus.* Choerili Samii fragmentum esse ostendit ipsa versuum elegantia. Nec dubitare sinit, quod Athenæus diserte no

minat τὸν ἐποποιόν. Porro quæritur, vtrum ex Persicis hæc desumta sint nec ne. Quod si quis affirmare
velit, multum ei fauent, quæ ex Ctesia præmittit Athenæus. Ac statuas, Persam aliquem loqui, cuius indo-
lem feruidiorem ipso sermone exprimere poeta voluerit. A figurata oratione non abstinuisse Choerilum, ad-
monuit lectorem, quod primo loco ex Persicorum exordio dedimus, fragmentum. Et fatendum est, horum
quoque versuum, quos seruauit Athenæus, insolentiam
non in ipsis verbis, quæ Antimachi insolentia, sed in
sensu verborum allegorico positam esse. At vel sic
Choerilea ista longe longeque excedunt epicum modum,
Vt nondum mihi persuaserim, talia in Persicis scribere
potuisse Choerilum. Vidimus autem, antiquitatem etiam *alia quædam poemata* tribuisse Choerilo.

Cæterum, quicquid de sede fragmenti aliquis iudi-
cauerit, sciens retinui codicum lectionem, ἔχω. Pro quo
Heinsius et Valkenarius tacite, ἔχων. Sermo horum
versuum magis eum, quem poeta loquentem introdu-
xerit, quam poetam narrantem, decet.

IX.

Πέτρην κοιλαίνει ῥανὶς ὕδατος ἐνδελεχείη.

Versus sub Choerili nomine notissimus, et quo multi
passim viri docti vsi sunt. Inter hos tamen non vnus,
vnde innotuerit ille, ignorasse videtur. Vnus ab altero
petiit, de fonte securus. Critici antiquiores testimonia
veterum scriptorum obiter indicare solent. Sic versum illum, fonte non indicato, sed Choerili nomine,
apposuerant Muretus in Var. Lect. XII. XIV. Lambinus
ad Lucret. I. 314, IV. 1281. Idem ad Horat. Epist. II. I.
233. Ego primum fontis indicem habui Casp. Hofman-
num Var. Lectionum, quae Lipsiae prodierunt a. 1619.
lib. I. cap. XX. pag. 36. sq. Simplicium quidem iam
monstrauerat P. Victorius in Var. Lect. VII. XV. Sed
Galeni locum primus, puto, adiecit Hofmannus. Eum
dico locum, qui est in libro de locis affectis. Alterum
inuenit et apposuit Erasmus in adagiis. Apponam vtrumque. Itaque Galenus de temperamentis lib. III. cap. IV.
pag. 84. C. tom. III. ed. Charter. οὐδὲ γὰρ ὁ τμητικώτα-
τος σίδηρος, εἰ τὸν μαλακώτατον τέμνει κηρὸν δι' ὅλης ἡμέρας καὶ νυκτός, ἀδύνατον αὐτῷ μὴ οὐκ ἀμβλὺν γενέσθαι σαν
φῶς. οὕτω δή που κἀκεῖνο καλῶς εἰρῆσθαι δοκεῖ,

Πέτρην κοιλαίνει ῥανὶς ὕδατος ἐνδελεχείη.

καὶ γὰρ καὶ φαίνεται γιγνόμενον οὕτως — Editio Basileensis a. 1538. vbi haec leguntur in parte I. pag. 84. init. habet πέτραν. In reliquis consentit cum Charterio. Deinde
Galenus de locis affectis lib. I. cap. II. pag. 387. A. tom.
VII. Chart. vel p. III. pag. 252. 47. Basil. ὅτι δὲ ἐγχωρεῖ

ἔινα παθήματα περὶ τοῖς σώμασιν εἶναι, διὰ σμικρότητα μηδέ
πω φαινόμενα, τεκμήριον καὶ ἡ κοιλαίνουσα τὴν πέτραν ἐν
χρόνῳ πλείονι ῥανίς, ἐφ' ᾗ καὶ τοῦτο τὸ ἔπος ὀρθῶς εἰρῆσθαι
πιστεύεται,

Πέτρην κοιλαίνει ῥανὶς ὕδατος ἐνδελεχείη.

Basileensis ibi: ἐνδελεχίη. sed πέτρην, vt Charterius.
Nomen Choerili habet Simplicius in Aristot. Phys. comm.
lib. VIII. fol. 276. b. init. τὸ γὰρ λέγειν φησὶν ὅτι κινεῖται
μὲν ἀεὶ πάντα, λανθάνει δὲ ἡμᾶς τῷ κατ' ὀλίγον, ὅμοιόν ἐστιν
ἐκείνῳ τῷ λόγῳ, τῷ περὶ τοῦ, τὸν συνεχῆ τοῦ ὕδατος στα-
λαγμὸν κοιλαίνειν τὴν πέτραν. Πέτρην κοιλαίνει ῥανὶς ὕδατος ἐνδελεχείη, φησὶν ὁ χοιρίλος. Repetit deinde versum
eadem pag. in decursu disputationis.

Hi igitur testes nobis sufficiunt. Licet non nega-
verim, versum etiam alibi latere. Fuit enim notissimus. Exhibet illum in adagiis Erasmus, pag. 192. ed.
Wechel. et ex Simplicio Iunius ibidem p. 195. Exstat
idem in stromateo prouerbialium versuum, quem Scaliger contexuit et repetiit Andreas Schottus in adagiis
Græcorum pag. 584. vs. 110.

Versus, quod vel ex Galeno apparet, celebratis-
simus et prouerbialis. Quem non dubito quin respexerit Aristoteles ipse eo loco, ad quem Simplicii ista est
disputatio, Phys. VIII. cap. III. et Plutarchus, quem
laudant, de liberis educandis non procul ab init. Respexerunt Lucretius et ex Romanis alii, quos videre
potes apud viros doctos eos, quos laudaui. Ex Græcis
addo Bionem fragm. XI.

Ἐκ θαμινῆς ῥαθάμιγγος, ὅκως λόγος, αἰὲν ἰοίσας,
χἀ λίθος ἐς ῥωγμὸν κοιλαίνεται.

Non pauca in hanc sententiam dicta sunt veteribus. Quæ
videre est in Stobæi sermone, qui περὶ φιλοπονίας inscribitur, vnde Bionis versus deprompsi, mox Menandrum
laudaturus sum, et apud eos, qui monosticha sententiosa collegerunt. Veluti hoc Euripidis ex Archelao:

τὸ συνεχὲς ἔργον παντὸς εὑρίσκει τέλος.

Quae facile augeri possunt. Ex Diogeniano hoc habet Erasmus:

πολλαῖσι πληγαῖς δρῦς στερὰ δαμάζεται.

Mich. Apostolius Paroemiarum cent. XVII. 9. pag. 208. prouerbium exhibet, immutatis Choerili verbis, tale: Ῥανὶς ἐνδελεχοῦσα κοιλαίνει πέτραν. Quo qui vsi sint, a Pantino pag. 346. laudantur Gregorius Nazianzenus, Isidorus Pelusiota, Zonaras. Non eodem illi omnes modo. Ad priscam et genuinam formam respexit Zonaras Annal. T. I. pag. 2. ed. Bas. Qui haec habet: Εἰ γὰρ κοιλαίνειν τὸ τῆς πέτρας σκληρὸν καὶ ἀπόκροτον ῥανίδος ἐνδελέχεια δύναται, μᾶλλον ἂν δυνήσεται λόγος ἐνδελεχὴς τὰ ὦτα θυροκοπῶν etc. Gregorius orat. XIX. pag. 293. C. ed. Colon. ita: ἔμελλε δ᾿ ἄρα κοιλαίνειν τὴν πέτραν ἡ τοῦ ὕδατος ῥανὶς ἀεὶ πλήττουσα, καὶ χρόνῳ διανύσειν τὸ σπουδαζόμενον. Vbi Billius p. 712. T. II. versum graecum esse dicit, hunc:

κοιλαίνει πέτραν ῥανὶς ὕδατος ἐνδελεχείη.

Isidorus epist. lib. II. CLXXXIV. p. 223. ed. Commelin. ita: βούλομαι δὲ καὶ πάντας πεισθῆναι τοὺς λέγοντας· λίθους ἐλέαναν ὕδατα· καὶ, κοιλαίνει πέτραν ῥανὶς ὕδατος ἐνδελεχοῦσα. Quod deinde explicat: ἀλλ᾿ ὅμως ἡ συνέχεια καὶ τὴν φύσιν νικᾷ. Illud, λίθους ἐλέαναν ὕδατα, est ex Iobo XIV. 19. obseruante Rittershusio ad Isidorum. Deinde in sequentia haec animaduertit Rittershusius: *Versus est Choerili, teste Simplicio, qui tamen legit* ἐνδελεχείη. et hoc: *Sic vetus est senarius eiusdem sententiae, quem in vita Gregorii Nazianz. Gregorius Presb. refert.* Legitur ea vita in operibus Gregorii Nazianzeni, in fine voluminis primi edit. Colon. Ibi Gregorius presbyter asseclarum Apollinarii Syri calumniam in Gregorium vim habuisse aliquam apud vulgus scribit: ἀεὶ οὖν τῷ δήμῳ προσκαθεζομένων τῶν φοιτητῶν Ἀπολιναρίου, καὶ ταῦτα τοῦ ὁσίου κατηγορούντων, ἴσχυσεν ἡ ἐπήρεια· ῥανὶς γὰρ ἐνδελεχοῦσα κοιλαίνει πέτραν. καὶ ἐπειδὴ τὰ τοιαῦτα τῆς τῶν πολλῶν ἀκοῆς ὑψηλότερα etc. Senarius hic est:

ῥανὶς γὰρ ἐνδελεχοῦσα κοιλαίνει πέτραν.

veterem non dixerim. At certe antiquior est Apostolio
et Isidoro. Qui quod habent, *ἐνδελεχοῦσα*, ex hoc primum versu fluxit. Apostolio quidem vna tantum syllaba deest ad senarium. Prouerbium ita scriptum: *ῥανὶς ἐνδελεχοῦσα κοιλαίνει πέτραν*, etiam Erasmus in adagiis habet, ab Apostolio acceptum. Schneiderus in lexico hunc versum tamquam Choerili posuit:

πέτραν κοιλαίνει ῥανὶς ὕδατος ἐνδελεχοῦσα.

Et sic tantum non prorsus Isidorus, vt vidimus. At
genuinam Choerili scripturam reducere debuerat Schneiderus. Idem prouerbium haud dubie respicit Hesychius: *Ῥανὶς· σταλαγμός.* Quæ glossa eadem est apud
Phauorinum. Ex his, quæ proposui, omnibus sequitur, vt versus ille antiquus non Choerilo malo poetæ,
vt volebat cum aliis Iunius, sed nostro Choerilo tribuatur, Samio. Credimus enim, quod testatur Simplicius, Choerili versum esse. Qua occasione illum in-
seruerit Choerilus, quis nunc dicat? Ex Persicis non
est. Fuerit, qui Choerilum poematia quædam de phi-
losophicis rebus siue physicis scripsisse coniiciat, ex
hoc fragmento et illo, quod infra daturus sum ex Diogene Laertio. Cf. fragm. VII. Sed in re tam incerta melius est tacere, quam somnia loqui. Quod autem ne-
gaui, ad Persica referendum esse hunc versum, iudicatum est ex eo, quod veri simile. Quæ vnica norma
iudicandi, vbi veritatem peruestigare non datur. Etenim neque hic versus, neque alia, quæ Persicis abiu-
dico, Choerili fragmenta, tam vehementer dedecent
epici carminis formam et materiam, vt repugnarem,
si ea ab antiquis et fide dignis auctoribus ad Persica re-
ferrentur. Hæc quidem sententia,

πέτρην κοιλαίνει ῥανὶς ὕδατος ἐνδελεχείη,

ita comparata est, vt etiam in epico carmine, exempli

et similitudinis caussa, inserta ferri possit. Quod tamen exemplum, in epico carmine positum, ei crimini obnoxium fuisset, quo Aristoteles exempla Choerili vniversa arguit. Verum vt nunc res est, si iudicandum ex eo, quod probabile, poetam philosophum magis quam epicum decet illa sententia.

Superest, vt de lectione versus Choerilei et de vocabulo ἐνδελέχεια necessaria subiiciam. Ionicas formas πέτρην et ἐνδελεχείη sine hæsitatione restituendæ erant. Qui versum laudant, plerique πέτραν exhibent. Deinde passim exhibent ἐνδελεχείη. Quasi sit nomen adiectivum pendens ab ῥανίς. At si ἐνδελεχείη in antiquis Galeni et Simplicii libris, id typographo vel librario tribuendum est. Etiam Simplicium scripsisse ἐνδελεχείη, clarum est ex iis, quæ scribit pag. ead. versus fin. ὡς ἐπὶ τῶν ῥανίδων τῶν ἐν χρόνῳ πλείονι τῇ ἐνδελεχείᾳ κοιλαινουσῶν τὴν πέτραν.

De vocabulo ἐνδελέχεια nimius forem, si omnes virorum doctorum disputationes et lites excutere vellem. Rem totam summatim exponere studebo. Vox fuit antiqua ἐνδελέχεια, continuatio, perennitas. Originem ignoramus. Aliquam in tenebris lucem præfert Hesychii glossa, ex qua etiam ἐνδελεχέω verbum fuisse colligitur: Ἐνδελεχεῖ. πυκνάζειν Λάκωνες. Ἐνδελεχοῦσα participium, sed vix alia auctoritate confirmandum, quam eius, qui prouerbium Choerileum in senarium iambicum coegit. Certior res est de his: ἐνδελεχής et ἐνδελεχῶς. Vid. Hesych. et Suid. in v. ἐνδελεχῶς, et Etymolog. M. p. 338. 25. p. 344. 35. Nec male Basilius Cæsar. nescio quo loco: τὸ γὰρ ἐνδελεχὲς τὸ πυκνὸν καὶ συνεχές. Eum laudat Pantinus ad Mich. Apostol. pag. 546. Ex Etymologico aliquid venit in lexicon rhetoricum ap. Bekkerum in Anecdotis p. 251. Omnes compilauit Phavorinus pag. 265. Ven. Et ne grammaticis vnice confidendum putes, sic Plato ἐνδελεχῶς dixit de rep. VII. pag. 539. d. quem locum Schneiderus laudauit in lexico; sic

Xenophon; quem Stephanus thes. tom. III. p. 1587. sic ἐνδελεχής Plutarchus locis a Stephano indicatis. Addam poetas. Crobylus apud Athen. X. p. 429. E. p. 443. F.

τὸ γὰρ ἐνδελεχῶς μεθύειν τίν᾽ ἡδονὴν ἔχει.

Diodorus Sinopensis ibidem p. 431. D. quos versus multum abest vt sanauerit nouissimus editor.

Ἐπὴν κυάθους πίῃ τις, ὦ Κρίτων, δέκα,
εἰ τὸ παρ᾽ ἕκαστον ἐνδελεχῶς ποτήριον
πίνειν τὸ λοιπὸν τοὺς λογισμοὺς αὐξάνει,
ταῦτα σκόπει πρὸς σαυτόν.

Sic scribendi sunt. In tertio versu vulgo: ἕξείη. Liber Parisinus: δέξαιμι. Menander apud Clericum p. 196.

— ἐνδελεχῶς ἕξεις ἀεί.

Euripides in Pirithoo ap. Valkenar. in diatr. Eurip. p. 39.

— ἄκριτός τ᾽ ἄστρων
ὄχλος ἐνδελεχῶς ἀμφιχορεύει.

Hinc ἐνδελεχίζειν et ἐνδελεχισμός recentiores in libris nostris sacris: v. Hesych. et Stephanum in thesauro l. l. Hic vsus atque hæc scriptura vocis ἐνδελεχής et cognatarum quum mansisset etiam apud Platonem, exstitit Aristoteles, qui pro ἐνδελέχεια scribere coepit ἐντελέχεια: qua re non solum scripturam vocis, sed etiam significationem mutauit, dum nouam originem, ab ἐντελές et ἔχω, subiecit. Hoc in nomine ἐνδελέχεια fecit. Et dubitari potest, an in eo solo nomine fecerit, in cognatis vero antiquam et scripturam et significationem retinuerit. Certe ἐνδελεχῶς assidue est in libro de mundo cap. II. quem locum non neglexit Stephani diligentia. Sed hoc mittimus, quum liber ille de mundo suspectus habeatur, et alii loci non sint in promptu. Verum hoc certum est, quod dixi de nomine ἐντελέχεια apud Aristotelem. Hinc quæ oritur quæstio, vtrum antiquorum ἐνδελέχεια et Aristotelis ἐντελέχεια vna sit vox, an diuersæ sint, ea de verbis magis est quam de re, et sponte soluitur. Si enim reputes, quæ commemoraui, Aristotelem cum etymologia et scriptura vocis etiam significationem immutasse: profecto diuersæ voces habendæ erunt. Altera parte dici potest, Aristotelem, quum ἐντελέχεια scriberet, non tam nouam vocem procudere, quam antiquæ etymologiam et vsum corrigere voluisse. Atque hoc modo rem iam veteres Græci acceperunt: Lucianus in iudicio vocalium X. pag. 95. et Gregorius Cor. pag. 155. ed. nouiss. Qui nullam nisi scripturæ differentiam vrgent. Neuter auctorem immutationis indicat. Gregorius Atticis adscribit. Vnde Phauorinus pag. 272. Ἐντελέχειαν ἀντὶ τοῦ ἐνδελέχειαν λέγουσιν Ἀττικοὶ, Ego Aristoteli tribuere non dubitaui. Cæterum non ignorasse videtur Lucianus, in Aristotelica voce ἐντελέχεια non solum scripturam, sed etiam vim esse atque etymologiam a voce ἐνδελέχεια diuersam. Incidit in hunc errorem, vt inter ἐνδελέχειαν et ἐντελέχειαν non nisi pronunciationis differentiam statueret, Scaliger Animadvers. in Euseb. pag. 118. b. Quem Hemsterhusius laudat ad Lucianum pag. 96. Sed profecto non nimis serio tractanda est tota illa Luciani disputatio de littera ταῦ. Neque omnia serio scripsisse censendus est. Decerni potest in singulis verborum exemplis, hanc dialectum legibus linguæ et etymologiæ magis satisfacere, illam minus; at in vniuersum dialectorum varietatem accusare et perstringere, in qua re disputatio Luciani ex parte versatur, id vero, si serio agatur, inepti est. Igitur, vt dixi, Lucianus non omnia serio et cogitate scripsit. Agit potissimum hoc, vt moderatum illum, quo ipse vtitur, atticismum defendat et commendet. Antequam de significatione vocis ἐντελέχεια dicere incipiam, tractandi sunt loci quidam, qui sententiæ, quam proposui, meæ aduersari videantur. Illud iam supra monui, incertum esse, vtrum Aristoteles hoc tantum nomen, ἐνδελέχεια, mutauerit, an idem etiam cognatarum vocum, ἐνδελεχής, ἐνδελεχῶς, scripturam et significatio-

nem nouauerit. Stephano teste, alicubi apud Aristo‑
telem est: τὸ μὴ ἐντελεχές, id est, Gaza interprete, *in‑
termissio.* Quod si verum, statuendum erit, in hac
quidem voce scripturam tantum mutatam, significa‑
tionem antiquam seruatam esse ab Aristotele. Quæ res
mihi quidem dubia videtur. Facilius crediderim, Ari‑
stotelem, vt ἐντελέχειαν *actum* siue *perfectionem,* ita
ἐντελεχές dixisse *perfectum.* Certe sic recentiores lo‑
quuti esse videntur. Vt Themistius. Porro Stephanus
narrat, Platonem de legibus ἐντελεχῶς *assidue* dicere.
Hoc ego non credo. Locum inuestigare non vacat. Pla‑
tonem vbique ἐνδελεχῶς scripsisse puto, antiqua et scri‑
ptura et significatione. Nec poetæ, puto, ab vsu anti‑
quitatis auctoritate munito depelli se passi sunt. Quare
dubito an ἐνδελεχείαις scribendum sit in Menandri frag‑
mento apud Stobæum Serm. XXIX. pag. 199. 15. apud
Clericum pag. 216.

— πάντα γὰρ
ταῖς ἐντελεχείαις καταπονεῖται πράγματα.

Præsertim quum idem poeta alibi: ἐνδελεχῶς. At Me‑
nander, nisi fallor, vno versu scripsit:

πάντα γὰρ ταῖς ἐνδελεχίαις καταπονεῖται πράγματα.

ἐνδελεχίαις exhibet Erasmus, vbi hunc locum inseruit,
in adagiis. Nec solum in ea editione, quam supra lau‑
daui, sed etiam in antiquioribus. Quod nescio vnde
acceperit: nam apud Trincauellum, vt in editionibus
Gesnerianis a. 1549. et 1559. est ἐντελεχείαις. Contra‑
rio modo peccatum est apud Martianum Capellam lib.
I. pag. 3. ed. Grot. *Voluit saltem Endelechiæ ac Solis
filiam postulare.* Et lib. II. p. 46. *Aristoteles per cœli
quæque culmina Endelechiam scrupulosius requirebat.*
Grotius in notis habet *Entelechiæ* et *Entelechiam.* At‑
que hoc dedit Martianus, aut valde negligenter egit.
Iam quod ad significationem attinet, quam voci suæ
ἐντελέχεια tribuerit Aristoteles, modo dixi esse *actum* et

perfectionem. Budæi hæc est interpretatio, quam adoptauit Stephanus in thesauro, et alii quoque acceperunt. Vt vnum testem aduocem, hæc habet ab antiquioribus Apostolius l. 1. pag. 208. διαφέρει δὲ ἐντελέχεια ἐνδελεχείας· ἐνδελέχεια μὲν γάρ ἐστιν ἡ συνέχεια· ἐντελέχεια δὲ ἡ τελειό- της, καὶ τὸ εἶδος τοῦ ὑποκειμένου. Cf. Suid. in v. ἐντελέ- χεια. Atque hanc interpretationem etiam ii Aristotelis loci adiuuant, vbi ἐντελέχεια non de anima, sed ad alias res transfertur. Physic. lib. VIII. non procul ab init. φαμὲν δὴ τὴν κίνησιν εἶναι ἐντελέχειαν τοῦ κινητοῦ ᾗ κινητόν. Bene interpretatur Simplicius fol. 258. b. ὅτι ἐστὶν ἡ κίνησις ἐνέργεια τοῦ κινητοῦ ᾗ κινητόν. Restat expediendus Ciceronis locus Tusc. I. X. Agitur autem de eo, vtrum Cicero Aristotelem intellexerit, an non intellexerit. Itaque res grauis est. Ego, fateor, si demonstrari posset, scripsisse Ciceronem, quod Dauisius edidit ex Veneta quadam editione, ἐνδελέχειαν, ipse iudicarem, Ciceronem, quum ista scriberet, Aristotelis mentem non perspexisse, et Aristotelis ἐντελέχειαν cum antiqua illa, quam vidimus, ἐνδελεχεία Choerili et aliorum confudisse. Verum, quum numquam futurum sit, vt illud demonstretur, malumus Ciceronem doctum quam indoctum facere. Itaque animo motum denegari ab Aristotele, probe sciebat Cicero; sciebat idem aliquid interesse inter ἐνδελέχειαν, vetus vocabulum, et Aristotelis ἐντελέχειαν: sed hanc non satis accurate interpretatus est *motionem*, quum deberet *actum*. Quod autem adiecit *continuatam et perennem*, quæ notio non inest in v. ἐντελέχεια, adiecisse videtur ea de caussa, quoniam ipse ex antiquo vocabulo ἐνδελέχεια hanc perennitatis notionem ad recentius vocabulum ἐντελέχεια commode transferri posse existimauit. Etiam Ernestus in hunc sensum disputauit, vt Ciceronem ab imperitiæ crimine liberaret. Vide indicem græcolatinum in v. ἐντελέχεια. Et bene ille gessit rem Ciceronis. Quamquam, dum Ciceronem cum Aristotele penitus conci-

M

liare. studet, nimis longe progreditur. Nam quod dicit
ἐντελής esse *perennem, perpetuam*, non verum est. Notio *perennitatis* in v. ἐντελέχεια non inest, sed a Cicerone demum, vt dixi, adiecta. Hoc vero acute monuit
Ernestus, Ciceronem non dicere *motionem*, sed *quasi
quamdam motionem.* Id quod multum valet ad excu-
sandum Ciceronem. Qui tamen si accurate loqui voluisset, vocabulo *motione* melius abstinuisset. Daui-
sium non intellexisse, quid esset ἐντελέχεια, manifestum est.

Longius hæc me abduxerunt, quam putaueram.
At quum Choerilum aliquantum reliquerimus, nihil
impedit, quo minus alius scriptoris versum, cuius obiter mentionem facit is, quem supra commemoraui, C.
Hofmannus, breuiter explicemus. Nimirum Hofmannus, postquam Choerili versum ex Galeno produxit,
ex eodem Galeno III. vs. part. III. etiam hunc versum
ponit, cuius auctorem se nescire fatetur:

ἀνταυγέω τὸν ὄλυμπον ἀταρβήτοισι προσώποις.

Scimus nunc, quod etiamsi nesciremus, coniectura, si
quid sentio, assequeremur, versum esse Empedoclis.
Vid. Sturzii Empedoclea v. 170. Vbi Sturzius, etsi
bene vidit, Empedoclem non potuisse scribere ἀνταυγέω, in explicatione tamen huius verbi fallitur, et dum
Plutarchum emendare tentat, Empedoclis verba cor-
rumpit. Plutarchi hæc sunt de Pythiæ oraculis p. 400.
B. ὑμεῖς δὲ τοῦ μὲν Ἐμπεδοκλέους καταγελᾶτε, φάσκοντος
τὸν ἥλιον περιαυγῆ (sic hoc quidem eleganter Wyttenbachius pro eo, quod vulgo est, περὶ γῆν) ἀνακλάσει φω-
τὸς οὐρανίου γενόμενον αὖθις ἀνταυγεῖν πρὸς ὄλυμπον ἀταρ-
βήτοις (vel ἀταρβήτοισι) προσώποις. Multum fallitur, vt
dixi, Sturzius, qui ex Galeno in Plutarcho restitui iubet τὸν pro πρός. Empedocles scripserat:

ἀνταυγεῖ πρὸς Ὄλυμπον ἀταρβήτοισι προσώποις.

Sic, ἀνταυγεῖ, non ἀνταυγέω. *Sol refulget ad Olym-*

pum, id est, *repercutit splendorem ad Olympum.*
Vel etiam scripserat ἀνταυγεῖν: hoc incertum, quum
nexum loci ignoremus. Addidit ornatus caussa: ἀταρβήτοισι προσώποις, in quo notio perennitatis, aut, si malis, celeritatis inest. Hæc igitur verbi ἀνταυγέω potestas primaria est, vt sit neutrum et coniungatur cum
præpositione πρός, vel cum datiuo eius rei, cui respondet splendor ille: vt Anaxagoras dixit, Ἶρις ἀντιλάμπει
τῷ ἡλίῳ, ap. Valken. in Eurip. diatr. p. 195. Empedoclis versum in suam rem deflectens Galenus hominem
dicentem facit:

ἀνταυγέω τὸν Ὄλυμπον ἀτ. π.

Quippe verbum ἀνταυγέω, quod primitus neutrum fuit,
interdum accusatiuum adsciuit. Ambigue loquuntur
Euripides ap. Valken. diatr. pag. 194. et Chæremo ap.
Athen. XIII. p. 608. B. quos versus explicuit Hermannus ad Hecubam. Sed nihil impedit, quo minus pro
accusatiuis ibi habeantur σέλας et ἔργον. Ad hunc modum, sed longe audacius, Galenus scripsit: ἀνταυγέω
τὸν Ὄλυμπον, vt si dicat aliquis: *Olympum oculis re-
fulgeo.* Quo ad sensum voluit significari *respicio.* Credimus enim τὸν scripsisse Galenum. Alioquin facilé
foret, restituere πρὸς ex Plutarcho.

In ipsa illa solis descriptione sedem suam habuit,
certe ad solem respicit Empedoclis versus is, quem ser-
vauit grammaticus Bekkeri Anecd. v. I. p. 557.

ἄθρει μὲν γὰρ ἄνακτος ἐναντίον ἀγέα κύκλον.

Qui versus noua accessione auget reliquias Empedo-
cleas. Eum tamen iam protulerat, ab Ruhnkenio acceptum, Hemsterhusius in docta illa disputatione de v.
εὐαγής, quam repetendam curauit in comment. ad Aeschyli Persas v. 464. Schutzius, vir celeberrimus, cuius in me beneuolentiam, et familiaritatem suauissi-
mam inter ornamenta habeo. Verum dum grammaticum istum reprehendit Hemsterhusius, quod male ad-

M 2

hibuerit vocabulum πавαγής, ipse erroris reus tenetur.
Ἀγής, si quid video, prorsus diuersum fuit a περιηγής,
nec *rotundum* significauit Empedocli, sed *sacrum*. Vt
grammaticus rectissime inter se comparauerit hæc:
ἀγής, εὐαγής, παναγής. Quodsi obiecerit aliquis, tum
primam syllabam in ἀγής corripi debuisse: ego confi-
do Hipponactis versui apud Tzetzam ad Lycophr. 456.

> ὡς οἱ μὲν ἀγεῖ Βουπάλῳ κατηρῶντο.

Qui tum latuisse videtur Hemsterhusium. Idem est
Empedocleum ἀγής et Hipponacteum ἀγής, eodem sensu
atque eadem notione, significatione tantum diuersa.
Quam in rem conferri potest, si opus est, Ruhnkenius
ad Timæum in v. ἄγος. Vtrum ἀγής scribatur, an ἀγής,
non multum interest, quum vtrumque analogiam suam, qua se tueatur, habeat. Apud Hipponactem quidem hac in re variant Tzetzæ libri. Non semel hoc
sibi arrogauit Empedocles, vt ex verbis compositis, sed
quorum compositio dudum oblitterata esset, faceret
simplicia. Ante Empedoclem rarissimum et post Empedoclem insolentissimum fuit ἀγής. Eamdem insolentiæ notam habent ἠνεκές et ἠνεκέως. Quæ ab Empedocle
demum introducta esse acute coniecit Hermannus in
elementis doctrinæ metricæ pag. 54. Qui liber commodum apparet, vt hoc inde enotare possim. Talia studiose arripuerunt Alexandrini poetæ, nouarum rerum,
vbicumque inuenirent, cupidissimi. Nicandrum adhibuit Stephanus in indice thesauri. Ante Nicandrum
iam Callimachus ἠνεκές scripserat fragm. CXXXVIII In
Empedoclis versu apud Aristot. Rhetor. I. XIII. ἠνεκέως
tam insolitum visum est ei, qui codicem Regium Dresdanum scripsit, vt etiam contra metrum scriberet:

> αἰθέρος διηνεκέως τέταται.

Versus est 381. ed. Sturz. Quæ præcedunt apud Aristotelem, τοῦτο γὰρ οὐ τισὶ μὲν δίκαιον, τισὶ δὲ οὐ δίκαιον,
quum non vno modo possint in versum redigi, non

possunt eo modo, qui Sturzio placuit. Empedocles non corripuit *δίκαιον*. Sturzio debentur, quae alia correptae diphthongi exempla leguntur in Empedocleis. Vs. 117. facile quisque intelligit legendum esse: *ἀπορροαί*. Quod vel Plato postulat, cuius verba adscripsit Sturzius pag. 549. Phrynichus apud Bekkerum in Anecdotis: *Ἀπορ-ροή· σεμνότερον τοῦ ἀπόρροια*. Versum 174. sqq. sanauit Xylander ad Plutarchum.

X.

Diogenes Laertius lib. I. 24. pag. 16. de Thalete:

ἔνιοι δὲ καὶ αὐτὸν πρῶτον εἰπεῖν φασιν ἀθανάτους τὰς ψυχάς· ὧν ἐστι Χοίριλος ὁ ποιητής.

Editio Londinensis melius: *Χοιρίλος,* ex mente Menagii, cuius ad hunc locum est disputatio de Choerilis.

Thales an immortalitatem animæ docuerit, viderint alii. Cf. si placet, Diogenis interpretes. Cicero quidem, quod bene indicat Casaubonus, non repugnat Choerili testimonio. Suidas: *πρῶτος δὲ Θαλῆς τὸ τοῦ σοφοῦ ἔσχεν ὄνομα, καὶ πρῶτος τὴν ψυχὴν εἶπεν ἀθάνατον.* Eadem apud Eudociam. Verum hæc ad vnum fontem redeunt, nempe ad Diogenem Laertium. A quo tamen non ipso ea accepisse videtur Suidas, sed tertio quodam scriptore intercedente. Ac fortasse per Hesychium Milesium accepit. Licet apud eum, qui nunc appellatur Hesychius Milesius, nulla sit Thaletis mentio. Aliunde petita puto, quæ Nemesius habet. Quem Menagius excitauit.

At nostrum est, diiudicare, vbinam Choerilus illud de Thalete testatus sit. Nam quin noster intelligendus sit Choerilus, nemo dubitauerit. In Persicis quidem illud dixisse poetam, non credibile est. Sane, vt multa fingi possunt, ita occasio etiam quædam fingi poterit, qua oblata ibi dixerit. Ego vero de alio quodam Choerili opusculo, sed poetico, cogitandum existimem.

Quæ in vita Thaletis Diogenes exhibet, Callimachi fragmenta ex choliambis, in mentem mihi reuocant inuentum quoddam meum, quo et versum, qui nunc

sine nomine fertur, domino suo sum restituturus, et Callimachi iamborum reliquias noua, eaque non contemnenda accessione locupletaturus. Bastius ad Greg. Cor. p.
241. ex Etymol. ms. Paris. hunc versum profert sine
nomine:

ὕδειν ἔοικε τὴν φερέζωον κόρην.

Cuius particulam exstare monet apud Suidam in v. *ὕδω.*
Versus est Callimachi, apponendus fragmento LXXVI.
hoc modo.

"Ὕδειν ἔοικε τὴν φερέζωον κόρην,
τὴν Ὠγαμέμνων, ὡς ὁ μῦθος, εἴσατο,
τῇ καὶ λίπουρα καὶ μόνωπα θύεται.

Hoc fragmentum volebat Salmasius in Plin. exercit. pag.
267. F. vbi *κόλουρα* laudat ex Callimacho, memoriæ puto errore. Probum est *λίπουρος,* et lexicis reddendum,
in quibus nunc legitur *λείπουρος.* In illo versu, si hoc
dignum obseruatione, *φερέζοον* pronuntiauit vel etiam
scripsit Callimachus. Præiuerant Attici, et ipse Homerus in nomine *φυσίζοος.* Verbum *ὕδειν,* si recte conii-
cio, primam producebat: verbo *ὑδέω,* quæ verbi forma
frequentior, propria fuit correptio, ad heroicum versum aptior.

Quam hoc scribendi genus habet exspatiandi veniam, ea hic vtar, vbi Choerili fragmentum, in quo
versamur, parum fructuosam ad disputandum præbet
materiam. Callimachum tractanti obuiam factus est
Romanus Callimachus, Propertius, et Propertii locus
impeditissimus. In quem locum quæ olim commentus
sum, multo post tempore iterum iterumque examina-
ta', semper magis et magis placuerunt, et nunc mihi
vera sunt. Vera enim dici possunt, quæ eiusmodi sunt,
vt meliora inuentum iri desperandum sit. Versus sunt
hi lib. II. XIII. 45. sqq.

Nam quo tam dubiæ seruetur spiritus heræ?
  Nestoris est visus post tria sæcla cinis.
Cui si tam longæ minuisset fata senectæ
  Gallicus Iliacis miles in aggeribus,
Non ille Antilochi vidisset corpus humati,
  Diceret aut, o mors, cur mihi sera venis?

Vbi pro manifesto atque explorato habebimus illud,
veram esse lectionem virorum acutiorum consensu approbatam, *Cui si minuisset;* tum hoc, quod inde sequitur, *Gallicum militem,* seu quicquid ibi legatur,
esse militem Troianum, vel de Troianorum agmine militem. Sensum eatenus bene perspexerat, qui versum
47. non prorsus recte legebat, Beroaldus; cuius hæc
explicatio est; *Si miles aliquis in bello Troiano minuisset longam Nestoris ætatem illum iugulando, profecto non vidisset funus filii Antilochi.* Alteram lectionem, *meminisset,* quam rectissime reiecit Beroaldus, primus, quem sciam, inter editores, et fortasse
omnium primus, intulerat Ioannes Calphurnius. In
versu 47. hoc ambiguum est, vtrum cum Santenio scribendum sit, quod exhibui, *Cui si tam longæ,* an quod
Heinsius legebat, insolenter dictum,

  Cui si longæuæ m. f. senectæ.

Vulgata lectio editionis a. 1475. et Regiensis, et Vincen-
tinæ quoque, codicum etiam aliorum, quam quos editores contulerunt, hæc est: *Quis tam longeuæ.* Ego
præfero, quod Santenio placuit. *longæuæ* ab iis est,
qui, quum ex antiqua scriptura *Cui si* perperam factum esset *Quis,* vnam syllabam versui deesse intelligerent. Particulam *tam* tuetur quicquid est librorum.
Iam Gallicus miles merito omnibus displicuit. *Gallicum* dicere militem Troianum, ab ignobili fluuio et
longe remoto, et *Gallicum* præsertim, cuius appella-
tionis tanta ambiguitas futura fuisset: hoc Lycophro-
nis fortasse artificium foret, Propertianum non est.

Variant aliquantum codices ms. sed leuem puto eam
varietatem esse, nec valde antiquam. Quod Vossianus quartus in margine habuit, *Chloricus*, critici est,
nisi fallor, qui eo nomine *Nestorem* designari voluit:
Chloridis fuisse filius perhibetur Nestor. Heinsii et Santenii coniectura est, *Troïus* vel *Troicus*; Burmanni,
Dardanus. Quæ nomina tam trita, et tam recedentia
a vulgata scriptura, nemo vt demonstraturus sit, quis
vel cur a planissima lectione tam vehementer aberrare
potuerit. At ne sensui quidem et stylo Propertii multum consulitur hoc modo. Ieiunum hoc est: *Nestorem
si Troianorum aliquis interfecisset.* Qui antiquis fabulis tantopere delectatur, Propertius, hic quoque
vnam quamdam fabulam, nec periculum vitæ omnino
omne, in quo per decem annos versatus est Nestor, sed
vnum diem et vnum heroem, qui eo die in angustum
adduxisset Nestorem, cogitabat. In hanc rem nulla
fabula aptior, nulla nobilior, quam quæ traduntur de
congressu Nestoris cum Memnone. Traduntur autem
diuersa. Quinti narratio est lib. II. v. 300. sqq. fortasse
de duabus antiquior, certe ex antiquis scriptoribus petita, Nestorem, quum Antilochus peremtus fuisset, ira
accensum obuiam se tulisse Memnoni. Cf. Tzetzæ Posthom. v. 280. Eam fabulam quod antiquiorem dixi,
non spoponderim, prorsus eadem narrasse antiquissimos, velut Arctinum. Qui fortasse alio modo ex tanto
discrimine expediuerat Nestorem. Antiquitatem Memnonis clementiæ non tantum tribuisse putauerim,
quantum tribuit Quintus. Altera narratio est, eaque
ornatior et artificiosior, Antilochum, quum senem patrem defenderet, occisum fuisse ab Memnone; Ea præclarissimum testem habet Pindarum Pyth. VI. 28. sqq.
Add. Philostr. Imag. lib. II. VII. pag. 820. et Heroic.
pag. 699. quem expilauit Eudocia pag. 46. Hæc fabula
est, quam respexit Propertius. Vides, quam egregie
omnia concinant, modo ex desperata voce *Gallicus* ex-

tundatur, quod pro nomine Memnonis haberi possit
Tale nomen ego præsto, emendatione nec nimis audaci,
vt in loco desperato, et qua ita describatur Memno,
nusquam vt possit melius. Lego:

Cærulus Iliacis miles in aggeribus.

Nigri homines, ἄνδρες κυάνεοι, μέλανες, communi appellatione Aethiopes vocantur: vid. Ruhnk. Ep. crit. II,
pag. 168. add. Aeschylum Prom. 814. et 857. Quo sensu
Propertius IV. VI. 78.

Cepheam hic Meroen, fuscaque regna canat.

Hic vero, quum *cærulum militem* diceret Propertius
Memnonem, non timendum fuit, ne dubitaretur, quis-
nam ibi intelligendus esset. Ex Aethiopibus præter Memnonem nemo cum Nestore congressus est, vt omnino
de comitibus Memnonis, eorumque in bello Troiano
facinoribus, nihil vel non multum tradendum habuit
antiquitas. Ad Ruhnkenii disputationem addo Cynege-
ticorum scriptorem IV. 149. apud quem αἴθοπες Rittershusio acceptum fuit pro nomine proprio, vt sint *Aethiopes.* Et sic nuper Schneiderus statuit. *Aethopium*
noui, et *Dianam Aethopiam:* sed hoc aliud est. Aethiopes semper Αἰθίοπες, numquam Αἴθοπες dicti sunt,
licet vtriusque vocis eadem sit origo. αἴθοπες, *nigri,* Cy-
negeticorum scriptori audiunt viri illi, importuno et
languido epitheto: quod sentiet, qui ex Homero aliisque bonis poetis compertum habuerit, quænam epithe-
ta et quando ponenda sint vnoquoque loco.

Memno quonam colore fuerit, non inutilis est disputatio et noua fortasse: cuius hic capita quædam, et
potiora, vt spero, capita percensebo. Homerus et Hesiodus haud dubie non nisi album Memnonem nouerant.
Arctino, testi et arbitro huius rei primario, quid placuerit, coniectura assequi poterimus, Quinto adhibito,
et qui præterea ad Arctinum se composuisse videntur.
Quintus, quum Aethiopes *nigros* dixerit II. 32. 101.

642. quo et singulorum, quæ ille finxit, tendunt nomina, *Aethops* et *Nychius*: Memnonem tamen ipsum nulla re ab heroibus græcis diuersum sistit. Polygnotus in celeberrima illa pictura puerum Aethiopem nudum addiderat Memnoni. Id est, fusco colore puerum. Nimirum quo distingueretur Memno, quem album fecerat pictor, vt reliquos heroes. V. Pausan. X. p. 875. Huc egregie facit Eustathius ad Dionys. v. 249. vbi Memnonem docet pulcerrimum et solum inter Aethiopes valde candidum fuisse, ὑπερλελευκάνθαι, vt Auroræ filium. Deinde qui has fabulas propius adducere ad historiæ veritatem studuerunt, quum id non vno modo fecerint, plerumque tamen ita fecerunt, vt album colorem Memnoni dedisse videantur. Inter eos, qui illum tradunt ad Troiam accessisse a Persis, Suidas in v, Μέμνων diserte negat eum fuisse Aethiopem. Alii, quibus mirum et incredibile, ac recte quidem, erat hoc, Memnonem Aethiopem siue Aegyptium auxilio venisse Troianis, duos Memnones finxerunt: vnum Aethiopum illum et Aegyptiorum heroem, alterum Troianum. Iam vero hunc, Troianum, ne potuerunt quidem nigrum facere, sed album fecerunt, vt cæteri. V. Philostrati vita Apoll. VI. IV. p. 232. sq. et Heroica p. 669. In Heroicis et hinc apud Eudociam p. 46. corruptum est, si quid video, Τρωϊκοῦ. Corrige, Τρωΐλου. Nisi hoc iam animaduerterunt viri docti. Alio loco, pag. 288. vulgatam fabulam sequuta est Eudocia. Quid veri insit in tota illa fabula, si quid fuit, bene indicauit Heynius ad Apollodorum III. XII. 4. Quis primus nigrum siue fuscum finxerit Memnonem eum, qui bello Troiano interfuisse dicitur, nolim dicere confidentius. Loquitur de eo aliquoties Pindarus, atque ita loquitur, vt si fuscum nouisset, non præteriturus fuisset rem tam singularem. Quare tragicis Græcorum poetis hanc inuentionem vindicandam esse aliquando coniiciebam. Certe non sine magno auctore fuscum dixerunt romani

scriptores optimi et antiquissimi. *Nocticolorem,* audaci dictione, quam notauit Gellius XIX. VII. Læuius, vt fertur, dixit: rem a Græcis didicerat. *Nigrum* Virgilius Aen. I. 489. Ouidius Amor. I. VIII. 3. *Atrum* idem Ouidius ibid. XIII. 31. *Nigrum* Seneca quoque in Agamemnone v. 212. Denique *cærulum,* κυάνεον, Propertius ex nostra emendatione. Inter græcos scriptores inferiores eamdem viam iniit Philostratus in Imaginibus L VII. p. 773. II. VII. p. 820.

In prouerbio est veteribus Nestoris ob Antilochum luctus. Sophoclis versus ex Philocteta ad Propertium attulit Toupius. Conferri possunt Horatius Od. II. IX. 13. et Tryphiod. v. 18.

XI. XII.

Γῆς ὀστέα. Γῆς φλέβες.

Hæc quod in reliquiis Choerili Samii collocauerim,
fortasse multi erunt, qui me vituperent. Iudicium esto
apud peritos. Egregium est et quantiuis pretii Tzetzæ
excerptum, pro quo multa illi stulte et arroganter dicta condonabimus, quod ex commentario in Hermogenem inedito vulgauit Ruhnkenius ad Longinum III. 2.
pag. 236. ed. nouiss. Id hoc loco describam integrum.
De metaphoris loquitur.

> Καὶ πόῤῥω δὲ λαμβάνονται, ὥσπερ ποιεῖ Χοιρίλλος,
> καλῶν τοὺς λίθους γῆς ὀστᾶ, τοὺς ποταμοὺς γῆς φλέβας.
> ὡς τὴν σελήνην οὐρανοῦ πάλιν Αἰσχρίων σίγμα·
> οὕτω γὰρ λέξεσιν αὐταῖς αὐτὸς Αἰσχρίων λέγει·
> Μήνη τὸ καλὸν οὐρανοῦ νέον σίγμα.
> Τὸν λόγον ἐκτραχύνουσι, σκληρύνουσι δὲ πλέον,
> ἢ μᾶλλον εἰς ψυχρότητα σύρουσι γελαστέαν.
> ὡς καὶ ὁ γράψας τὰ ψυχρὰ ταυτὶ τῶν ἰαμβείων·
> Στενὸν καθ᾽ Ἑλλήσποντον, ἐμπόρων χώρην,
> ναῦται θαλάσσης ἐστρέφοντο μύρμηκες.
> καὶ πολλαχοῦ δύστηνα τοιαυτὶ λέγει·
> Ὁ δ᾽ ἐξελὼν ἱμάντα φορτίου ζώνην.
> Ἶρις δ᾽ ἔλαμψε, καλὸν οὐρανοῦ τόξον.
> Καὶ πίσσαν ἐφθήν, ἣν θύραι μυρίζονται.

Primum versum expleui addita particula *καί*. Sic sæpe
καί et *δέ* iungit Tzetzes in chiliadibus. Ad Aeschrionem
postea accedemus. Ante omnia dispiciendum est, vtrum-

ne cum Choerilo Tragico hic nobis res sit, an cum Choerilo Samio. De illo cogitauit Ruhnkenius, nec sine idonea ratione. Muretus var. lect. X. II. Ouidium, quod
in libro primo Metamorph. *lapides* vocauerit *terræ os-
sa*, animaduertit sequutum esse auctoritatem veteris
tragici. Citari enim hæc a vetere grammatico:

Γῆς ὀστέοισιν ἐγχριμφθεὶς πόδα.

Eum grammaticum Eustathium esse vidit Ruhnkenius.
Qui hæc adscripsit ad Muretum p. 275. ed. Hal. *Hunc
versum sine auctoris nomine laudat Eustath. ad Il. B.
pag. 309. Sed auctorem Choerilum edit Tzetzes MS.
cuius locum ad Longinum p.* 125. *attulimus.* En verba
Eustathii: *τετόλμηται δὲ καὶ γῆς ὀστᾶ τοὺς λίθους εἰπεῖν,
ὡς δηλοῖ τό, γῆς ὀστέοισιν ἐγχριμφθεὶς πόδα· ἤτοι λίθοις
προσκόψας. καὶ τοῦτο μὲν διθυραμβῶδες.* Præmiserat similia exempla: *χθόνα στερνοῦχον* ex Sophocle, *αἷμα στα-
φυλῆς*, alia. Itaque si eumdem poetam respiciunt Eustathius et Tzetzes, profecto is Choerilus Tragicus est.
Nam versus manifesto iambicus est: excidit in medio
epitheton pedis. Verum hoc ipsum, an eumdem respi-
ciant, non tam exploratum est, quam visum est Ruhnkenio. Reputet hæc aliquis. Primum, Eustathii disputationem si conferas cum Tzetzæ loco, clarum est, eos
non vnum auctorem sequutos esse, sed diuersos. Alia
exempla Eustathius, alia Tzetzes habet. Illud maxime, quod ex Choerilo habet Tzetzes, *γῆς φλέβας*, quis
putet omissurum fuisse Eustathium, si eumdem ducem
ante oculos habuisset, quem habuit Tzetzes? Est aliquid simile apud Eustathium, sed diuersum ab illo, et
multo minus audacter dictum: *φλέβες ὑδάτων*. Deinde
plane non intelligitur, quid insit tam singulare in hac
metaphora, *γῆς ὀστία*, cur ea non nisi ab vno poeta ad-
hiberi potuerit. Sane hoc prorsus singulare fuerit et
inauditum, quod est apud Eustathium, *γῆς ὀστέοισιν
ἐγχριμφθεὶς πόδα*: estque hoc aut iocose dictum, aut ab-

surdum. At eamdem metaphoram si caute ac mode-
ste adhibitam tibi fingas, nec tam audax, nec tam longe
petita videbitur, quin plures poetæ in eam incidere potuerint. Sic illa elegantissime aptissimeque vsus est in
Deucalionis fabula Ouidius: cui hoc Muretus confidentius quam cautius tamquam inuentum tribuit. Choerilum Samium egregie decet illa metaphora, quem figu-
rato sermone delectatum fuisse constet. Choerilus Tragicus vt ea vsus esse putetur, nihil suadet; cuius sermo qualis fuerit, figuratus an non figuratus, nemo puto
nunc compertum habet. Præterea mirabile hoc foret,
et singularis casus, si eius poetæ, ex quo tot scriptores
antiqui nihil habuerunt, quod proferrent, vnum versum seruasset recentissimus scriptor, Eustathius: nisi
oculatioribus plures Choerili Tragici versus inuenire
contigerit.

   Quid sentiam, nunc plana est expositio. Versus,
qui est apud Eustathium:

   γῆς ὀστέοισιν . . . ἐγχριμφθεὶς πόδα,

non est Choerili Tragici, sed paullo inferioris ætatis,
at ex florentissima tamen ætate. Est autem comicus,
vel potius satyricus. Quæ Tzetzes protulit, ea ad Choerilum Samium pertinent. Ac quominus referantur ad
Persica, nihil impedit; immo aliquid persuadet. Namque rem tam leuem nisi ex magno quodam et celebri
carmine non enotaturi fuissent et propagaturi. Nec
tamen Choerilum credemus ὀστέα et φλέβας terræ simpliciter dixisse saxa et flumina: sed moderate, vt paullo
ante significabam, ea metaphora vsus est, eo fere modo, quo Homerus *nauium pennas* dixit vela in Tire-
siæ vaticinio, vel vt *pennas* idem arma in Iliadis XIX.
586. Πτερὰ *sagittas* simpliciter dixit Aeschylus Septem
c. Theb. 678. καὶ πτερῶν προβλήματα. quam lectionem
ibi vulgaturus est Hermannus. Audacissime hoc dictum
est etiam pro tragico poeta.

Aeschrionis versus, quos seruauit Tzetzes, nam sunt illi sex omnes Aeschrionis, admonuerunt, vt de hoc poeta aliquid proferrem certius, quam a viris doctis passim obseruatum vidi. In illis quidem versibus σίγμα est emendatio Ruhnkenii. Codex vtrobique: σίγανα. Tum cauendum est, ne corruptum putes Aeschrionis versum alterum. Acumen quaesiuit in eo, vt mare χώρην diceret. Denique in vltimo versu particulam καὶ Tzetzae tribuit Ruhnkenius: ego eam ad Aeschrionis versum retuli. At Tzetzae est iste versus: καὶ πολλαχοῦ δύστηνα etc. Aeschrionis aetatem nemo explorauit. Vetustum scriptorem vocat Ruhnkenius. Ne vetustissimum habeamus, vetant illi ipsi versus. Vt metaphora antiquissimi et optimi quique poetae vsi sunt, ita sacco spargere metaphoras, quod fecisse Aeschrionem arguit Tzetzes, paullo recentiorum est. Lubricum tamen est hoc argumentum, nisi fortiora accedant. Fortiora autem praebent auctores veteres, quibus ita vtar, vt ex duobus Aeschrionibus vnum faciam. Nempe quum veterum scriptorum historia saepe obscurata sit eo, quod diuersos scriptores eiusdem nominis in vnum confuderunt, etiam contraria ratione interdum peccauerunt viri docti nimium distinguendo. Duos Aeschriones distinxerunt Ionsius de script. hist. philos. II. II. 5. p. 147. et post Ionsium Fabricius in bibl. graeca vol. II. pag. 96. edit. Hamb. quae nunc sola ad manum est, et Ruhnkenius ad Longinum l. l. Vnum Samium, quem laudat Athenaeus VII. p. 296. F. VIII. p. 335. C. Alterum Mitylenaeum, quem Suidas et Eudocia, et Tzetzes in chil. VIII. vs. 406. sqq. et in Lycophr. v. 688. Neque alium, quam Mitylenaeum intellexit in commentario ad Hermogenem. Iam vero cum Tzetza compares Athenaeum. Ἰαμβοποιὸν dicit Aeschrionem suum, et ex eo choliambos profert Athenaeus; Tzetzes Aeschrioni suo iambos tribuit in chiliadibus, et choliambos profert ad Hermogenem. Quid hinc efficietur aliud, quam hoc, vnum

eumdemque esse Aeschrionem Samium et Aeschrionem
Mitylenæum? Qui poeta quo tempore vixerit, nunc in
aprico est. Aristotelis familiarem amasiumque, et Alexandri Magni comitem faciunt Suidas et Eudocia; qui-
buscum eximie conuenit Tzetzæ in chiliadibus. Eximie
competunt reliqua. Aeschrionis nostri filius fuit Lysanias, quem opportune huc retulit Ionsius ex Diogene
Laertio, et quem Athenæus laudat VII. p. 3o4. B. XIV.
p. 62o. C. De iamborum scriptoribus commentari neminem melius decebat, quam filium eius, qui iambos
scripsisset. Ille ipse autem Lysanias, quod bene animaduertit Ionsius, Eratosthenis præceptor fuit.

Hæc tam perspicua et tam bene inter se conuenien-
tia sunt, nibil vt indigeamus aliis testimoniis. Immo
hinc lux redundabit ad testimonium Athenæi VIII. pag.
335. C. Ex eo discimus, Polycrate Atheniensi sophista posteriorem fuisse Aeschrionem. Quem Polycratem singulari loco posuit, vno Athenæo teste vsus, Fabricius in bibl. græca vol. VI. p. 829. Hamb. At vero
hic Polycrates non diuersus est a Polycrate Atheniensi
rhetore, Zoili magistro, de quo idem Fabricius vol. IV.
pag. 486. Ionsius I. VII. 3. pag. 41. Menagius ad Diog.
Laert. in Socrate pag. 91. Polycratem *sophistam*, præter Athenæum, dicunt Diogenes Laertius, et qui argumentum in Isocratis Busirim scripsit. Hic sophista, vt
consumpsit otium suum in defensione hominum olim
scelestissimorum, ita Socratem dudum mortuum accu-
satione insectatus est, et Philænidis, castæ mulieris, si
Aeschrioni fides, memoriam iniusta criminatione con-
taminauit. Quem vltus est Aeschrio, fortasse patriæ
suæ famam vindicaturus. Si Samius fuit Aeschrio. Philænidem fuisse Samiam prodidit Dioscorides ep. XXVI.
Polycratem sophistam in Philocratem comicum trans-
formauit scholiastes ad Luciani Amores XXVIII. p. 429.
vol. II. Fraudi fuit homini verbum κωμῳδεῖν. Aeschrionis in Philænidem epigrammatis hunc indicem attulit

N

Iacobsius in Anth. I. I. p. 585. εἰς Φιλαινίδα τὴν Ἐλεφαν-
τίνης ἑταίραν, τὴν γράψασαν ἐν πίνακι τὰς γυναικείας μί-
ξεις ἐκείνας, δι᾽ ἃς καὶ κωμῳδεῖται παρὰ τῶν ἐν Ἀθήναις
σοφῶν. Aliquid tale quum legisset scholiastes Luciani,
κωμῳδοποιὸν suum inde creauit. In nomine *Polycratis*
facilis erat aberratio: *Phylocrates* est in codice Go-
thano Quinctiliani III. I. 11. Igitur alium auctorem circumspicere debent, qui porro volent inter comicos poetas numerare Philocratem.

Scripsit et heroica carmina Aeschrio. Eaque sola
norunt Suidas et Eudocia. Ex Ephemeridibus, quo
opere Alexandri Magni itinera persequutus esse videtur, versus exstat apud Tzetzen in chiliadibus, ita le-
gendus:

σὺν ᾧ ἐχύθη ψυχήν τε, πολὺς δέ μιν ἔσχ᾽ ὀρυμαγδός.

Vulgo: ψυχήν, πουλὺς — ἔσχεν ὀρυμαγδός. Aliud fragmentum ex iambis Aeschrionis Athenæus inseruit lib.
VII. pag. 296. F. Quod infeliciter tentauit Boissonadus
apud Schweighæuserum in addendis pag. 447. Vir eruditissimus de veris iambis agi putauit, oblitus eo tempore aliorum Aeschrionis versuum, qui scazontes sunt.
Equidem non negauerim etiam puros iambos scripsisse
hunc poetam: at quum ille versus, quem corrigendum
statuit Boissonadus, bonum scazontem constituat, multo
magis veri simile est, aliquid turbatum esse in præcedente, cuius particulam tantum posuit Athenæus. Hoc
fere scripserat poeta:

καὶ θεῶν σῖτον
ἄγρωστιν εὗρες, ἣν Κρόνος κατέσπειρεν.

Herbam illam ἀείζωον appellat Athenæus p. 679. A. et
ἀθάνατον scholiastes Apollonii I. 1310. Qui immorta-
lem facit cibus, is recte dicitur diis proprius.

Hæc quæ scripsi de Aeschrione, si quid inest no-
vum et antea non obseruatum, veniam habebunt de-
gressionis. Digrediendi hanc occasionem etiam eo con-

siMe arripui, vt illustraretur choliambicæ poeseos historia, parum illa explicata. Quod poeseos genus, vt Aeschrionis exemplo demonstratum est, et alio exemplo a me demonstrabitur in hac scriptione, renatum est et secundam ætatem vixit Alexandri Magni sæculo. Cui ætati Alexandrinos poetas adiungere, vel, si quis hoc malit, tertiam ætatem distinguere licebit. Fuit autem hoc prorsus consentaneum Aeschrionis, Phoenicis, aliorumque tempori, ne Alexandrinos commemorem, et consentaneum fuit illorum hominum indoli, vt ad choliambos redirent: in quo carminis genere primorum auctorum antiquitas et paucitas, et metri forma singularis atque insolens mirifice delectare debuerunt animos tædio celebratiorum poeseos generum captos et ad noua quæque arrectos. Itaque in hac poesi cum Aeschrione elaborarunt alii. Quippe eadem ætate, nisi coniectura me fallit, floruit Parmeno Byzantius, quem aliquoties laudant Athenæus et Stephanus Byz. Neque alia Hermeas Curiensis, quem Athenæus XIII. p. 563. E. Atque exitum aliquem habuerunt conatus. Hoc tamen ex illis nemo mereri potuit, vt canone dignus haberetur a criticis Alexandrinis. Sane in genere secundario, quale est choliambicum, vnum inuentorem et perfectorem laudari sufficiebat.

Καὶ τάδε Χοιρίλου:

Εὖ εἰδὼς ὅτι θνητὸς ἔφυς, σὸν θυμὸν ἄεξε
τερπόμενος θαλίῃσι· θανόντι τοι οὔτις ὄνησις.
καὶ γὰρ ἐγὼ σποδός εἰμι, Νίνου μεγάλης βασιλεύσας·
κεῖν' ἔχω, ὅσσ' ἔφαγον καὶ ἐφύβρισα, καὶ σὺν ἔρωτι
τέρπν' ἔπαθον· τὰ δὲ πολλὰ καὶ ὄλβια πάντα λέλυνται.
[ἥδε σοφὴ βιότοιο παραίνεσις ἀνθρώποισιν.]

In Sardanapali tumulum. Exstat hoc epigramma,
cum Choerili nomine, in Anthologia græca, t. I. p. 185.
Brunk. sex versibus, quorum sextum ego vncorum si-
gnis inclusi. Exhibent illud præterea Strabo XIV. pag.
989. vel 672. et vno versu auctius, Athenæus VIII. pag.
536. A. atque scholiastes Aristophanis ad Aues v. 1022.
et, quæ scholion illud integrum descripsit, Eudocia
pag. 372. Eudociam rursus ad verbum, cum omnibus
mendis, expressit Phauorinus in v. Σαρδανάπαλος pag.
652. Ven. Quinque priores habent Tzetzes in Chil. III.
v. 453. sqq. pag. 47. Basil. et ex quo Tzetzes descripsit,
Diodorus Siculus II. XXIII. In vulgatis Diodori libris
tantum quartus et quintus legebantur: sed tres priores
Wesselingius restituit ex Tzetza et melioribus codicibus. Etiam Vindobonensis codex eos habet: vid. editio
Diodori Bipont. vol. X. p. 422. Adde alios scriptores,
qui partem tantum epigrammatis, duos vel tres versus,
vel vnius versus partem præbent, apud Iacobsium Animaduers. in Anthol. v. I. p. I. pag. 375. sqq. et apud Da-
visium ad Cic. Tusc. Qu. V. XXXV. Vaticanus quidem
Anthologiæ codex non tres posteriores, sed, vt nunc didicimus, duos habet, eosque tamquam ἀδέσποτον, quartum et quintum. Atque hi creberrime laudantur, et in

prouerbium abierunt. Eos a Stephano Byzantino quoque afferri video, in v. *Ἀγχιάλη.* Tum excitatis a Ia-
cobsio et Dauisio scriptoribus adde Polybium in excer-
ptis lib. VIII. cap. XII. ed. Schweigh. t. III. pag. 3o. Et
qui eosdem respexit, Nicetam Acominatum Chon. in
Andronico Comneno lib. II. pag. 170. A. ed. Ven. pag.
206. Paris. his verbis: ἔχαιρέ τε κατὰ Σαρδανάπαλον ταῖς
ἀνέσεσιν, ὃς τόσσ᾽ ἔχειν, ὅσσ᾽ ἔφαγε, καὶ ἐφύβρισε, τῷ ἐπι-
ταφίῳ ἐνεκόλαπτε γράμματι. Cuiusmodi plura fortasse in-
veniet apud scriptores recentiores, qui operam dare
velit. Nobis addidisse sufficiet Eustathium ad Il. IX.
483. et XXI. 76. et Odyss. II. 315.

Integrum epigramma, certe quinque versus priores, parodia eludere studuit Chrysippus ap. Athenæum
p. 337. A. Versum quartum et quintum simili ratione
Crates apud Plutarchum et Diogenem Laertium, et in
Anthologia t. I, p. 187. Brunk.

Quum versus sint elegantes, et nobili quadam, si
quid in hoc philosophiæ genere potest nobile esse, simplicitate scripti, et Choerilo nostro omnino digni; nos
ea nunc retinet quæstio, vtrum illud sit Choerili, nec
ne, et cuius Choerili. Quam vellem diligentius excus-
sissent viri docti. Eam plane intactam reliquit, qui
omnium fortasse longissime de Sardanapali monumen-
tis et inscriptionibus scripsit, Buherius in dissertatione
de Sardanapalo, quam primum animaduersionibus ad
Ciceronis Tusculanas annexam deinde repetiit in disser-
tationibus Herodoteis, gallice editis Diuione 1746. cap.
XXI. pag. 213. sqq. Ex ea ego, quæ ad rem nostram
bene faciunt, enotabo, omissis iis, quæ partim manifesto falsa, partim a nostro consilio sunt aliena.

Nimirum, vt paullo longius disputationis initium
capessam, duo fuerunt, quantum ex Athenæo maxime
XII. p. 529. sq. apparet, Sardanapali monumenta, duæ-
que inscriptiones. Vnum, sepulcrum, in vrbe Nino,
vel vt animaduertit Schweighæuserus tom. VI. p. 422.

prope Ninum, cum ea inscriptione, quam ex chaldaico
sermone in orationem prosam translatam habet Athenæus loco laudato, et versibus græcis quinque vel sex
vel septem expressisse perhibetur Choerilus. Alterum
monumentum ad Anchialen siue Anchialum, *ἐγγὺς τῶν
τειχῶν τῆς Ἀγχιάλου*, quæ Arriani verba II. V. pag. 266.
Gron. cum statua Sardanapali et breuiore inscriptione
hac, assyricis litteris concepta:

> Σαρδανάπαλος Ἀνακυνδαράξεω παῖς Ἀγχιάλην καὶ Ταρ-
> σὸν ἔδειμεν ἡμέρῃ μιῇ. ἔσθιε, πῖνε, παῖζε· ὡς τἄλλα
> τούτου οὐκ ἄξια.

Sic hoc Athenæus. Alii aliter. Quam varietatem nunc
prætereo. Hanc inscriptionem ab illa longiore non omnes
probe distinxerunt. Stephanus Byz. in v. Ἀγχιάλη a Sardanapalo conditas esse dicit Anchialen cum Tarso: οὗ
ἐστι καὶ τὸ ἐπίγραμμα ὧδε·

> Ταῦτ᾽ ἔχω, ὅσσ᾽ ἔφαγον — λέλειπται.

deinde statim subiungit alteram inscriptionem, quasi
eadem sit: Σαρδανάπαλος ὁ Ἀνακυνδαράξεω παῖς etc. Hanc
ego confusionem vel inde ortam, quod grammaticus
aliquis notos versiculos, ταῦτ᾽ ἔχω, ὅσσ᾽ etc. serius appinxis-
set, vel ei, qui hanc epitomen fecit, tribuendam censeo. Stephanus Byzantinus ipse haud dubie scripserat:
οὗ ἐστι καὶ τὸ ἐπίγραμμα ὧδε· Σαρδανάπαλος ὁ Ἀ. παῖς etc.
Versiculos illos Stephanus vel plane non commemora-
verat, vel secundo loco, post breuiorem inscriptionem,
posuerat, admonito lectore, diuersas esse inscriptiones.
Quamquam vel sic dubium manet, an non satis accurate vtramque distinxerit Stephanus. Fortasse non nisi
interprete græco diuersas esse credidit, quum tamen
etiam loco diuersæ fuerint. Strabo quoque l. l. vbi de
Anchiale agit, vtrumque epigramma sine distinctione
apponit, quasi vnum idemque sit. Quod ibi et Casaubonum male habet, etsi hic quum hoc loco, tum ad
Athenæum Anim. p. 583. sq. in eo errore versatur, vt

vtramque inscriptionem ad idem monumentum perti-
nuisse, et in assyrico archetypo vnam fuisse opinetur.
Sed Straboni ego infra opem feram. Laborat enim, et
eadem fere ratione, qua Stephanus, adiuuandus est.
Iam vero, qui cardo et finis est huius disputationis,
Heynii sententia est non inapis, ad Apollodori fr. pag.
1081. inscriptionem eam, quam breuiorem dixi, per
Alexandri demum comites, Clitarchum et Aristobulum,
innotuisse. Aristobulum solum nominare debuerat,
omisso Clitarcho: v. Gronouium ad Arrian. l. l. p. 67.
disputantem contra Casaubonum. Quae Heynii sententia si etiam ad longius epigramma, sepulcrale, Nini
conseruatum, a Choerilo expressum, pertinet, non
poterit antiquus ille Choerilus Samius intelligi, sed
Choerilus Iasensis, Alexandri comes. Atque hunc
intellexit Freinshemius in catalogo scriptorum historiae
de Alexandro, quem Curtio praefixit: *Huius Choerili
videntur esse versus, quibus epitaphium Sardanapali
includitur, qui exstant apud Athenaeum* XII. VII. Et
Obsopoeus ad Anthol. Gr. pag. 315. ed. Wechel. *Epitaphium Sardanapali regis Assyriorum, mollissimi
et effoeminatissimi, quod a Choerilo poeta Alexandri magni tempore scriptum nonnulli suspicantur.
Qua in sententia etiam Athenaeum esse video.* Alii hac
quidem de re sententiam non declarauerunt suam:
Choerilum auctorem nominant, intelligentes, vt videtur, Samium; Charilum A. Schottus ad Adagia Graecorum pag. 312.

Verum etiam hoc quaeritur, vtrum versus illi
omnino recte prae se ferant Choerili nomen, siue antiquior is fuerit, siue recentior; an alius scriptoris sint.
Nam ne id quidem, Choerili esse, tam certum est,
quam credidisse videntur viri docti.

Choerilo tribuuntur in Anthologia Graeca Brunkii.
In Brodaei editione pag. 299. et Stephani pag. 217. et in
Wecheliana p. 315. praescriptum est: Εἰς Σαρδανάπαλον,

sine auctoris nomine. Vaticanus liber, qui duos versus
habet, pag. 599. ex nuperrima editione: Ἀδέσποτον. εἰς
τὸν Σαρδανάπαλλον. Omnino Brunkius ex Athenæo intulit Choerili nomen. At ne ab Athenæo quidem ita tribuuntur Choerilo, vt nulla dubitatio relinquatur. Res
hæc est. Athenæus, priore loco, lib. VIII. pag. 336. A.
versus ipsos apponit, auctore non nominato, hoc tantum monens: ἐφ᾽ οὗ τοῦ τάφου ἐπιγεγράφθαι φησὶ Χρύ-
σιππος τάδε· Altero loco, pag. 529. 530. ex Amyntæ libro inscriptionem profert bene longam, in prosam orationem græcam e chaldaico sermone translatam, quæ
sic incipit: Ἐγὼ δὲ ἐβασίλευσα. καὶ ἄχρι ἑώρων etc. quam
metricam fecerit, Amynta testante, Choerilus: ὃ μετε-
νεγκεῖν Χοιρίλον ἔμμετρον ποιήσαντα. Sed hanc metricam
interpretationem ibi non addit. Hinc non ardua fuit
res, coniicere, vt coniecerunt viri eruditi, eos ipsos
versus, quos supra lib. VIII. apposuisset Athenæus, esse
metricam illam inscriptionem, a Choerilo factam. At
enimuero fatendum est, hos versus et inscriptionem
prosa oratione enunciatam ab Athenæo p. 529. sq. non
ita sibi similes esse, vt illi necessario huius interpretatio
videri debeant. Iudicet lector.

Ἐγὼ δὲ ἐβασίλευσα, καὶ ἄχρι ἑώρων τοῦ ἡλίου φῶς,
ἔπιον, ἔφαγον, ἠφροδισίασα, εἰδὼς τόν τε χρόνον ὄντα
βραχύν, ὃν ζῶσιν οἱ ἄνθρωποι, καὶ τοῦτον πολλὰς ἔχον-
τα μεταβολὰς καὶ κακοπαθείας· καὶ ὧν ἂν καταλίπω
ἀγαθῶν, ἄλλοι ἕξουσι τὰς ἀπολαύσεις. διὸ κἀγὼ ἡμέραν οὐδεμίαν παρέλιπον τοῦτο ποιῶν.

Comparet hæc aliquis cum versibus illis, et valde di-
versa esse fatebitur. Augetur dubitatio, si alios scriptores audimus. Diodorus, vbi versus istos laudat, barbarico sermone scriptos dicit a Sardanapalo, et inde ex-
pressos, μεθερμηνευθέν, ab homine Græco, ὑπό τινος
Ἕλληνος. Quin, quod maxime notabile est, Strabo l. l.
vbi eosdem laudat, addit non hoc: *quorum auctor est*

Choerilus, sed: *Μέμνηται δὲ καὶ Χοιρίλος τούτων.* Haec omnia qui perpenderit, non inepte colligat, *tria* fuisse inter Graecos epigrammata Sardanapali: vnum, quod breuius appellaui, in monumento Anchialeo; alterum e sepulcro apud Ninum, à Choerilo factum, cuius nunc nihil praeter paraphrasin prosa oratione scriptam apud Athenaeum exstet; tertium ex eodem sepulcro, sed liberius expressum ab ignoto auctore, his versibus, qui etiamnum exstant: *Εὖ εἰδὼς ὅτι θνητὸς ἔφυς* etc. Atque fuerunt, qui ita iudicarent. Menagius ad Diog. Laert. lib. VI. pag. 261. postquam ex Strabone nostrum epigramma apposuit, sic pergit: *Choerilus illud Epigramma versibus aliis expresserat, quos habes apud Athenaeum l. XII. c. 7.* Voluit dicere, eorum versuum paraphrasin haberi apud Athenaeum.

Equidem has dubitationes non eo consilio moui, vt Menagii opinionem meam facerem: qui ipse duas tantum, vt dixi, inscriptiones graecas fuisse putem, et versus eos, quos supra apposui, Choerilo, quae vulgaris est opinio, tribuam. Sed scripsi haec, vt ostenderem, quam leuibus interdum incertisque testimoniis, in hac, quam perpessa sunt auctorum veterum scripta, ruina, opiniones nitantur vulgares et ab omnibus secure repetitae. Neque vero mirum, si in iis potissimum rebus dubitationi locus detur, quae antiquitati notissimae et celebratissimae fuerint. Nam de his eam ipsam ob caussam, quod olim notae fuerunt, obscure nonnumquam, breuiter, et parum accurate loquuntur, qui nobis supersunt scriptores.

Itaque Choerili esse nostrum epigramma, duorum testium auctoritate constat: Athenaei et Strabonis. Additurus eram Planudem, si constaret, Planudeae Anthologiae codices habere Choerili nomen. Verum hoc, vt paullo ante monui, Brunkius demum intulit in Anthologiam. Quamquam non negauerim, Planudem in hac opinione fuisse, vt epigrammatis auctorem habe-

rel Choerilum. Potuit enim hoc didicisse ex Strabonis
loco mox laudando, in quem eiusdem Planudæ excerpta exstant, vt docemur a Tzschuckio. De Athenæo
breuis erit disputatio, quo earum vis difficultatum, quas
ipse excitaui, retundatur; de Strabone paullo dicendum erit accuratius et longius. Ac primum, si quo
alio in carmine, accidere potuit in hoc epigrammate,
vt auctorem vel obliuiscerentur scriptores recentiores,
vel nominare supersederent. Sic fieri solet, vbi carmen
aliquod, vel versus, in prouerbium abiit. Choerili Samii versum vidimus celebratissimum,

πέτρην κοιλαίνει ῥανὶς ὕδατος ἐνδελεχείη :

quem Choerilo vnus vindicat grammaticus ex longe recentioribus, Simplicius. Quid igitur mirum, si illorum maxime versuum, qui ex toto epigrammate fuerunt tritissimi, auctor incertus visus est multis? Quod
ad Athenæum attinet, verum quidem est, a Sardanapali inscriptione ea, quam ex Amynta ille seruauit, nostrum epigramma, verba si spectes, plurimum differre:
sed quis est, qui a poeta græco interpretationem barba-
rici epigrammatis quasi pedissequam et verbis adhæren-
tem exspectet? ac sensum mentemque si consideres,
quænam accuratior eademque elegantior fingi possit pa-
raphrasis? In qua etiam hoc non reprehendendum, sed
laudandum, quod de suo poeta græcus adiecerit admo-
nitionem ad viatorem : *Εὖ εἰδὼς ὅτι θνητὸς ἔφυς.* De qua
in archetypo nihil, in quo Sardanapalus ea omnia de se
prædicat. Hoc bono consilio ex altera inscriptione, Anchialea, adsciuit Choerilus. Strabonis, quod paullo
ante monstraui, verba, vt vulgo leguntur pag. 989. Almel. vel pag. 692 sq. t. V. ed. Tzschuck. tantum absunt,
vt probent, id quod volo, epigrammatis auctorem fuisse Choerilum : vt probent, auctorem non fuisse Choerilum. At enimuero Strabonis locus perturbatus est.
Vulgata ferri nullo modo potest. In qua hoc incredi-

bile, Strabonem vtramque inscriptionem, et eam, quæ
prosa oratione scripta, breuiorem, et metricam, vnam
post alteram sine omni distinctione appositurum fuisse.
Sensit hoc Casaubonus, cui verba quædam desiderari
videntur. Quod nec probabile, nec, si ita rem insti-
tuas, vt ego facturus sum, necessarium. Veritas suboluit Buherio l. l. p. 225. Nec sane occulta est. Sed certum auxilium ferunt Tzschuckii codices, quorum in toto
Strabonis loco mira est lectionis varietas. Qua etiamsi
vti noluit Tzschuckius, at clarius tamen disponere eam
debuerat. Quantum video, duæ sunt codicum classes.
Vna eorum, qui post inscriptionem breuiorem, Anchialeam, statim subministrant hæc:

Μέμνηται δὲ καὶ Χοιρίλος τούτων· καὶ δὴ καὶ περιφέρεται τὰ ἔπη ταυτί· ταῦτ' ἔχω — λέλειπται.

sex illis versibus prorsus omissis. Sic Venetus II. Mosquensis, et Paris, qui tamen illos in margine positos habet. Altera eorum, qui post inscriptionem istam breuiorem pergunt sic:

Μέμνηται δὲ καὶ Χοιρίλος τούτων· Εὖ εἰδὼς — τερπόμενος — καὶ γὰρ ἐγὼ — ταῦτ' ἔχω — τέρπν' ἔπαθον· τὰ
δὲ πολλὰ καὶ ὅ. κ. λέλειπται.

omisso versu 6. et omissis iis, quæ sequuntur in vulgata: καὶ δὴ καὶ π. τὰ ἔπη ταυτί· ταῦτ' ἔχω — λέλειπται. Sic
Mediceus III. Hinc efficitur, quod fuit a manu Strabonis. Qui ita scripsit: Μέμνηται δὲ καὶ Χοιρίλος τούτων
(id est, *harum rerum*)· Εὖ εἰδὼς ὅτι et qui sequuntur
sex aut quinque versus. Vt perspicue et diserte significet, illud epigramma esse Choerili. Deinde sic perge-
bat: καὶ δὴ καὶ περιφέρεται τὰ ἔπη ταυτί· Ταῦτ' ἔχω —
τέρπν' ἔπαθον — λέλειπται. Iam ortæ sunt turbæ, quum
librarii, repetitione duorum versuum, Ταῦτ' ἔχω — τέρπν'
ἔπαθον — quæ sane mira, offensi, vnus hos duos tantum versus scriberet, integrum epigramma omitteret,
alter hoc poneret, illos duos omitteret. Hinc factum,

vt in codicibus iis, ex quibus fluxit vulgata lectio, hæc
verba: μέμνηται δὲ καὶ X. τούτων, locum obtinerent non
suum. Hinc et id, quod illa: ὡς τἄλλα τούτου οὐκ ἄξια·
τοῦ ἀποκροτήματος, in vulgata ante Casaubonum, loco
alieno inserta legebantur. Quæ nunc, erutis et dispo-
sitis antiquorum codicum lectionibus, sponte sedem re-
cuperant suam, quæ est inter hæc: ἔσθιε, πῖνε, παῖζε·
et hæc: Μέμνηται δὲ καὶ X, τούτων. In aliis tamen libris
prorsus illa desiderari videntur. Non habet Guarini,
quam supra commemoraui, interpretatio latina. In qua
ita concinnatus est locus;

— quidam dicunt ibi Epigramma esse: Assyriis
litteris insculptum huiusmodi Sardanapalus Ana-
cindaraxis filius: Anchialem et Tarsum vna die
condidit: ede bibe lude. et

Cum te mortalem noris: presentibus exple
Deliciis animum: post mortem nulla voluptas.
Nanque ego sum puluis: qui nuper tanta tene-
bam.

Hæc habeo quæ edi: quæ exaturata libido
Hausit. at illa manent. multa: et præclara:
relicta,

Hoc sapiens vitæ mortalibus est documentum.

Choerilus horum meminit: atque hi versus cir-
cunfecerunt (voluit: circunferuntur).

Hæc habeo quæ edi: quæque exaturata libido
Hausit: at illa manent: multa et præclara relicta.

Vulgatam habuit in suo codice Guarinus, sed non habuit verba: ὡς τἄλλα τούτου οὐκ ἄξια· τοῦ ἀποκροτήματος.
Et post lude, duo epigrammata distincturus, de suo
adiecit particulam et. Cæterum, quod iam monui de
Stephano Byzantino, id etiam in Strabone dubium manet, an is non distinxerit duo epigrammata diuersa.

Vtrumque retulisse videtur ad monumentum Anchialeum, quum tamen poetica Choerili inscriptio ad monumentum Sardanapali sepulcrale, quod Nini fuerat,
pertineat.

Perueni ad caput huius disputationis vltimum, quod
versatur circa eam quæstionem, vtrius Choerili sit epigramma. Qua ita perfungar, vt primo apponam ea,
quæ pro Choerilo Iasensi loquuntur argumenta. Quæ
si cui per se singula infirma videantur, at coniuncta aliquam vim habent. Deinde a me commemorabitur id,
quod pugnat pro Choerilo Samio. Quæ omnia acces-
sum patefacient ad viam quamdam mediam, qua vna
impeditissimum hunc nodum solui posse mihi persuasi.
Scindere facile est. Prima ratio, cur Choerilo Iasensi
vindicemus hos versus, ea est, quam supra adhibui,
viam monstrante Heynio. Quodsi ne Anchialeam quidem inscriptionem Græci compertam habuerunt ante
Alexandrum Magnum, multo minus credibile est, eam,
quæ Nini fuisset, Herodoti et Choerili Samii ætate vulgatam fuisse in Græcia. Ex omnibus scriptoribus vnus
Athenæus fontem, vnde sumpserit versus illos, indicat. Verum neque Chrysippus, ex quo eos descripsit
Athenæus, neque Amyntas, quo teste eosdem Choerilo
adscribit, ante Alexandrum Magnum fuerunt. Chrysippum Alexandro posteriorem fuisse constat. Amyntas Alexandro et Choerilo certe non antiquior fuit. Ad-
dendus est enim, nisi fallor, scriptoribus historiæ Alexandri; cuius fortasse et comes fuit: ita vt Choerili
versus ab ipso Choerilo accipere potuerit. Strabo quidem, quum dicit: μέμνηται δὲ καὶ Χοιρίλος τούτων, dubium est, vtrum Choerilum de duobus intellexerit, et
fortasse voluit celebrem illum Samium. Sed in Athenæo hoc non est de nihilo, quod hic Χοιρίλον dicit simpliciter, quum Choerilo Samio cognomen aliquod addere soleat a' munere et dignitate: Χοιρίλος ὁ ἐποποιός
lib. XI. pag. 464. Χοιρίλον τὸν ποιητήν, lib. VIII. p. 345.

Deinde consideranda sunt Diodori verba: μεθερμηνευ-
θὲν ὑπό τινος Ἕλληνος. Quae, siue notum habuerit versuum auctorem Diodorus, siue non habuerit, melius
conueniunt in Choerilum Iasensem, quam in celebrem
illum Samium. Sed Choerilum istum indicare voluisse
videtur Diodorus. Omnino si hunc Choerilum accipimus, clarissime apparet, quo modo acciderit, vt plerique scriptores auctorem epigrammatis vel ignorauе-
rint vel ignorare voluerint. Malo poetae si quando carmen bonum exciderit, id maiorem celebritatem nan-
ciscitur, quam poeta ipse. Hunc obliuiscimur; illud
canimus, laudamus. Denique in ipso epigrammate, si
nihil aliud Choerilo Samio indignum, certe vna licentia est, Choerili recentioris, quam illius, aeuo conue-
mientior. Hoc dico, quod ante θνητός correptionem
admisit poeta.

His accedit argumentum plane mirum et inexspe-
ctatum. Mirum enim videri debet, si casus ita tulerit,
vt in quaestione tam obscura lucem praebeat scriptoris
animaduersio latini et recentissimi, eaque ipsa et obiter facta et adhuc obscurissima. Ita tamen est, nisi
coniectura me fallit. Porphyrionis vidimus locum,
quum de Choerilo Iasensi agebamus: vidimus et mirati
sumus. Qui ad Horat. Art. 557. de hoc Choerilo loquens: *Huius,* inquit, *omnino septem versus laudabantur.* Sic editiones Venetae a. 1490. et 1492. cum A-
scensiana; Mediolanensis a. 1512. inepte et mendose:
ludebantur. Commentator Cruquii: *Choerilus, qui gesta Alexandri describens, septem tantum versus laudabiles fecit.* Hoc quidem, quod commentator Cruquianus, prorsus absurdum et antea a me explosum:
Choerili in epico carmine longiore septem tantum fuisse
versus laudabiles. Carmen illud de rebus gestis Alexandri, si vmquam fuit, aut totum malum fuit, aut
plures habuit versus laudabiles, non septem. Contra,
si Porphyrio, quod nunc statuo, intellexit Choerili in

Sardanapalum epigramma, sensum habent et fortasse vera sunt, quæ dicit: *Huius omnino septem versus laudabantur.* Nam hoc accidere potest, vt poeta alias malus et infelix, semel epigramma faciat rotundum, absolutum, et quod omnium suffragio approbetur. Esse autem auctores, apud quos *septem versus* contineat Choerili epigramma, dictum est et dicetur mox explicatius. Bene factum est igitur, vt ex omni Choerili poesi ii ipsi versus, et soli, ad nos peruenerint, qui, si vera tradidit Porphyrio, omnium optimi essent. Certe equidem, præter hos versus, ne vnum quidem inueni inter eos, qui Choerili nomine inscripti ad nos peruenerunt, quem Choerilo Iasensi, quam Samio tribuere malim. Quod moneo contra Dan. Heinsium, qui hæc scribit, Choerilum istum vindicaturus contra Scaligerum, de sat. Hor. p. 270. sq. *Et profecto adducuntur ab antiquis versus Choerili non pauci, nec monetæ eiusdem. Quorum nonnulli forte ab Horatiano illo sint conscripti.* Non dicit, qui illi sint versus: neque alios, spero, Choerili versus habuit Heinsius, præter eos, quos ego proposui.

Cæterum, si hæc recte conieci, Porphyrio is, quem nos habemus, non ipse Choerili epigramma inspexit, sed ex alio notam suam descripsit. Is vero ex aliquo grammatico græco hauserit, apud quem illud septem versus continebat. Vix est quod moneam, hæc solum ad Porphyrionem pertinere. Horatius, quam Choerilum *bis terue bonum* dicit, maius aliquod istius hominis poema respexit: fortasse, vt dicam aliquid, La-miaca.

Postremo id obseruatione dignum est, qua ratione *laudabiles* versus dixerit Porphyrio. Nam argumentum et sententiam versuum communi consensu carpunt et detestantur scriptores quum antiqui, tum recentiores et christiani. At tenendum est hoc. *Septem versus* dicit Porphyrio. Igitur Porphyrio vel hoc, quod legitur

apud Athenæum, vel illud, quod apud scholiastam
Aristophanis, agnoscebat additamentum: quo vtroque
lasciua priorum versuum sententia euertitur et corrigi-
tur. Præterea versus etiam priores ab arte *laudabiles*
videbantur. Alioquin illa reprehensio Sardanapalum
tangit, non Choerilum. Multus de ea est Buherius pag.
228. qui in eo fallitur, quod aliquam culpæ partem a
Sardanapalo in Choerilum conferre studet.

Hæc habui, quibus ostenderem, Choerilum hic intelligendum esse Iasensem. At enimuero obloquitur
vnus, sed locupletissimus testis. Si enim ex Cicerone,
de Finib. II. XXXII. Tusc. V. XXXV. constat, iam Aristoteli lectos fuisse versus illos, necessario inde sequi
videtur, eorum auctorem esse Choerilum Samium, non
Choerilum Iasensem. Etenim ea fuit inter Aristotelem
et Choerilum Alexandri temporis locique ratio, vt vix
vllum inter illos commercium esse potuerit. Quam
rem exposui ad Aristotelis locum ex Topicis. Prorsus
vt multa miro modo fingi debeant, si statuere velis,
Choerili illius versus in notitiam Aristotelis venisse. Itaque, si quis propter Aristotelem Choerilo Samio tribuere velit epigramma, certe non faciet sine auctoritate.
Mihi tamen, vt in omnia alia discedendum putem, per-
suaserunt partim ea argumenta, quæ pro Choerilo Iasensi pugnare antea admonui, partim alia quædam,
nunc breuiter proponenda. Quæ inter se composita et
coniuncta eam vim habebunt, vt epigramma, quale supra apposui, sic a Choerilo Iasensi scriptum esse, nec
tamen ei totum tribuendum esse appareat.

Nimirum, quod ante omnia tenendum, ex Cicerone non hoc efficitur, vt integrum epigramma notum
habuerit Aristoteles, sed tantum hoc, vt eos versus, qui
nunc quartus et quintus. Eosque solos latino carmine
expressit Cicero. Porro etiam alios scriptores si spectes,
tam multi sunt, qui hos duos versus vel exhibent vel
digito monstrant, reliquis omissis, vt mirum videri de-

beat. Duos Stephanus Byzantinus, Dio Chrysostomus, et Vaticanæ Anthologiæ auctor; duos Polybius, Plutarchus binis locis, Suidas, Eustathius binis locis; nec nisi hos duos parodia reddidit Crates. Hinc dubitatio nascitur, an multi hos tantum versus pro antiquis et genuinis habuerint, integrum autem epigramma vel ignorauerint vel non agnouerint. Eam vero suspicionem egregie confirmat Strabo, cuius lectionem quum supra expediuerim, hic eam difficultatem, quæ vna reliqua, explicabo. Strabo postquam integrum Choerili epigramma apposuit, hæc addit: καὶ δὴ καὶ περιφέρεται τὰ ἔπη ταυτί, et versus quartum quintumque repetit. Quæ repetitio, valde mira, tam male habuit Brissonium de regio Persarum principatu lib. I. pag. 332. ed. Lederlin. vt ea *abundare* diceret. Quæ defendens Tzschuckius: *videtur*, inquit, *Strabo innuere, exclusis reliquis, duos tantum hos versus vulgo ferri*. Recte. Modo clarius hoc explicuisset Tzschuckius. Hoc sibi voluit Strabo: duos illos versus etiam extra Choerili epigramma exstare et circumferri, ignoto auctore. Hæc de Strabone, quæ mox clariora fient. Epigramma ipsum si spectemus, quum in prioribus versibus non valde singularis lectionis sit varietas, at in quarto et quinto, vt sextum nunc mittam, prorsus admirabilis est discrepantia. In his quædam auctorum negligentiæ tribuenda esse videntur: veluti quod τόσσ' exhibent quidam pro ταῦτ', et ἐρώτων quidam pro ἔρωτος. Alia perperam illata sunt ex Cratetis parodia: ἐδάην, vt in Anthologia, pro ἔπαθον; et quod in Anthologia Vaticana: τάφος (τῦφος) ἔμαρψε. At quæ Athenæus habet ex Chrysippo:

κεῖν' ἔχω — σὺν ἔρωτι — πάντα λέλυνται,

tam vehementer discrepant a lectione cæterorum scriptorum omnium, vt ex alio ea fonte hausta esse oporteat, quam ex quo cæteri sua hauserint. Qua in re hoc etiam obseruari velim, quam graui auctoritate nitatur

O

illa Athenæi lectio: nimirum Chrysippi; ex quo hæc descripsit Athenæus. Et ne a Chrysippo demum illam aliquis illatam existimet, comparetur parodia Chrysippi, in qua eam lectionem expressam videbis, quæ est apud cæteros, præter Athenæum, scriptores. Nam sic parodia:

ταῦτ᾽ — μετὰ τούτων — λέλειπται.

Iam quonam hæc omnia tendant, sentiunt, puto, periti. Vna est ratio, qua testimonia et indicia scriptorum tantopere titubantia et repugnantia inter se concilientur ac firmentur. Dicam quid rei sit. Versus hi:

Ταῦτ᾽ ἔχω, ὅσσ᾽ ἔφαγον καὶ ἐφύβρισα, καὶ μετ᾽ ἔρωτος
τέρπν᾽ ἔπαθον· τὰ δὲ πολλὰ καὶ ὄλβια κεῖνα λέλειπται

facti a poeta nescio quo, qui de inscriptione Sardanapali sepulcrali aliquid cognouisset, sed cuius nomen mature in obliuionem abiisse videtur, iam ante Aristotelem in Græcia ferebantur. Quam diu ante Aristotelem, non dixerim. Sed mature Sardanapalus innotuerat Græcis. Herodotum in Assyriorum libris vberiorem Sardanapali mentionem fecisse, probabili coniectura statuit Wesselingius ad Herod. II. 150. p. 177. Quamquam dubito, an numquam diuulgati fuerint hi libri. Taceo Hellanicum, Ctesiam, Aristotelem ipsum Polit. lib. V. c. X. Certe Aristophanis ætate in prouerbio fuit Sardanapali nomen. Qui deinde inscriptionem Sardanapali sepulcralem integram cognouit et græcis versibus expressit, Choerilus Iasensis, Alexandri comes, illos ignoti auctoris versus in epigramma suum recepit, sed paullulum immutatos, vt suos fecisse videretur, hunc in modum:

Κεῖν᾽ ἔχω, ὅσσ᾽ ἔφαγον καὶ ἐφύβρισα, καὶ σὺν ἔρωτι
τέρπν᾽ ἔπαθον· τὰ δὲ πολλὰ καὶ ὄλβια πάντα λέλυνται.

Quam Choerili scripturam vnus nobis seruauit ex Chrysippo Athenæus. Gratior mansit et vsitatior, vt par,

erat, antiqua incerti auctoris scriptura. Cicero quidem, quum ex Chrysippo integrum Choerili epigramma
vertere et apponere potuisset, maluit ex Aristotele duos
versus, breuitatis studio, et quod antiquiorem testem
recentiori, antiquiores versus versibus Choerileis præ-
ferret. Nam antiquam incerti auctoris scripturam ante
oculos fuisse Ciceroni, liquet ex eius interpretatione:

— *at illa iacent multa et præclara relicta.*

Quid? quod eamdem, vt paullo ante animaduerti, etiam Chrysippus in parodia sua expressit. Qui quum in
prioribus versibus accurate sequutus esset Choerili manum, in vltimis duobus, Choerili scriptura relicta, ad
manum incerti auctoris reuertit. Vnum, πάντα, retinuit in fine versus, pro antiqua lectione κεῖνα. Sic Crates quoque in parodia: ταῦτ᾽ — μετά. Nec dubitari potest, quin idem κεῖνα λέλειπται legerit, quamquam hæc
longe alio modo extulit in parodia. Et sic, qui hos duos
versus, prioribus exclusis, seorsum exhibent, omnes antiquam incerti auctoris manum referunt: ταῦτ᾽ — μετ᾽
ἔρωτος — κεῖνα λέλειπται: si paucorum quorumdam in
singulis aberrationem excipias, de qua mox ita dicetur,
vt simul diuersas eius caussas et originem explicem.
Verum hoc maxime memorabile, quod etiam ii, qui
integrum exhibent epigramma, solo Athenæo excepto,
in his duobus versibus non Choerili. quod exspectes,
lectiones

κεῖν᾽ ἔχω — σὺν ἔρωτι — πάντα λέλυνται,

repræsentent, sed antiquas illas:

ταῦτ᾽ ἔχω — μετ᾽ — κεῖνα λέλειπται.

Sic Diodorus cum Tzetza; scholiastes Aristophanis cum
Eudocia. Sic qui nunc lucem suam recuperauit, Strabo.
Hic enim, quum probe discerneret epigramma Choerili
integrum et duos versus, etiam sine Choerili nomine
circumferri solitos, in epigrammate Choerili integro

eam scripturam exhibere debuerat, quae esset Choerilea: κεῖν᾽ ἔχω — σὺν ἔρωτι — πάντα λέλυνται. Quod tamen
non fecit. Ita vt hinc quoque manifesto documento elu-
ceat, interpolationem antiquorum versuum Choerileam
mature in obliuionem abiisse, et Choerilo inuito in
ipsum eius epigramma rediisse antiquam scripturam:
ταῦτ᾽ ἔχω — μετ᾽ ἔρωτος — κεῖνα λέλειπται.

Nobis tamen, in Choerilo versantibus, ex Athenæo
Choerili scriptura reponenda fuit.

Hic vero, antequam longius procedam, aliquantisper consistendum esse puto in Cratetis Chrysippique
versibus, qui facti sunt ad parodiam Sardanapali.
Quippe hos explicare, et quo modo duo idem perege-
rint, comparando perscrutari, quum omnino operæ
pretium futurum sit et res non ingrata: tum ea comparatio præclaro exemplo illustrabit, quæ antea disputata sunt. Quemadmodum enim Choerilus hoc sibi
sumpsit, vt antiquiores versus interpolando suos faceret, simillima ita ratione Chrysippus Cratetis versus
passim mutatos suo carmini inseruit. Tum vero vt
Choerili fraus vsque ad hunc diem latuit, ita fuerunt
etiam, qui ambigerent, vtrum Cratetis illa parodia an
Chrysippi esset: quum tamen auctorum testimonia et
lectionis varietas demonstrent, duplicem esse parodiæ
editionem, vnam Cratetis, alteram Chrysippi. Ac Cratetis quidem parodiam quod attinet, etiam alius error
olim obtinuit. In Cratetem enim, non a Cratete scriptam esse existimauerunt. Veteres Anthologiæ editiones, Brodæi pag. 399. Stephani pag. 288. et Wecheliana
pag. 426. hanc habent inscriptionem: Εἰς Κράτητα, ὁ-
μοιόπτωτον τῷ εἰς Σαρδανάπαλον. Quibus hæc addita habet
in margine Wecheliana: ἐν ἄλλοις βιβλίοις εὑρίσκεται μόνον εἰς Κράτητα ἐκτυπωθέν, καὶ χειρὶ γεγραμμένον, τὸν θυ-
ρεπανοίκτην. σημαίνεται δὲ καὶ εἶναι Χρυσίππου. At Stephanus in annotationibus: sunt qui non εἰς κράτητα sed
κράτητος hos versus esse scribant. Quod deinde sequuti

sunt editores. Atque hoc postulant Plutarchus de sui
laude p. 546. A. Diogenes Laertius et Vaticanus codex.
Intelligendus autem Crates Thebanus. Quod docent
idem Diogenes et codex Vaticanus. Itaque Crates Thebanus, quem Olympiade CXIII. floruisse tradit Diogenes Laertius, hoc modo detorserat duos illos, qui tum
seorsum ferebantur, versus:

> Ταῦτ᾽ ἔχω, ὅσσ᾽ ἔμαθον καὶ ἐφρόντισα, καὶ μετὰ Μουσῶν
> σέμν᾽ ἐδάην· τὰ δὲ πολλὰ καὶ ὄλβια τῦφος ἔμαρψεν.

Antiquæ Anthologiæ editiones, Brodæi editio, Stepha-
niana, Wecheliana, pro Ταῦτ᾽ habent Τόσσ᾽. Male. Vaticanus cum Plutarcho et Diogene: Ταῦτ᾽. Corruptionis
caussam et originem infra docebo. In fine Brodæus,
Stephanus, et Wecheliana: τύμβος. Sed τῦφος ex Diogene Laertio ipse Stephanus dedit in præfatione ad Matronis et al. parodias pag. 86. et in Parodiis moralibus
pag. 159. Vaticanus liber: τάφος. Qui postea integrum
Choerili carmen parodia extulit, Chrysippus, Cratetis
versus recepit, hunc in modum interpolatos:

> Ταῦτ᾽ ἔχω, ὅσσ᾽ ἔμαθον καὶ ἐφρόντισα, καὶ μετὰ τούτων
> ἐσθλ᾽ ἔπαθον· τὰ δὲ λοιπὰ καὶ ἡδέα πάντα λέλειπται.

In quibus quæ insunt a Cratetis parodia recedentia,
pleraque explicari possunt, et cur recesserit Chrysippus, caussa reddi. Ante omnia hoc propositum sibi
habuit Chrysippus, vt propius ad antiquum exemplar
accederet, quam Crates. Quare ἔπαθον retinuit et λέλειπται. Quum vero retineret ἔπαθον, consequens fuit,
vt idem ἐσθλὰ scriberet pro eo, quod Crates: σεμνά.
Τούτων scripsit, remotis Musis, omnia humanæ disci-
plinæ et meditationi tribuens. Vt ἡδέα diceret, non ὄλβια, postulabat vniuersa parodiæ sententia. Quippe
Chrysippus Choerili carmen a Sardanapali conditione
et dignitate ad communem priuatorum hominum vsum
deflexit. Id versus maxime tertius parodiæ declarat.
Vbi Schweighæuserus, etsi recte tenet vulgatam scri-

pturam, κακός, caussam tamen addere debebat, cur
ea necessario præferenda esset coniecturæ Mureti satis
speciosæ: κόνις. Nimirum Chrysippus in parodia illa
sua non mortuum hominem facit loquentem, sed vi-
vum. Dicit, voluptatis fructus eius, quæ ex sensibus
percepta esset, relictos iacere omnes: id est, fugitiuam
esse et præterire voluptatem. Hoc est: τὰ δὲ λοιπὰ καὶ
ἡδέα πάντα λέλειπται. Ibi pro πολλὰ scripsit λοιπά, et
Choerilum sequutus πάντα, rem enunciaturus fortis-
sime. Quamquam hoc pæne etiam minus placet, quam
Choerileum πολλὰ — πάντα. Post hæc, nisi fallor, intelligitur, quàm recte Chrysippo Μουσῶν pro τούτων
restituerit Dauisius ad Cic. Tusc.

    Iam hinc ad Choerili carmen reuersurus essem, nisi
animum aduertissem in Callimachi versus illos, quos
ad Cratetem adscripsit Iacobsius. Ac fortasse lauda-
bor, quod fastidiosam huius disputationis longitudinem
degressione aliqua interruperim. Cratetis et Chrysippi
sententiam nemo facile venustius exornauit, quam Callimachus fragm. CVI. Quod inter elegiarum reliquias
iure posuit Valkenarius pag. 230.

> Καὶ γὰρ ἐγὼ τὰ μὲν ὅσσα καρήατι τῆμος ἔδωκα,
>   Ξάνθε, σὺν εὐόδμοις ἁβρὰ λίπη στεφάνοις,
> ἄπνοα πάντ' ἐγένοντο παρὰ χρέος· ὅσσα τ' ὀδόντων
>   ἔνδοθι, νειαίρην τ' εἰς ἀχάριστον ἔδυ,
> καὶ τῶν οὐδὲν ἔμεινεν ἐς αὔριον. ὅσσα δ' ἀκουαῖς
>   εἰσεθέμην, ἔτι μοι μοῦνα πάρεστι τάδε.

Sic integrum satis et Callimacheum habebitur hoc fragmentum. Versum secundum emendauit Valkenarius.
Cf. Brunkius ad gnom. poetas p. 526. Tertium versum
sic longo abhinc tempore emendaui. Vulgo legitur:
παραχρῆμ'. Quod numeris officit. Meliores versus facit
Callimachus. Aliud est, et tum hoc non comparan-
dum, Simonideum:

> οὐδὲν ἐν ἀνθρώποισι μένει χρῆμ' ἔμπεδον αἰεί.

Deinde παραχρῆμα a poetarum vsu alienum est. Bonum fuit παραχρῆμα, et optimis scriptoribus atticis vsitatum, in prosa quidem oratione: Thucydidi, Platoni, Xenophonti, Isocrati. Et habet Aristoteles. Quod eodem vtuntur Aristophanes in Pluto v. 569. 783. et Cratinus apud Athenæum IV. pag. 164. E. ex eo non colligemus hoc, fuisse vocabulum poeticum, sed potius hoc, fuisse in communi vita non inusitatum. Legitur etiam in cantico mulierum Thesmoph. v. 693. quod carmen tam parum elatum est supra vulgarem sermonem, vt sententiam meam confirmet magis quam euertat. Eadem conditio est Critiæ in elegis ap. Athen. X. pag. 433. A. Melior haud dubie orator quam poeta fuit Critias. Cuius qui leguntur elegi, hoc loco, et apud eumdem Athenæum I. pag. 28. B. et apud Plutarchum in Alcibiade, omnes perquam ieiuni sunt. Aliquanto floridiores sunt, quos in Anacreontem scripsit versus, ap. Athen. XIII. p. 600. D. De Critia tragico quid sentiret, non obscure significauit Valkenarius in Eurip. diatr. p. 14. et p. 209. Itaque hic poeta non habuit, cur recusaret παραχρῆμα dicere in elegis. Inter recentiores scriptores illud frequentat Parthenius in narrationibus amatoriis. Mitto alios. Mox multo vsu tam tritum et tam profligatum visum est vocabulum, vt quoduis aliud magis atticum haberetur. Moeris pag. 48. in v. αὐτοβοεί: — παραχρῆμα, Ἑλληνικῶς. Frequentissimum autem fuit grammaticis et scholiastis. Arati versum 1131.

αὐτήν, ἢ μετὰ τήν, ἢ καὶ τριτάτην ἔτ᾽ ἐς ἠῶ,

ita interpretatur scholiastes: ἢ παραχρῆμα, ἢ περὶ δύο ἡμέρας ἢ τρεῖς. Quod in scholiis ad Apollon. Rhod. IV. 57. sqq. legitur ex codice Parisino: ἅμα τε γὰρ ἔλεγε τὴν θεὸν κατασπᾶν, καὶ συμφοραῖς περιέπιπτεν, id scholiastes olim vulgatus hoc modo effert: ἔφασκε τὴν θεὸν κατασπᾶν, καὶ παραχρῆμα περιέπιπτε συμφοραῖς. Retractaturus eram, quoniam res admonebat, quæ ante aliquot annos nimis

longe et nimis in Natalem Comitem clementer scripsi
de Sosiphanis versibus apud schol. Apoll. Rhod. III. 533.
sed nolo a degressione degressionem facere. Iis maxime, qui lexica condiderunt, recurrere solet παραχρῆμα,
vbi voces celeritatis et repentini notionem habentes ex-
plicant. Hesychius: Εὐθύ· — παραχρῆμα. Nec male hoc.
Etymol. M. pag. 391. in v. εὐθύτης: τὸ δὲ εὐθὺ σημαίνει
τὸ καλῶς ὁρμῶ, τουτέστιν ὀρθῶς· καὶ τὸ παραχρῆμα καὶ τὸ
ταχύ. Et Antiatticista, quem Bekkerus edidit, pag. 96. :
Εὐθύ· ἀντὶ τοῦ εὐθέως. Porro παραχρῆμα Hesychius,
Suidas, Etymologus, omnes in v. αὐτοβοεί. Item lexicon rhetoricum apud Ruhnken. in auctario emendd. ad
Hesychium, et apud Bekkerum p. 214. Quibus omnibus plenius lexicon Bekkeri alterum p. 465. Cf. eosdem
grammaticos in v. αὐτίκα μάλα, et in v. αὐτοδάξ. Qui
carmen de viribus herbarum fecit, quum παραχρῆμα dicere non dubitaret, necessitatem, quam ea vox heroico
versui imponeret, non aegre tulit, sed secundam syllabam constanter corripuit, v. 66. 68. 87. 135. Atque
hoc certe lenius et commodius est, quam vltimam in
thesi elidere. Eius emendationis, quam reposui in Callimachi fragmento, sponsorem habeo locupletissimum.
Nicander Alexiph. v. 626. sq. ed. Schneid. v. 612. ed.
vulg.

ἤν τε καὶ ἐμπλείουσα χαλικροτέρη πόσις οἴνου
οἴη ἐπαλθήσειε παρὰ χρέος.

Scholiastes: χαλικροτέρα δὲ, ἀντὶ τοῦ ἀκρατοτέρα, πόσις
οἴνου πολλὴ παραχρῆμα ἰάσαιτο. Eutecnius apud Schnei-
derum pag. 292. ἰᾶται δὲ ὁ οἶνος αὐτὸ ἐκ τοῦ παραχρῆμα.
ἀκρατοτέρα in scholiis edidit Schneiderus: bene, si ex
codice. Aldina prior: ἀκρατοτάτη, quam lectionem
agnoscit Stephanus in thesauro IV. 569. At in Nicandri
versu tenendum est παρὰ χρέος. Quae vulgata lectio
est, Aldinae prioris aliarumque editionum. Ad similitudinem dictionis παραχρῆμα, quae proprie παρὰ χρῆμα

fuit, παρὰ χρέος dicere ausi sunt Callimachus et Nican̄-
der. Verum vt hoc ausi sunt, ita non ausi sunt nouum
aduerbium παράχρεος procudere. Rarissimum est παρὰ
χρέος hac quidem significatione. Alio sensu παρὰ χρέος
dixit Antipater Thessalon. XXVI. 1. Antipatrum fortasse respiciebat Suidas in v. χρέος. Qui, vt nunc legitur, mutilus esse videtur, hoc fere modo supplendus:
Χρέος. παρὰ χρέος· παρὰ τὸ χρειῶδες etc. In Nicandri
versu hoc quoque mirabile est: χαλικροτέρη. *fortassis*
per syncopen pro χαλικρατοτέρη, Stephanus ait in thesauro l. l. Non prorsus male. Certe ego nemini auctor
sim, vt nomen χαλικρός Nicandro vel alii cuidam poetæ
in vsu fuisse dicat. Originem nominis χαλίκρατος per-
sequenti occurrit Aeschyli fragmentum pag. 1113. ed.
Pau. Χαλιμάδας Aeschylus dixit Bacchas. Quam scripturam quum Hesychius, Etymologus in v. χαλίφρων,
et Eustathius commendent, tum eamdem ipsa illa scho-
lia tuentur, vnde Aeschyleam esse vocem constat. Quod
enim in scholiis Apollonii olim vulgatis, inde a Florentina editione, legebatur, χαλιμίας, id collata Parisini
libri scriptura, χαλίδας, antiquam scholiastæ manum,
χαλιμάδας, monstrat. Præterea in scholiis vulgatis fortasse legendum est γενέσθαι pro λέγεσθαι. Nec dubito,
quin Suidas ita scripserit: Χαλιμάς. ἡ πόρνη et quæ seq.
Χάλις, *merum*, Atheniensium fuit, vt docet scholiastes
Apollonii. Quem ne peruerse accipiat aliquis, recor-
dandum est, et χαλίκρητον Archilochum et Hipponactem dixisse χάλιν. Vid. Casaub. in Athen. animaduers.
p. 24. Hipponactis versus est in Tzetzæ scholiis ad Lycoph. v. 579. Ἱππωνάκτειον λέξιν appellat Tzetzes.

Eo perueni, vt de numero versuum epigrammatis
Choerilei dicam. Tum imitatores eius epigrammatis an
exstiterint, et qui sint, inquiretur. Quod postquam
fecero, de varietate lectionis, quæ quidem nondum explicata fuerit, addam quantum sufficiat.

Vt eos taceam, qui non nisi quartum et quintum

præbent, quod qua ratione factum sit, expositum est;
vt Clementem præteream et Theodoretum, a quibus
subiunctum videmus illum, qui in epigrammate est tertius: alii quinque versus laudant; alii sex; sunt, qui
septem. Quinque priores, vt dixi, habet Diodorus
cum Tzetza. Sextum, quem seclusum ab reliquis exhibui, addunt Anthologia Græca Planudea et Strabo,
apud quem tamen ille deest in Mediceo tertio. Eumdem, sed in fine mutatum, et septimum addunt Athenæus, et cum Eudocia scholiastes Aristophanis. Vterque diuerso modo. Scholiastes Aristophanis, Eudocia,
et ex Eudocia Phauorinus:

ἥδε σοφὴ βιότοιο παραίνεσις, οὐδέποτ᾽ ἐσθλή·
κεκτῆσθω δ᾽ ὁ θέλων σοφίης τὸν ἀπείρονα πλοῦτον.

Talia posuisse est explosisse. Nam tam sunt inepta,
vt mentem epigrammatis penitus euertant. Igitur hæc
ætatem sapiunt recentiorem et sapientiæ præceptorem
importune disertum. Quod autem σοφῷ pro σοφὴ in his
versibus legi iubet Buherius pag. 227. fallitur. Sufficit,
vt commate interpungatur post παραίνεσις, quod factum
video apud Eudociam. Is qui tam bello additamento
Choerilum auxit, quum in carmine Choerili scriptum
vidisset: ἥδε σοφὴ βιότοιο παραίνεσις — noluit hæc mu-
tare, sed addidit, correctionis caussa: οὐδέποτ᾽ ἐσθλή, et
quæ seq. Genuina et bene græca dictio ita se haberet:
ἥδε κακὴ — οὐδέ ποτ᾽ ἐσθλή. Vt Archestratus Athenæi VII.
p. 313. F. κακὸς ἰχθύς, οὐδέ ποτ᾽ ἐσθλός. Pro ἥδε scholiastes Aristophanis cum Eudocia et Phauor. ἡ δέ. Si vero
quæras, vnde nata sit tam foeda interpolatio, manifestum est, istum hominem traduxisse et deflexisse meliores illos et Chrysippi auctoritate confirmatos versus,
qui sunt apud Athenæum:

ἥδε σοφὴ βιότοιο παραίνεσις· οὐδέ ποτ᾽ αὐτῆς
λήσομαι· ἐκτήσθω δ᾽ ὁ θέλων τὸν ἀπείρονα χρυσόν.

Quamquam hi quoque difficultate, neque ea leui, premuntur. Hæc quidem: ἐκτήσθω δ᾽ ὁ θέλων τὸν ἀπείρονα χρυσόν, tolerari potuerint. Sed quis ille est, qui dicit: οὐδέ ποτ᾽ αὐτῆς λήσομαι? Sardanapalus certe non est, qui iam mortuum sese finxisset versibus præcedentibus. Igitur neque hæc potuerunt esse in epigrammate Choerili, quod loquentem sistebat Sardanapalum, sed mortuum; vt est in chaldaica inscriptione, quam expressit Choerilus. Sensit fraudem, sed non explicuit Buherius pag. 227. Et vtrumque versum omisit, vbi hoc epitaphium ex Athenæo profert, Mich. Neander in libro, quem Gnomologicum inscripsit. A Chrysippo additos dicit Brissonius de regio Pers. princ. lib. I. p. 332. Recte. Certe hæc:

οὐδέ ποτ᾽ αὐτῆς
λήσομαι· ἐκτήσθω δ᾽ ὁ θέλων τὸν ἀπείρονα χρυσόν,

sunt a Chrysippo. Sed explicandum est, quo ista consilio addita fuerint a Chrysippo. Quod antequam faciam, de alia quadam monebo coniectura, qua hanc difficultatem expedire alicui in mentem veniat. Quam coniecturam, quum speciosa sit, paucis refutare non alienum erit. Etenim dixerit aliquis, hos versus Chrysippi quidem esse, sed ab Athenæo perperam annexos Choerili epigrammati, quum potius in parodia Chrysippi iis locus fuisset. De hac opinione aliquid suboluisse dixeris Obsopoeo ad Anth. Gr. Wechel. p. 316. Ac profecto Chrysippi parodiæ si subiiciantur versus, non male conueniunt. At parum veri simile videtur, Athenæum tam miro modo erraturum fuisse. Et quum probabili ratione demonstrari possit, quonam ista Chrysippus consilio Choerili carmini subiecerit, nescio quid desideremus amplius. Chrysippus, nisi fallor, epigramma Choerili protulit, non reprehensurus Sardanapalum, sed quodam modo laudaturus. Non acsi voluptatum illud studium approbauerit Chrysippus. Verum quum sententia epigrammatis illius primaria hæc

sit, opes et diuitiàs nihil esse, quæ vera sane et egregia sententia : hoc arripuit philosophus et comprobauit,
additis de suo his versibus:

ἥδε σοφὴ βιότοιο παραίνεσις· οὐδέ ποτ' αὐτῆς
λήσομαι· ἐκτήσθω δ' ὁ θέλων τὸν ἀπείρονα χρυσόν.

In quibus postrema, ἐκτήσθω etc. prorsus ex mente Sardanapali dicta sunt. Mox tamen, ne commendare voluisse videretur, quæ nequiora in Sardanapali epigrammate et philosopho indigna, hæc subiecit: κρεῖττον δ' ἂν
εἶχεν, εἰ μετελήφθη τὰ ἐπὶ τοῦ Σαρδαναπάλου, οὕτως· Εὖ
εἰδώς etc. In qua parodia non erat, cur duos illos versus, ἥδε σοφὴ βιότοιο etc. repeteret. Poetarum versus
passim inscruisse scriptis suis Chrysippum, vel ex Athenæo constat, lib. I. p. 8. D. Sed illa Choerilei epigrammatis amplificatio et eiusdem carminis parodia Chrysippo tamquam auctori vindicanda sunt.

Restat sextus versus, de quo duplici eoque contrario modo statui licet. Versus talis est in Anthologia
Plan. et apud Strabonem:

ἥδε σοφὴ βιότοιο παραίνεσις ἀνθρώποισιν.

Quem pro genuino habet Buherius l. l. Ita vt hinc demum nata fuerint ea, quæ modo tractauimus, supple-
menta siue additamenta:

ἥδε σ. β. π. οὐδέποτ' ἐσθλή —

et quod Chrysippi esse declaraui:

ἥδε σ. β. π. οὐδέ ποτ' αὐτῆς —

Mihi contra ex Chrysippi demum versu ille factus esse
videtur, addito in fine vocabulo ἀνθρώποισιν, et omisso
altero Chrysippi versu, quem intelligebant in tumulo
Sardanapali esse non potuisse. Habent illum versum,
vt dixi, Anthologia Planudea et Strabo, sed ne is quidem in omnibus codicibus. Non habet Diodorus; nec
Tzetzes. Præterea plane otiosus est, et talis, quem
nemo exspectet nisi sententiarum nimius amator. Acce-

dit quod nihil est, quod respondeat, in epigrammate
Sardanapali chaldaico, quale cognouimus ex Amynta.
Nec tamen recentissimus est, sed fortasse ab iis adie-
ctus, qui primi in Anthologiam intulerunt Choerili epigramma. Itaque Choerilus sic concluserat carmen suum:

— τὰ δὲ πολλὰ καὶ ὄλβια πάντα λέλυνται.

Nunc aptissimo loco inserentur, quæ de hac Sardanapali inscriptione disseruit Henricus Stephanus in præfatione ad Matronis et aliorum parodias. Quem libellum quum sero, et hac mea dissertatione iam absoluta
et conscripta, nactus fuissem ex instructissima Schæferi
viri præstantissimi bibliotheca, hic seorsum exponere
Stephani sententiam, quam semel scripta perturbare,
malui. Id quod eo commodius fieri posse videbatur,
quo facilius intellexi, in Stephani disputatione, quantumuis illa a nostris rationibus diuersa, nihil esse, cur
aliquid de meis retractandum putarem. Nimirum Stephanus hoc caput docte quidem et ingeniose, vt omnia,
sed iusto festinantius, nec satis circumspecte tractauit,
nec scriptorum omnium omnibus locis et testimoniis
ponderatis. Audire iuuat virum magnum, qui quæ
hanc in rem attulit; fugerunt Buherium et alios. Laudauit illum Brunkius ad Analecta lect. pag. 34. Itaque
eorum, quæ in præfatione illa pag. 86. sqq. disserit Stephanus, a Cratetis parodia exordiens, hæc est summa.
Quod primum, eam differentiam, et recte quidem,
miratur et taxat, quæ conspicitur in numero versuum.
Sex versus esse in Anthologia et apud Strabonem;
septimum addi ab Athenæo; Dionem Chrysostomum
duos proferre, quartum et quintum, nec plures esse
in Cratetis parodia; tres esse, alio quodam ordine, apud
Clementem et Theodoretum. Atque hanc scripturam,
quæ est apud Clementem et Theodoretum, statim negat germanam esse. Rectissime. Quam ego supra com-
memorare satis habui: nam manifesta perturbatio est.

Deinde hoc egregie sensit Stephanus, non esse de nihilo, quod sint, qui duos tantum versus proferant, quartum et quintum. Dionem laudat et Cratetis parodiam. Nos vidimus plures. Ad Dionem quidem quod attinet, Stephanus hoc quoque obseruatu dignum esse scribit, quod duos illos versus ἐλεγεῖον appellet. Et profecto hinc apparet, illos seorsum legisse, a reliquis separatos, Dionem Chrysostomum. Sed quod ex hoc Dionis loco et ex Cratetis parodia colligit Stephanus, hoc est. Duo fuisse Sardanapali epitaphia. Vnum hoc:

> Εὖ εἰδὼς ὅτι θνητὸς ἔφυς, τὸν θυμὸν ἄεξε
> τερπόμενος θαλίῃσι. θανόντι τοι οὔτις ὄνησις.
> καὶ γὰρ ἐγὼ σποδός εἰμι, Νίνου μεγάλης βασιλεύσας.

Alterum tale:

> Ταῦτ᾽ ἔχω ὅσσ᾽ ἔφαγον καὶ ἐφύβρισα καὶ μετ᾽ ἔρωτος
> τέρπν᾽ ἔπαθον· τὰ δὲ πολλὰ καὶ ὄλβια κεῖνα λέλειπται.
> ἥδε σοφὴ βιότοιο παραίνεσις ἀνθρώποισιν.

aut etiam duobus duntaxat versibus, his: *Ταῦτ᾽ ἔχω* et *τέρπν᾽ ἔπαθον*. Hæc duo epitaphia antiquitus diuersa perperam coaluisse in vnum. Quæ coniectura tam audax est, tam destituta omni fundamento, vt contra argumentari superuacaneum sit. Ea tamen innitens Strabonem etiam aggreditur Stephanus, apud quem quæ repetitio est duorum versuum, mira sane prima specie, eam ita explicat et tollit, vt ex epigrammate, quod ibi est versibus sex, quartum et quintum removendos esse pronunciet: hos enim non esse a Strabone, sed quopiam eius lectore, aut etiam a librario insertos. Longe aliud monstrant Strabonis codices. Quanto satius fuerat, eam viam persequi, quam vidit, sed futili de caussa reliquit Stephanus. Cuius hæc sunt verba pag. 89. *Sed vtrum e duobus credendum est? voluisse Strabonem significare, duos hosce versus quos cæteris insertos protulerat, afferri etiam seorsum: an potius non a Strabone, sed quopiam eius lectore, aut etiam a librario, cœteris insertos esse? Hoc sane potius quam illud mihi persuaserim.* Leuiora sunt, quæ præter hæc animaduertit Stephanus. Sic apud Strabonem verba hæc, ὡς τἆλλα — τοῦ ἀποχροτήματος, quo loco reponenda essent, ante Casaubonum ille docuit. Sed hac quoque in re opem ferre codices, a me monitum est. Denique versum hunc:

ἥδε σοφὴ βιότοιο παραίνεσις ἀνθρώποισιν,

pro recenti adiectione minime esse habendam censet Stephanus. Ad nomen παραίνεσις allusisse videri, vel videri posse, auctorem versuum eorum, qui sequuntur apud Athenæum:

Πᾶσιν δὲ θνητοῖς βούλομαι παραινέσαι.

Quod argumentum vident omnes, quam infirmum sit. Eodem iure et maiore veri specie horum versuum auctori obuersatum esse dixeris Euripidem Phoen. 463. Quem etiam Strattis irrisit: de qua re ibi Valkenarius. Sed omnino vsitata fuit Euripidi loquutio: βούλομαι παραινέσαι, παραινέσαι θέλω. Cf. Heraclid. v. 1018. quem locum laudauit Valkenarius, et Erechthei fragm. II. Vt fortasse eam loquutionem propter Euripidem studiosius frequentauerint comici poetæ. Ille versus, ἥδε σοφὴ βιότοιο, cur serius accessisse videatur, declaraui. Quamquam hæc res ex eo genere est, in quo numquam aliquid certi definitum iri existimo. Cætera, Choerilum, Chrysippi illud, quod ostendi, additamentum, insignem lectionis varietatem, et quæ nos tractauimus alia, ea omnia silentio prætermisit Stephanus. Idem in eo libello, quem Parodiarum moralium nomine inscripsit et a. 1575. vulgauit, pag. 139. commemorauit, sed tantum commemorauit Cratetis parodiam.

Semel per hanc occasionem respiciemus ad argumentationem illam, qua demonstraui, Choerili Iasensis manum agnosci in hoc Sardanapali epitaphio, non

Choerili Samii. Enimuero quum fallatur Henricus Stephanus, qui hoc versu,

πᾶσιν δὲ θνητοῖς βούλομαι παραινέσαι,

alludi putet ad istum: ἥδε σοφὴ β. παραίνεσις ἀνθρώποισιν: sunt tamen alii poetarum loci, qui eamdem, vel
fortasse euidentiorem imitationis speciem præ se ferunt.
Quæ species nisi post seuerius examen euanesceret, con-
cedendum foret, diu ante Alexandrum Magnum et ante
Choerilum Iasensem vulgata fuisse in Græcia Sardanapali epitaphia. Amphis apud Athenæum pag. 336. C.

Πίνε, παῖζε· θνητὸς ὁ βίος· ὀλίγος οὑπὶ γῆς χρόνος.
ὁ θάνατος δ᾽ ἀθάνατός ἐστιν, ἢν ἅπαξ τις ἀποθάνῃ.

Sepulcralis Bacchidæ inscriptio apud eumdem ibidem:

Πιῖν, φαγὲν, καὶ πάντα τᾷ ψυχᾷ δόμεν.
κἀγὼ γὰρ ἔσται᾽ ἀντὶ Βακχίδα λίθος.

Quid vero? Nonne hæc manifesto expressa sunt ex inscriptione Anchialea? Et si hoc ferimus, nam potest
aliqua eius inscriptionis notitia mature peruenisse ad
Græcos, at illud Amphidis: πῖνε, παῖζε· θνητὸς ὁ βίος,
nonne imitari videtur hunc versum:

εὖ εἰδὼς ὅτι θνητὸς ἔφυς —?

Sane ita esse videtur. Nec tamen est. Bacchidæ quidem
ætatem nemo facile definiet. At de hac re nunc non
litigabo. Antiquissimus ille fuerit. Ego simpliciter profiteor, non ita similia esse ista Sardanapali epitaphio,
vt de imitatione cogitandum sit. Omnino hac sagaci-
tate, qua decernere solemus, qui scriptores se inuicem
imitati sint, nihil periculosius, nihil fallacius. Et quid
tum, si contraria ratione Amphidem et Bacchidæ epitaphium ante oculos habuerint ii, qui in græcum sermonem transtulerunt Sardanapali epitaphia? Sed profecto neque a Græcis Sardanapalus, neque Græci a
Sardanapala edere, bibere, ludere didicerunt. Nisi

Homerum quoque Sardanapali memorem fuisse dixeris,
quum caneret illud:

τῶν ἔφαγόν τ᾽ ἔπιόν τε, καὶ αἰδοίοισιν ἔδωκα.

Odyss. XV. 572. Vbi Ernestus bene: *clarum est,* inquit,
hunc versum esse fundum sententiæ in epitaphio Sar-
danapali. Eamque obseruationem etiam ad Amphidem
et Bacchidam adhibere licet. Certe si ista sua non potuerunt sine auctoritate dicere Amphis et Bacchidas,
non video, cur Sardanapali magis quam Homeri auctoritatem circumspexerint. Nempe etsi de Homeri sententia, et quid ibi *αἰδοίοισιν* significaret, vix aliquis Homero familiarior serio dubitare potuerit: multos tamen
fuisse credibile est, qui ambiguam Homeri dictionem in
obscoenam sententiam detorquerent per iocum. Con-
cinne ad hunc locum disputauit Eustathius. Homericum Vlyssem cum Sardanapalo componit Athenæus X.
p. 412. D. Vbi Sardanapali epitaphium manifesto respexit Athenæus. Cf. eumdem XII. p. 515. B. Quæ de
Amphide et Bacchida obseruaui, eadem valent in Ale-
xin, cuius versus, quibus in Sardanapali epitaphium
respexerit, produxit Iacobsius ex Plutarcho de aud. poetis p. 21. D. Valet et in Alexidis versus, si sunt Alexidis, apud Athenæum pag. 336. F. At hi tamen aliquanto maiorem imitationis suspicionem suggerunt.
Videamus.

ἕξεις δ᾽ ὅσ᾽ ἂν φάγῃς τε καὶ πίῃς μόνα·
σποδὸι δὲ τἄλλα, Περικλέης, Κόδροι, Κίμων

Priora satis similia sunt isti versui:

ταῦτ᾽ ἔχω, ὅσσ᾽ ἔφαγον etc.

Qui versus Choerili Iasensis ætatem superat. σποδὸι in
mentem reuocat Choerili versum tertium: sed tamen
paullo aliter dictum est, quam ibi σποδός.

Adhuc id egimus, vt qui non imitati sint Sardanapali epitaphium patefieret. Qua opera quum fortasse

P

supersedere potuissem, non praetereundus est is, qui
vnice illud manifesta imitatione expressit, vel potius
noua paraphrasi donauit et exornando nouum fecit. Is
est Phoenix Colophonius in iambis apud Athenæum
XII. pag. 530. 531. Vbi satis mirari non possum, quod
nemo, ac ne Buherius quidem, qui de his rebus longe
et data opera disseruit, animaduerterit, idem a Phoenice epitaphium intelligi et tractari, quod a Choerilo
tractatum fuisset. Nimirum omnibus fraudi fuit versus illius carminis duodecimus: vbi de Nino rege cogi-
tauerunt, quam deberent de Nino vrbe. Clarum est
ex hoc maxime versu, diuerso modo narratum fuisse
de monumento eo, quod Nini vel prope Ninum esset:
a plurimis ita, vt Sardanapalo illud tribueretur; ab aliis
in eam sententiam, vt Nino regi. Hoc nunc solo Phoenicis testimonio, quod sciam, constat. Nos plurimorum narrationem sequuti sumus. Itaque Phoenici inscriptio Sardanapali, vel, vt illi videbatur, Nini regis,
quæ prope Ninum fuisset, cognita fuit tota et integra.
Hoc certum est. Incertum, an idem eius inscriptionis
paraphrasin poeticam, a Choerilo Iasensi factam, habuerit cognitam. Illud quidem distichon, Ταῦτ' ἔχω etc.
antiquitus notum ante Choerilum Iasensem, nemo dubitauit, quin ante oculos habuerit et imitatus sit Phoenix versibus iis, qui sunt 18. 19. 20. apud Athenæum.
Qui præcedunt et qui sequuntur versus, eos fortasse
suo Marte sic fecit Phoenix, interpretationem pede-
strem vel eam, quam ex Amynta cognouimus, vel similem quamdam sequutus. Sed versum vltimum respi-
cienti et conformationem epitaphii, quale est apud Phoenicem, totam contemplanti vix relinquetur dubitatio,
quin Choerili epigramma viderit et adumbrauerit, et
amplificauerit Phoenix. Ista quoque,

> τὰ δ' ὄλβι' ἡμέων δήϊοι συνελθόντες
> φέρουσιν, ὥσπερ ἔριφον ὠμὸν αἱ Βάκχαι,

magis respondent Choerileæ scripturæ λέλυνται, quam

alteri λέλειπται. Atque hoc loco, quum occasio ferat,
immo postulet, quæ Phoenicis Colophonii ætas fuerit,
eo minus grauabor admonere, quo rariorem esse huius
hominis notitiam video. De quo qui disertius exposuerit, memini neminem. In dictione Phoenicis quum quædam sint, quæ aut valde antiquum poetam aut longe
recentiorem, antiquorum imitatorem, prodant, sunt
rursus alia, et versuum fabricatio cernitur talis, vt
poetam agnoscamus recentiorem, antiquitatis affecta-
torem, qui choliamborum genus, dudum sepultum,
suscitare satis prospero successu studuerit. Deinde, in
qua re aliud ætatis indicium pono, apud inuentores huius metri rerum non tam mira varietas fuit, quam apud
Phoenicem fuisse ex Athenæo intelligitur. Qui poeta
quum ante omnia hoc haberet propositum, vt scazontes faceret, in delectu rerum non videtur anxius fuisse.
Hæc obseruatio fortasse et in Aeschrionem cadit. Altera
parte quo minus ad nimis sera tempora detrudamus
Phoenicem, iterum obstat scazontis, qua vsus est, forma aliquanto, quam apud Callimachum, licentior. Hæc
igitur omnia in ætatem inter antiquos poetas et Alexandrinos mediam, sed his longe, quam illis, propiorem
conueniunt. Et huic ætati Phoenicem Colophonium
assignat præclaro testimonio Pausanias lib. I. pag. 25.
Carmen illud, quod est de Nino, apponam integrum.
In quo si quid forte alicui obseruasse videar, quod iam
ab aliis obseruatum fuerit, scito, me præter ea, quæ
contulerunt Schweighæuserus et Iacobsius, illa tantum
nouisse, quæ nuper Meinekius in Curis criticis p. 54. sq.
Itaque nihil amplius desiderandum esse puto, si tale
legatur carmen:

Ἀνὴρ Νίνος τις ἐγένεθ', ὡς ἐγὼ κλύω,
Ἀσσύριος, ὅστις εἶχε χρυσίου πόντον,
καὶ τἄλλα πολλῷ πλέονα Κασπίης ψάμμου·
ὃς οὐκ ἴδ' ἀστέρ', οὐδ' ἰδὼν ἐδίζητο·

οὐ παρὰ μάγοισι πῦρ ἱερὸν ἀνέστησεν,
ὥσπερ νόμος, ῥάβδοισι τοῦ θεοῦ ψαύων.
οὐ μὴν θνητής, οὐ δικασπόλος κεῖνος,
οὐ λεωλογεῖν ἐμάνθαν᾽, οὐκ ἀμιθρῆσαι·
ἀλλ᾽ ἦν ἄριστος ἐσθίειν τε καὶ πίνειν,
κηρᾶν, τὰ δ᾽ ἄλλα πάντα κατὰ πετρῶν ὤθει·
ὡς δ᾽ ἀπέθαν᾽ ὦ νήρ, πᾶσι κατέλιπεν ῥῆσιν,
ὅκου Νῖνος νῦν ἐστι, καὶ τὸ σῆμ᾽ ᾄδει·
Ἄκουσον, εἴτ᾽ Ἀσσύριος, εἴτε καὶ Μῆδος
εἷς, ἢ Κόραξος, ἢ ᾽πὸ τῶν ἄνω λιμνῶν
Ἰνδὸς κομήτης· οὐ γὰρ ἀλλὰ κηρύσσω·
Ἐγὼ Νῖνος πάλαι ποτ᾽ ἐγενόμην πνεῦμα;
νῦν δ᾽ οὐκ ἔτ᾽ οὐδέν, ἀλλὰ γῆ πεποίημαι.
ἔχω δ᾽ ὁκόσον ἔδαισα, χὠκόσ᾽ ἤεισα,
—— ‿ ‿ —— ‿ —— — ‿ —— χὠκόσ᾽ ἠράσθην.
τὰ δ᾽ ὄλβι᾽ ἡμέων δήϊοι συνελθόντες
φέρουσιν, ὥσπερ ἔριφον ὠμὸν αἱ Βάκχαι.
ἐγὼ δ᾽ ἐς ᾄδην οὔτε χρυσὸν οὔθ᾽ ἵππον,
οὔτ᾽ ἀργυρῆν ἄμαξαν ᾠχόμην ἕλκων·
σποδὸς δὲ πολλὴ χὠ μιτρηφόρος κεῖμαι.

Admodum fideliter Phoenicis verba repræsentant antiqui libri. Mutationem non admisi nisi lenissimam. Primæ syllabæ correptio in nomine *Νῖνος* satis se ipsa tuetur in hoc carmine. Eam vero non modo excusandam,
sed legitimam esse, præter Choerilum ostendit, qui
his poetis antiquior, nobis vtique memorandus, Phocylides apud Brunk. in eth. poesi p. 91.

    *Καὶ τόδε Φωκυλίδεω· Πόλις ἐν σκοπέλῳ κατὰ κόσμον
οἰκεῦσα σμικρὴ κρείσσων Νίνου ἀφραινούσης.*

De verbo κλύω ita disputauit Meinekius, vt sufficiat.
Ad versum 3. non prætermittendus erat Eustathius in
Odyss. IV. 82. pag. 1484. 17. Rom. λέγει καὶ (Athenæus)
ὡς Νῖνος ὁ Ἀσσύριος κατὰ τὸν Κολοφώνιον Φοίνικα, χρυ
σίου τάλαντα εἶχε πολλῷ πλείονα Κασπίης ψάμμου. Hoc
affine esse dicit Homericæ dictioni Il. IX. 385. Versu

quarto hoc dicit poeta: Ninum neque vidisse astrum,
nec, si quando videret, vt fieri non potuit, quin aliquoties coelum adspexerit, explorasse.   Quæ apud populum astrorum cultorem extrema negligentia. Persicos
ritus Nino tribuit Phoenix. Diuinarum rerum incuriam
vberius persequitur: tum, omnia vno verbo compre-
hendens: οὐ μὴν θνητής. Vbi θνητής est a Casaubono,
rite formatum et tam prope adductum ad librorum vestigia, nihil vt possit propius.   Tria antiquorum re-
gum munera percurrit.   Nam profecto nimis stupidum
interpretes fecerunt Ninum, qui ne *numerare* quidem
didicerit. Λεωλογεῖν hic poeta dixit, quod alii ἐνδρο-
λογεῖν, στρατολογεῖν. ᾽Αμιθρῆσαι, *recensere*.   Quid recensuerit, vel potius non recensuerit, patebat ex præcedente verbo: nimirum λαόν, *exercitum*. Sollemne
est ἀριθμεῖν, vbi de recensione exercitus vel gregis alicuius agitur.   In tali re ipso illo verbo vsus Callimachus, in hymno Cereris:

ποίμνι᾽ ἀμιθρεῖ.

Proinde ex Callimachi fragmentorum serie eximendum
videtur fragmentum CCCXXXIX. ᾽Αμιθρῆσαι sicubi
occurrit apud grammaticos, vix dubium est, quin ad
Phoenicem referendum sit.   Is a quo sua habet Suidas,
scripserat: ᾽Αμιθρῆσαι· μετρῆσαι, ἀριθμῆσαι, Phoenicem respiciens.   Tum addiderat, esse hoc verbum etiam *apud Callimachum*.   Nimirum in hymno Cereris.
Quod autem explicationis caussa additum est μετρῆσαι,
ex eo colligimus, iam olim grammaticis perperam intellectum esse Phoenicis locum.   Eustathius ad Odyss.
XVI. p. 1801. 27. vtrum Phoenicem an Callimachum
intellexerit, ambigi potest.   Est cur Callimachum intellexisse videatur. Sed Phoenicem, credo, ante oculos habuit.   In versu duodecimo elaborare periculosum videri
poterat, postquam Meinekius, vir amicissimus, edi-
xisset, se hæc acutioribus relinquere.   Quod ego adhi-

bui remedii genus, tale est, vt inuento meo non valde
glorier. Catullianum, *charta loquatur anus*, græcis
exemplis satis apte illustrauit Valkenarius ad Eurip.
Phoen. v. 103. A Phoenice proxime abest Callimachi epigramma XIX. 4. 5. Qualia multa conferri poterunt ex
carminibus veterum sepulcralibus. Cæterum notandum est ᾄδει. Qua contractione, puto, non vsurus fuisset in ipsis Nini verbis, quæ orationem aliquanto, vt
videtur, altiorem habent. Ibi fortasse ὕδει dixisset vel
tale quid. Hic vero, et in Coronistarum cantico apud
Athenæum VIII. pag. 360. A. attica contractione vti non
dubitauit. Abstinuit Callimachus in fragm. XC. Mox
seruandum esse duxi, quod vulgauerunt Athenæi editores, *Κόραξος*. Alii scriptores fortasse rectius, *Κοραξοί*,
Κοραξῶν. De lana Coraxorum antiquum Hipponactis
testimonium exstat apud Tzetzen in chiliadibus X. 381.

> *Κοραξικὸν μὲν ἠμφιεσμένη λῶπος.*

οὐ γὰρ ἀλλά ex acuta Meinekii obseruatione. Vs. 18.
malui ὁκόσον ἔδαισα, quam ὁκόσσ'. Permissum esse videbatur huic poetæ, vt secundam arsin solueret. Seue-
riorem metri legem sibi proposuerat Aeschrio, quantum ex paucis illis fragmentis coniicimus. Deinde ferendum erit hoc loco, licet insolenter dictum, ἔδαισα.
Alibi idem poeta rectius: δαίνυσθαι. Qui verbum ἔδαισεν interpretantur: εὐώχησεν, Hesychius et Suidas, haud
dubie eiusmodi locum respexerunt, vbi ἔδαισεν legitimam vim haberet, actiuam. Ac fortasse Herodotea
glossa est, ex libro I. 162. At idem illud verbum εὐω-
χεῖν, fuerunt qui ibi ponerent, vbi legitimum fuisset
εὐωχεῖσθαι. V. Bekkeri Anecdota vol. I. p. 94. 21. Quæ
autem de versu Phoenicis decimo nono restant, truncato illo, quod ad finem versus remoui, quum vulgo
initium constituant, ideo feci, quoniam de sententia
verborum eorum, quæ exciderint, longe aliud persuasum habeo, quam habuit Casaubonus. Hoc fere dixerat

Phoenicis Ninus: *Hæc habeo, quæ edi, et quæ cecini inter pocula, et quæ indulsi amori.* Ἦσα nudum positum non satis accurate respondet nec Choerileo ἐφύβρισα, nec vulgato ἔπιον. Sunt præterea in librorum lectione: χὠκόσσ᾽ ἐράσθην, quæ displiceant. Augmentum nusquam, quod memini, omittit Phoenix. Nec, si in Nini verbis oratio esse videtur a reliquis quodam modo diuersa, tam diuersa est, vt hoc pertinuerit ad augmentum. Denique ne id quidem certum exploratumque est, an placuerit Phoenici ὁκόσσον dicere pro ὁκόσον. Sic vs. 16. non ausus sum κατε scribere, etsi hoc est apud Callimachum in eodem versuum genere. Habet talia quædam Phoenix, et multo magis mira. In Cornicis versu eo, qui est ante vltimum, non animadverterunt viri docti, poetam scripsisse δοῦν, longe insolentissima infinitiui forma, cui quæ comparentur exempla similia, perpauca sunt. Verum hæc omnia, quæ ad sermonem siue dialectum poeticam pertinent, cautissime tractanda nec sine necessitate nouis exemplis augenda sunt. Quare nostro loco vulgata lectio, χὠκόσσ᾽ ἐράσθην, tribuenda est librariis doctioribus, qui sibi persuasissent, hæc initium versus esse. Sæpius hoc modo peccatum est, vt in locis manifesto mutilatis lacunam ibi posuerint librarii, vbi nulla esset. Cuius rei exemplum simillimum tractauimus in Asii Samii versibus.

Varietatem lectionis, quæ in Choerili carmine, integram et aberrationem scriptorum omnem exhibere neque animus fert, neque opus est. Instituit id, vt Buherium taceam, Iacobsius. Apud quem quæ desunt, supplere potest, qui volet. Veluti ex Tzetza et Diodori codicibus. Ego operam dabo, vt grauiora recenseam omnia. Triplex fere in hoc epigrammate varietatis fons est et caussa, præter eam varietatem, quæ est in vss. 4. et 5. quam a duobus poetis, Choerilo et altero antiquiore, repetendam esse docui. Ac primum quidem

genus eius varietatis, quæ librariis debetur. Alterum
scriptoribus, qui vel negligentia et crebro vsu, vel consulto, intulerunt suas, quæ quidem ipsis obuersaren-
tur vel meliores viderentur, lectiones. Tertium genus
eorum, quæ ex parodiis Cratetis Chrysippique inuecta
sunt.

Versu 1. δεδαὼς præbet scholiastes Aristophanis, ex
eoque Eudocia. Quod quum Buherius pag. 225. magis
poeticum et Choerileum esse putet, ego Alexandrino
æuo eique tribuendum esse censeo, qui hiatus etiam Ho-
mericos et non hiatus, euitare, si fieri posset, quam
admittere mallet. Sic εὖ δεδμῶτε, εὖ δεδαὼς Apollonius I.
52. 76. sed εὖ εἰδώς vbi dixerit, non memini. Choerilum εἰδὼς scripsisse, clamant reliqui testes omnes, et
scholiasta illo locupletiores: Diodorus cum Tzetza,
Strabo, Athenæus, Anthologia, Chrysippus in parodia.
Sed mox, quum mira sit lectionis varietas, σόν, τόν, ὅν,
pæne dixerim, verum esse ὅν, quod schol. Aristoph.
et Eudocia. Non dedecet Choerilum iste loquendi vsus,
Alexandrinorum ætate non insolens, et cuius vestigia
illi iam apud Homerum reperiebant. Tamen tutius
duxi, exhibere σόν. Quod et Chrysippi parodia tuetur.
Apud Athenæum Casaubonus et Schweighæuserus: τόν
θ. ἄ. sine varietate. Et sic Basileensis editio, et haud
dubie Veneta quoque. Id propterea monui, quoniam
Eustathius hanc profert ex Athenæo lectionem: σόν
θ. ἄ.

At omnino attinet audire Eustathium. Quo negle-
xerunt vti viri docti. Nimirum verbum ἄεξε male interpretari Buherium, non est quod moneam. Quem,
nisi fallor, induxit Dalecampius. Vnice huc pertinet
Homerus Odyss. II. 315. Qui locus etsi multum abest,
vt prorsus respondeat, tamen hoc sibi sumpsit Choerilus, vt simili quadam ratione θυμὸν ἄεξειν diceret: auge.
animum, id est, foue libidinem et cupiditatem tuam.
Nam θυμόν ea fere vi accepit, qua dici solet ἐπιθυμία,

vel potius θυμὸν dixit ἐπιθυμίας sedem. Quare Casaubonus rectissime explicat: *genio indulgere, et animo suo morem gerere.* Cf. eumd. ad lib. Athenæi IV. Anim. p. 287. Bene hoc obseruauerat Casaubonus, ἀέξειν non vbique esse *augere*, sed *plurimum vti;* vel, vt paullo ante dicebam, *fouere.* In eumdem finem disputat Eustathius, qui exposita interpretum de Homeri loco dubitatione, quum alii θυμὸν ibi interpretarentur ὀργήν, alii ψυχήν, ita pergit pag. 1447. 29. Rom. ὁ δέ γε πάραρος Σαρδανάπαλος παρανοήσας τὸν ἐνταῦθα ὁμηρικὸν θυμὸν ἤγουν χόλον, ἔφη. εὖ εἰδὼς ὅτι θνητὸς ἔφυς, σὸν θυμὸν ἄεξε τερπόμενος θαλίῃσι καὶ ἑξῆς, ὡς παρὰ τῷ δειπνοσοφιστῇ κεῖται. θυμὸν ἀέξειν ἐκεῖνος νοήσας, οὐ τὸ χολοῦσθαι ἐφ' οἷς χρεών, ἀλλὰ τὸ τὴν ψυχὴν τελειοῦσθαι εἰς τὸ τὰ σπουδαῖα ἐνεργεῖν, καὶ τὸ πρὸς ἐπιθυμίαν ζῆν· παραφέρει δὲ ὁ αὐτὸς σοφιστὴς καὶ ἑτέρους ὅμοια τῷ Σαρδαναπάλῳ ληροῦντας. Hinc ad quæ transit Eustathius, ea Polybii sunt ex libro XV. Cf. Suidas in v. ἀνεθυμιᾶτο. Scholiastes Homeri breuius: ὁ δὲ Σαρδανάπαλος, θυμὸν ἀέξειν, τὸ πρὸς ἐπιθυμίαν ζῆν. Nec prorsus alienus, sed Homero, quam Choerilo, propior Hesiodus est in Theog. 641. Correptionis ante θνητός audaciam supra tetigi. Eadem licentia Empedocles vs. 367. Sturz.

> χαίρετ᾽· ἐγὼ δ᾽ ὑμῖν θεὸς ἄμβροτος, οὐκέτι θνητός,
> πωλεῦμαι μετὰ πᾶσι τετιμένος.

Cf. v. 147. 149. Quos versus emendatiores dederat Hermannus ad Arist. Poet. XXVI. 19. Verum in Empedocle talia non miramur; multo etiam minus miramur in versibus istis, qui leguntur in fine carminis, quod dicitur, aurei. Quos non idonea de caussa inter Empedocleos retulit Sturzius v. 396. sq. Choerilo etiam in sententia et verbis quodam modo similis est is, qui Phocylidis nomen mentitur, vs. 105.

> μέμνησ᾽ ὅτι θνητὸς ὑπάρχεις.

Aliud huius correptionis exemplum est in Moschi Megara v. 55.

Quod vs. 2. dicit: *τερπόμενος θαλίῃσι*, id antiquissimi poetae dixerunt: *ἐν θαλίῃσι*. Velut Hesiodus Op.
115. Et sic Homerus solet, si recte memini. Discessit
hymni in Mercurium auctor v. 56. et 454. Quod deinde
vsitatum fuit loquendi genus. Theognis vs. 756. vel 778.
ed. nouiss.

τερπόμενος κιθάρῃ καὶ ἐρατῇ θαλίῃ.

Vbi si legeretur *θαλίης ἐρατῆς*, quod Brunkius voluit,
nemo, puto, offenderet; nunc in vulgata lectione paullisper offendimus. Nescio tamen an ea ferenda sit. Non
nimis durum hoc est pro Theognide. Sardanapali licentiam et Chrysippi seueritatem idonea temperatione mi-
scuit Hesiodus apud Athen. II. p. 40. F.

Ἡδὺ γάρ ἐστ᾽ ἐν δαιτὶ καὶ εἰλαπίνῃ τεθαλυίῃ
τέρπεσθαι μύθοισιν, ἐπὴν δαιτὸς κορέσωνται.

Pergit Choerilus: *θανόντι τοι οὔτις ὄνησις*. Praestaret *τοι*,
etiamsi omnes haberent *σοι*. Sed ne Athenaeus quidem
an *σοι* scripserit, certa res est. Vbi epitome Schweig-
haeuseri ms. et hic: *θανόντι τοι*, et in Chrysippi parodia *φάγοντι τοι*. Ad sensum aptissima est quae conferatur Darii similis, sed paullo modestior admonitio, apud
Aeschylum in Persis v. 837. sqq.

ὑμεῖς δὲ, πρέσβεις, χαίρετ᾽, ἐν κακοῖς ὅμως,
ψυχὴν διδόντες ἡδονῇ καθ᾽ ἡμέραν,
ὡς τοῖς θανοῦσι πλοῦτος οὐδὲν ὠφελεῖ.

Interpres vetus latinus:

Quum te mortalem noris, praesentibus exple
Deliciis animum: post mortem nulla voluptas.

De varietate versuum 4. 5. praecipua et antiqua, quae
est ex duplici scriptura, Choerili altera et altera poetae
ignoti antiquioris, dictum est. Praestare et elegantiorem
esse eam, quam antiquiorem dixi, et ego animaduerti,
et senserunt alii: Muretus var. lect. XIX. III. Schaefe-
rus ad Theocr. XVI. 42. Theocriti versum Iacobsius

quoque Choerilo admouit. Choerilo fortasse propterea
fortius visum est λέλυνται, quod exitum ille Sardanapali et opum, quæ accidisset, in morte euersionem ante
oculos haberet. Verum ex mente Sardanapali conue-
nientius erat λέλειπται. Quæ præterea in censum venit
lectionis discrepantia, hæc est, sepositis iis, quæ Choerilo propria. Ταῦτ' auctoritatem habet inexpugnabi-
lem ex Strabone, Stephano, Diodoro, Polybio, Clemente, scholiasta Aristophanis; præterea ex Cratetis
et ex Chrysippi parodia. Et sic Plutarchus non solum
in libro de sui laude pag. 546. A. sed etiam de fortuna
Alex. M. orat. I. p. 330. F. Contra τόσσ' in Anthologia,
etiam Vaticana. Et ex Anthologia maxime hoc perma-
nasse videtur ad scriptores quosdam inferioris ætatis:
ad Dionem Chrys. orat. IV. de regno; ad Theodoretum de curat. græc. affect. disp. XII. tom. IV. part. II.
pag. 1039. ed. Hal. cuius verba protulit ad Clementem
D. Heinsius; ad Suidam in v. Σαρδανάπαλος, qui, quod
obiter obseruetur, postrema inde a verbis, οὐ γὰρ ἔχει,
descripsit ex Theodoreto, monentibus Buherio p. 228.
et Dauisio ad Cic. Tusc. Si descripsit. Certe in codice
Lugduno-Batauo, obseruante Gronouio apud Seidlerum,
hæc tantum leguntur: — τῷ τάφῳ ἐκείνου ὡς ἐξ αὐτοῦ τό,
Τόσσ' ἔχω: reliqua, καὶ τὰ — εἰργάσατο, desunt. Denique τόσσ' ad Nicetam permanauit, cuius locum ego supra posui. Eustathius quoque ad Homerum, etsi non
τόσσ', at habet tamen τοσαῦτα, binis locis. Verum paullo
intentius inspiciendus est Eustathius, cuius plane singularem deprehendemus cum Anthologia Vaticana con-
sensum. Quæ quum versum sic exhibeat, sine metro:

Τόσσ' ἔχω, ὅσσ' ἔφαγόν τε καὶ ἔπιον, καὶ μετ' ἐρώτων

Eustathius ad Il. IX. 483. pag. 766. 57. Rom. hæc attulit Sardanapali: τοσαῦτ' ἔχων ὅσα ἔφαγόν τε καὶ ἔπιον καὶ
ἑξῆς. et iterum ad Il. XXI. 76. pag. 1224. 34. hæc: τοσαῦτ' ἔχω, ὅσ' ἔφαγόν τε καὶ ἔπιον. Vbi memorabile est,

quod Eustathio hæc sic proferre placuerit, quum metrica posset ex Athenæo. Colligi autem hinc licet, duos illos versus, vel saltem eorum initium etiam soluta oratione in Græcia vulgatum fuisse hoc modo: Τόσσ᾽ χει τοσαῦτ᾽ ἔχω, ὅσσ᾽ ἔφαγόν τε καὶ ἔπιον. In quibus ἔπιον ad sensum quidem idem, quod ἐφύβρισα, sed simplicius est et solutæ orationi aptius. Accedebat, quod in altera inscriptione legissent: Ἔσθιε, πῖνε, et in ea inscriptione, quæ est apud Athenæum: ἔπιον, ἔφαγον. Itaque hæc ex vulgari loquentium vsu in Anthologiam Vatic. et ad Eustathium venerunt. Tandem, quum viderimus, propriam Anthologiæ lectionem esse τόσσ᾽, hoc quoque liquet, qui factum sit, vt etiam in Cratetis parodia quidam Anthologiæ libri præbeant τόσσ᾽, vbi ταῦτ᾽ vnice verum est. Qui in Sardanapali epitaphio scripsissent: Τόσσ᾽ ἔχω, ὅσσ᾽ ἔφαγον — iis facile accidere potuit, vt etiam in Cratetis parodia scriberent: Τόσσ᾽ ἔχω, ὅσσ᾽ ἔμαθον. Ergo sicut Sardanapali epitaphium ex Cratetis parodia labem contraxit, de qua re statim dicturus sum ad versum quintum: ita rursus hoc loco Crates ex illo. Quod paullo ante dicebam, idem esse ἔπιον et ἐφύβρισα, verbo illustrandum est, quum raram hoc loco significationem habeat ἐφυβρίζειν, et quam lexica ignorant. Ἐφυβρίζειν quum nihil aliud sit, quam per ὕβριν agere, id est, petulanter agere: hic quænam sit illa petulantia, declarat præcedens ἔφαγον. Nempe est petulantia in conuiuio ex vino orta. Vt fere idem sit ἐφυβρίζειν, quod alibi μαίνεσθαι, furere. In fine versus quarti ἐρώτων habent cod. Vaticanus et scholiastes Aristophanis cum Eudocia. Et hinc Dio Chrysostomus. Quod, nisi mera est aberratio, ex frequentato horum versuum vsu orta, ex Cratetis et ex Chrysippi parodia natum putem, qui pluralem habent: ille Μουσῶν, hic τούτων. Quinti initio Anthologiæ libri, etiam Vaticanus: Τέρπν᾽, ἐδάην; ex Cratetis parodia. Vnus Stephanus Byzantinus: Τερπνὰ πάθον. Τερπνὰ παθὼν alio sensu dixit Tyr-

tœus III. 58. In fine versus Vaticanus: τάφος ἔμαρψε.
Et hoc quoque ex Cratetis parodia. In qua τάφος esse
Vaticani lectionem, animaduertimus. Denique quod
in margine positum habet Vaticanus, πάντα λέλειπται,
fluxit ex Chrysippi parodia; reliqui Anthologiæ libri:
κεῖνα. Verum πάντα etiam Theodoretus. Dio Chrysostomus: λοιπὰ καὶ ὅ. πάντα λέλειπται. Vtrumque ex Chrysippi parodia, in qua: λοιπὰ καὶ ἡδέα πάντα λ.

Telam pertexui laboris plenam. Ac possem consistere hoc loco, nisi quædam monenda superessent de
inscriptione Sardanapali altera, Anchialea. In qua lectionis varietas non multo minus insolens, vel inde,
quod alius verba barbarica sic, alius aliter verteret, vel
inde potius explicanda, quod interpretationem verborum barbaricorum ab antiquissimo auctore factam scriptores, siue de industria siue incuria, mutauerint, con-
traxerint, interpolauerint. Anchialeam inscriptionem
integram et genuinam conseruauerunt Athenæus p. 530.
B. et Strabo p. 988. Almel. Qui duo toti conspirant,
si a Strabone remouemus, quod bene fecit Tzschuckius,
quæ male inseruerunt aut primi editores aut Casaubonus. Vt id solum dubium sit, vtrum apud Strabonem
rectius ὁ Ἀνακυνδαράξεω, an apud Athenæum Ἀνακυνδαράξεω sine articulo. Nam Ἀνακυνδαράξεω vterque
scripsisse videntur, non Ἀνακυνδαράξου. Certe Aristobulus dedit, quod acceperat, Ἀνακυνδαράξεω. Ionica
dialecto primitus conceptam fuisse inscriptionem plura
monstrant. Athenæo et Straboni tertius accedit Stépha-
nus Byzantinus, qui haud dubie Strabonem ante oculos habuit. Quare quod Stephani libri ἐν insertum habent post ἔδειμεν, non credo eam particulam esse a Stephano. Itaque talem inscriptionem optimus auctor Aristobulus exhibuerat, testantibus Athenæo, Strabone et
Stephano:

Σαρδανάπαλος, [ὁ] Ἀνακυνδαράξεω παῖς, Ἀγχιάλην

καὶ Ταρσὸν ἔδειμεν ἡμέρῃ μιῇ. ἔσθιε, πῖνε, παῖζε· ὡς
τἄλλα τούτου οὐκ ἄξια.

De eo, quod apud Strabonem legitur, τοῦ ἀποκροτήματος, disseruit Casaubonus. Eadem opera adiuuandus
Suidas in v. ὀχεύω, vt interpungatur: ἄξια· τοῦ τῶν δακτύλων ἀποκροτήματος. Quod alii, immo Suidas ipse in
v. Σαρδαναπάλους, clarius: τουτέστι, τοῦ τῶν δ. ἀ. Verba
σὺ δὲ ὦ ξένε, desunt Athenæo et Stephano, et in Strabonis codicibus, vt videtur, omnibus, etiam Guarini codice. Ab Aldo in Strabonem inserta dicit Tzschuckius.
Desunt scholiastæ Aristophanis, et in Vaticana prouerbiorum appendice cent. III. 88. pag. 312. Photiique lexico. Addunt Arrianus et Suidas in v. Σαρδαναπάλους.
Et contracta peruenerunt ad Mich. Apostolium Paroem.
cent. XVII. 26. pag. 211. Ita vt, si ex testium auctoritate iudicium facere velimus, pro suppositiciis illa habenda sint. Ac profecto glossam sapiunt et explicato-
ris manum produnt. Ne vero grauem scilicet Arriani
auctoritatem prætendat aliquis, meminerit, aliud quoque additamentum legi apud Arrianum, quod nemo dubitauerit quin serius illatum sit, explicationis caussa,
siue ab Arriano, siue ab eo, quem exscripserit ille. Hoc
dico, quod Arrianus addit: τὰ ἀνθρώπινα; in quo iterum adstipulantem habet Suidam, apud quem: τὰ ἀν-
θρώπεια. Et sic, ὡς τἄλλα τὰ ἀνθρώπινα, vt Arrianus,
Strabonis editiones ante Casaubonum. Operæ pretium
tamen est, audire Arrianum.

Σαρδανάπαλος, ὁ Ἀνακινδαράξου παῖς, Ἀγχιάλην καὶ
Ταρσὸν ἐν ἡμέρᾳ μιᾷ ἐδείματο. σὺ δὲ, ὦ ξένε, ἔσθιε,
καὶ πῖνε, καὶ παῖζε· ὡς τἄλλα τὰ ἀνθρώπινα οὐκ ὄντα
τούτου ἄξια.

Vbi etiam ὄντα notabile est, quod alienum a genuina
inscriptionis breuitate. Eadem, non nisi leuiter mutata,
apud Suidam in v. Σαρδαναπάλους: nempe apud eum
Suidam, qui nunc in manibus omnium est. Igitur du-

plicem habemus inscriptionis recensionem et editionem: vnam Aristobuli, alteram Arriani. Verum etiam tertiam quamdam formam fuisse videbimus, Suidæ non incognitam, non interpolatam additamentis istis, sed in qua insignis lectionis a reliquis discrepantia et singularis verborum ordo poetam, nisi fallor, exornatorem produnt. Et quartam monstrabo, ex prima et tertia mixtam, apud alios obuiam, et Suidæ vindicandam ex optimo codice. De his suo loco docebitur. Nunc cum Athenæo nobis res est, qui pag. 529. E. profert prorsus miro modo interpolatam, et quod pæne magis mireris, decurtatam inscriptionem:

Σαρδανάπαλος Ἀνακυνδαράξεω Ἀγχιάλην ἔδειμε καὶ
Ταρσὸν μιῇ ἡμέρῃ, ἀλλὰ νῦν τέθνηκεν.

Vnde verba, ἀλλὰ νῦν τέθνηκεν, in Anchialeam inscriptionem recepit Buherius pag. 251. seq. Parum considerate. Si hæc partem fecissent Anchialeæ inscriptionis, plane mirum et inexplicabile foret, qui potuisset in mentem venire siue Athenæo siue alii cuiquam, ita mancam apponere inscriptionem, vt quæ grauia et necessaria essent, omitteret; hoc, quod ad sententiam non multum facit, vel potius nocet, poneret. Immo apparet, hæc non esse partem Anchialeæ inscriptionis, sed editionem eius et recensionem singularem, ab alio quodam scriptore profectam. Qui scriptor quis fuerit, non longinqua quæstio est. Clearchus est, cuius sunt proxime apud Athenæum præcedentia. Athenæus hoc loco a Clearcho proditam ponit inscriptionem, vt paullo post pag. 550. B. genuinam et incorruptam ex Aristobulo. Clearchus ergo genuinam illam inscriptionem, qualis apud Aristobulum, aut non agnouit, aut, quod veri similius, agnouit quidem, sed consulto deflexit et immutauit; alia rescidit, verba ἀλλὰ νῦν τέθνηκεν de suo posuit: quibus sententiæ summam complexurus sibi videbatur. Qua in re suum consilium et disputationis

nem, quem tum spectabat, obscurauit. Nempe de-
monstraturus erat, etiam magna quaedam perfecisse
Sardanapalum: φαίνεται οὖν οὐκ ἄπρακτος γενόμενος Σαρδανάπαλος καὶ γὰρ ἐπιγέγραπται etc.

At male omnino Clearchus hoc addidit, quod est
de morte. Non haec fuit Anchialeae inscriptionis mens,
vt ea de caussa frustra fuisse diceret magna conamina,
quod moriendum fuisset. Monumentum Anchialeum
non mortuum sistebat Sardanapalum, sed viuum.
Quippe positum erat in memoriam vrbium ab eo con-
ditarum. Et inscriptionis hic fuit sensus, vt primo
magna, quae peregisset, opera, Tarsum et Anchialam,
iactaret, deinde ipse suam iactationem castigans, et intima pectoris euoluens, moneret, sapientius facturos
esse alios, si posthabita magnarum rerum gloria, vnice
studerent voluptati: praeter hanc omnia nihili aestu-
manda esse. Igitur in his nihil de morte. Anchialea
inscriptio, non sepulcralis, probe discernenda est, id
quod hic iterum inculcandum, a sepulcrali, quae Nini
fuit, expressa a Choerilo. Quas duas et penitus diuersas esse, et scriptorum in summo licet dissensu consensus, et Athenaei is maxime locus, vbi Amyntae testimonium exstat, et luculenta vtriusque inscriptionis, si
attente examinentur, discrepantia euincunt. Prorsus
vt mirandum foret, quo modo Casaubonus, ne Schot-
tum et alios nominem, vtramque confundere potuerit,
nisi errorem singularis in hac re scriptorum obscuritas
et perturbatio excusaret. Distinxit illas Buherius. Nec
tamen satis accurate distinxit. Vt eo liquet exemplo,
quod modo tractauimus: nam verba, ἀλλὰ οὐν τέθνηκεν,
nullo modo recipienda erant in Anchialeam inscriptionem. Praeterea scriptorum, qui vtramque manifesto
confuderunt, errores detegere et castigare neglexit Buherius. Quid? quod omnes conciliaturus eo processit
pag. 233. sq. vt Anchialeum monumentum fuisse ceno-
taphium coniiceret. Nobis per singula scriptorum exem-

pla obseruandum erit, qua ratione, confusis iis, quæ
dirimenda fuissent, huius rei historia obscurata fuerit.
Errauerunt autem non vno modo, vt non vbique decerni possit, quonam modo errauerint: plerique ita,
vt Anchialeum monumentum pro Sardanapali sepulcro
haberent. Quippe omnino minus notum fuit alterum
monumentum. Notissima fuit eius inscriptio post Choerilum, ac sepulcralem esse videbat quisque: verum
quonam loco primum inscripta fuisset, non quærebant
curiosius. Quidam etiam ita errauerunt, vt quæ Nini,
eadem et Anchialæ legi affirment. Interdum vtrum errauerint an vera præceperint, incertum facit ipsa dictio.
   Initium faciamus ab antiquissimis auctoribus, quorum testimonia lacera et dispersa exstant per varios
scriptores. Sunt illi quinque: Aristobulus apud Strabonem et Athenæum; is, cui debentur, vt postea docebitur, quæ super Sardanapali statuæ habitu gestuque
leguntur apud Suidam et alios; is, qui præiuit Arriano;
Clearchus apud Athenæum; denique Amyntas, qui alteram inscriptionem ex Nino vrbe seruauit. Ex his
Clearchus fortasse eatenus errauit, vt Anchialeum monumentum pro sepulcrali haberet. Asseuerare tamen
non ausim: nam ambigue loquitur. Aristobulus et Suidæ
auctor non dubito quin omnia vera tradiderint de Anchialeo monumento. Quam mox notabimus in Suida
confusionem, ea Suidæ, non antiquo illi auctori tribuenda est. Item vera prodidisse videtur Arriani auctor,
in hac quidem re, de qua nunc sermo est. Etenim etsi
inscriptionem ipsam interpolatam et præterea aliud prorsus falsum profert Arrianus: tamen auctorem non malum et satis antiquum prodit illud, quod præter Arrianum nemo docet: archetypum barbaricum, ipsis Assyriis testantibus, metro conceptum fuisse. Hoc vero
suspensum relinquo, an hi, quos dixi, omnes alterum
Sardanapali monumentum ex Nino vrbe eiusque inscriptionem ab Amynta proditam nouerint. Ac fortasse

Q

vnus, et alter in ea opinione versabatur, et illud monumentum, quod in Nino vrbe fuisset, non Sardanapali,
sed Nini regis fuisse crederent. Quod fuisse qui crederent, Phoenicis Colophonii exemplo a me probatum
est.

Athenæus et Strabo quid ipsi senserint, non multum attinet quærere. Quantum ad Strabonem, post
ea, quæ supra disputani, vehementer dubito, an is non
distinxerit duo inter se monumenta et duo epigrammata.
Strabo, nisi fallor, epigramma Choerili tantum pro paraphrasi inscriptionis Anchialeæ habuit. Id ostendere
videntur verba; μέμνηται δὲ καὶ Χοιρίλος τούτων. Eidem
dubitationi, monui obnoxium esse Stephani Byzantini
locum. Ambiguo vocabulo, μνῆμα, etiam Arrianus vtitur. Quod tamen ibi malim *monumentum* quam *sepulcrum* verti, quum Arriani auctor, quod monitum est,
non videatur de sepulcro cogitasse.

Plutarchus de fortuna Alex. M. orat. I. pag. 330. F.
τοῖς δὲ Σαρδαναπάλου μνημείοις ἐπιγέγραπται· Ταῦτ᾽ ἐγὼ
ὅσσ᾽ ἔφαγον καὶ ἐφύβρισα. Quibus verbis hoc significari
potest, duo esse Sardanapali monumenta, simili inscriptione. Quod sane verum. At in altera oratione p. 336.
C. manifesto erroris reus tenetur Plutarchus. Ibi de
monumento eo, quod Anchialæ fuit, ita loquitur, acsi
sepulcrale fuerit. Excusationem erroris idoneam habet,
historiæ obscuritatem et fallacem vtriusque inscriptionis inter se similitudinem.

Eius erroris qui plura et crassiora exempla desiderat, adeat primum Suidam. Qui quum in v. Σαρδανάπαλος recte scripsisset, in *sepulcro* Sardanapali inscriptum fuisse: Ταῦτ᾽ ἔχω et reliqua: at in altera disputationis parte, quæ incipit a verbis, Σαρδαναπάλους ἐν β΄
Περσικῶν, hæc narrat: Nini, ἐπὶ τοῦ μνήματος αὐτοῦ,
inscriptum esse: Σαρδανάπαλος ὁ Ἀνακυνδαράξου παῖς etc.
et eamdem inscriptionem esse Anchiali: ταυτὸ (liber
ms. Gronovii: τὸ δ᾽ αὐτὸ) καὶ ἐν Ἀγχιάλῃ. Quæ eodem

modo apud Mich. Apostolium pag. 211, et in Photii lexico p. 570. leguntur. Egregia vero perturbatio. Quæ
eadem est in Vaticana prouerb. appendice pag. 512. —
καὶ ἔστιν ἐπίγραμμα ἐπὶ τῷ τάφῳ αὐτοῦ Ἀσσυρίοις γράμ
μασι· Σαρδανάπαλος Ἀνακυνδαράξου παῖς etc. ταυτὸν ἐν τῇ
Ἀγχιάλῳ τῇ πρὸς Ταρσὸν ἐπιγέγραπται. Hesychius mutilus est in v. Σαρδανάπαλος: sed quæ exstant, euincunt,
etiam Hesychium ad Ninum vrbem perperam retulisse
Anchialeam inscriptionem. Ille quidem lapsus, quo
inscriptionem, quam dicimus, Anchialeam sepulcralem
fecerunt, etiam scholiastæ Aristophanis communis est.
Qui error vel sic qualis fuerit, ambiguum est. Aut Anchialeum monumentum serio habuerunt pro sepulcro;
aut in eo acquieuerunt, vt hanc inscriptionem, Σαρδα
νάπαλος ὁ Ἀνακυνδ. etc. sepulcralem dicerent, de loco,
quo illud sepulcrum fuisset, securi. Verba scholiastæ,
sed contracta, ad Suidam quoque assuta sunt in v. Σαρ
δαναπάλους. Loquor autem hic de anteriore parte scholii. Quæ in posteriore sequuntur, διὸ λέγουσιν ἐν τῷ
τάφῳ αὐτοῦ ἐπιγεγράφθαι, bene habent. Cæterum scholiastæ illum errorem adscribendum esse censeo. Apollodorus, quem ibi laudat auctorem, haud dubie sciebat, inscriptionem Anchialeam non fuisse in sepulcro,
sed in monumento Sardanapali. Igitur hic, puto, μνῆμα
dixit, vt alii.

Omnino quatenus Apollodori manum conseruauerit, vel non conseruauerit scholiastes Aristophanis, magnæ supponendum est disceptationi. Heynius ad Apollodorum p. 1081. vbi scholiastæ locum apposuit: Iamborum, ait, vestigia vides. Namque coniectura est
Heynii, eaque valde probabilis, Sardanapali inscriptionem in Chronicorum libris propositam fuisse ab Apollodoro; qui libri iambico metro scripti fuerunt. Hoc
quod est de iamborum vestigiis, ex parte etiam Sylburgius, sed parum opportune, senserat in not. ad Brisson. de reg. Pers. princ. lib. I. pag. 351. ed. Led. Vbi

Q 2

quæ apud Strabonem Choerilo epigrammati vulgo leguntur subiecta, ὡς τἆλλα — ἄξια, ea in versum iambicum redigere posse sibi videbatur. Sylburgium nunc mittimus. Heynio hoc damus, iamborum vestigia esse in verbis scholiastae. Quamquam vellem hoc disertius explicuisset. Vt nunc est, Heynii obseruatio ita comparata est, vt non illustret rem, sed obscuret et perturbet. Ac vereor, ne ibi quoque iamborum vestigia viderit Heynius, vbi nulla sunt. Haec dico: ἔσθιε, πῖνε, ὄχευε, et: ἔσθιε, πῖνε, ὄχευε. Quae sunt iamborum membra, sed scholiastae communia sunt cum vulgata inscriptione, quam Aristobulus prodidit. In hac vulgata inscriptione autem non plus metri est, quam in archetypo barbarico fuit: in quo metrum inesse ab Assyriis didicerat is, a quo Anchialeam inscriptionem mutuatus est Arrianus. Quare quae metri vestigia contineant, duo tantum sunt apud scholiastam Aristophanis. Primum hoc, quod præbet: Ταρσόν τε καὶ Ἀγχίαλον, quum in antiqua et vulgata inscriptione sit: Ἀγχιάλην καὶ Ταρσόν, vel, vt Arrianus, Ἀγχίαλον καὶ Ταρσόν. Alterum, quod in fine inscriptionis iambicos pedes offert scholiastes.

Hoc quidem etiam alia de caussa considerandum est diligentius. Quum enim vulgo, apud scriptores longe plurimos, legatur τούτων, id est, ἀποκροτημάτος· scholiastes οὐδενός habet: ὡς τἆλλα οὐδενός ἐστιν ἄξια. Cui adiungendus est Suidas in v. ὄχευε· Ἔσθιε, πῖνε, ὄχευε· ὡς τάγε ἄλλα οὐδενός ἐστιν ἄξια. ἐν ἄλλοις, ὡς τάγε ἄλλα οὐ τούτου ἐστὶν ἄξια· τοῦ τῶν δακτύλων ἀποκροτήματος etc. Quo loco Gronouius ex libro Lugdunensi enotauit πεποίητο, vnde comiicias πεποίηται, et in fine Σαρδανάπαλος, quod vulgato Σαρδαναπάλου præstat. Lectionis varietas illa, οὐδενός, maius in se momentum habet, quam opineris primo adspectu. Si τούτου legitur, exilia quædam exsistit inter statuam Sardanapali et inscriptionem responsio, et mutua explicatio. Quam tollebant, qui scripserunt οὐδενός. Quodsi quæratur, quis primus hoc scripserit, ego non dubito Apollodorum elige cere. Hoc credimus propter scholiastam Aristophanis. Qui scholiastes quum statuae Sardanapali plane nullam mentionem faciat, etiam hoc aliquis coniecerit, neque valde repugno, apud Apollodorum de illa statua eiusque gestu nihil lectum esse. Circumspicientibus, si quae alia sint huius lectionis, quam Apollodori dicimus, apud veteres scriptores vestigia, unus se offert, sed praeclarus testis, Plutarchus leo. loco, quem paullo ante indicam, de fortuna Alex. orat. II. p. 336. C. Namque Eudocia et Phanorino vti solo, qui scholiastae verba transcribere satis habuerunt. Et Suidas quaque in γεἀχείῳ non nisi ex scholiasta illo comptam habuit Apollodori lectionem. Verum ex antiquiore fonte, et haud dubie ex Apollodoro ipso, sed memoriter et brevitati studens haec recitat Plutarchus:

"Ἔσθιε, πῖνε, ἀφϱοδίσιαζε· τἆλλα δὲ οὐδέν.

Porro Apollodoro debetur ὄχευε. Quo ad Sardanapali lasciuiam propius accessit, quam qui scripserunt παῖζε, Inter quos qui est, Arrianus, in archetypo lasciuius vocabulum fuisse tradit. Eadem ratione coniuncta leguntur ἐσθίειν πίνειν, ὀχεύειν in Epicteti libello cap. XLI. et apud Arrianum in Epict. II. XX. non minus rudi simplicitate: ἔσθιε, καὶ πῖνε, καὶ συνουσίαζε. In Sardanapali inscriptione ὄχευε non solum apud scholiastam Aristophanis et apud Suidam in v. ὀχεύῳ legitur, sed etiam ad alios quosdam scriptores peruenit: de quibus, quum singularem classem constituant, mox seorsum tractabitur. Id respuens Plutarchus honestius scripsit: ἀφϱοδισίαζε. Antiquissimum et modestissimum est παῖζε.

Apollodori iambicam paraphrasin qui restituere voluerit, haec obseruare debebit, quae apud scholiastam Aristophanis animaduertimus singularia. Quod reliqua attinet, ad vulgatam quam proxime accessisse putabitur Apollodorus. Falleretur tamen, qui scholiastae ve-

stigmatauric legeret et deserere piaculum duceret. Scholiastes si Apollodori verba ipsa legisset et reddidisset,
fieri nullo pacto potuisset, quin clariora et certiora metri teneremus indicia. Nunc quæ ille præbet, aliquanto
maiorem quidem metri speciem habent, quam quæ Aristobulus et Arrianus, sed tamen multum absunt, vt
versus efficiant. Quare vehementer auspicor, etiam
Apollodori paraphrasi hoc accidisse, vt interpolaretur;
et sic interpolatam ad scholiastam Aristophanis peruenisse. Ac nescio, an Plutarchus ex parte fidelius seruauerit Apollodori verba. Versus fortasse tales fuerunt:

'Ο Σαρδανάπαλος 'Ω'νακυνδαράξεω
Ταρσόν τε κἀγχίαλον ἔδειμεν ἡμέρᾳ.
σὺ δ' ἔσθιε, πῖν', ὄχευε· τἄλλα δ' οὐδενός.

vel etiam ἡμέρη: vt per omnia eam dialectum retinué-
rit Apollodorus, qua primum edita esse videtur hæc inscriptio. Hos versus aliquis, vulgata inscriptione adhibita, eum in modum interpolauit, quem cognosci-
mus ex scholiis Aristophanis. Integrum locum adscribam: nam hæc est, quam tertiam dicebam Anchialeæ
inscriptionis recensionem siue editionem.

Σαρδανάπαλος 'Αναχυνδαράξου παῖς, Ταρσόν τε καὶ
Αγχίαλον ἔδειμεν ἐν ἡμέρᾳ μιᾷ. ἔσθιε, πίνε, ὄχευε· ὡς
τἄλλα οὐδενός ἐστιν ἄξια.

Eadem ex scholiasta Eudocia, et ex Eudocia Phauorinus: eo solum discrimine, vt et hic et illa 'Αναχυνδαράξου scripserint et omiserint ἰσθι. Denique ab eadem
scholiasta Suidas in v. ὄχευω ista habet, quæ adscripsi.
Quod Plutarchus scripsit, τἄλλα δὲ οὐδέν, effecit, vt
meminerim Pythermi Teii versum apud Athenæum
XIV. p. 625. D. et apud alios, quos indicauit Schweighæuserus. In quo versu nemo obseruauit metrum esse
Phalæceum, in scoliis frequentatissimum; modo recte
scribatur

οὐδὲν ἦν ἄρα τἄλλα πλὴν ὁ χρυσός.

Quare hoc exemplum, valde antiquum et memorabile
addendum est ad scoliorum, quas habemus, reliquias.
Interea tantum abest, vt apud Athenaeum in verbis, quae
praecedunt, necessario corrigendum sit σκολιὰ μέλη, pro
eo, quod vulgo extat μέλη, vt magis dubitari possit, an
ita plane non debeat corrigi. Certe scoliorum genus, si
quod aliud ποσεος genus, natura sua repugnabat au-
sterae et durae harmoniae. Pythermi scolion respexit
Hippomax vel Ananius hoc versulu

χρυσὸν λέγει Πύθερμος, ὡς οὐδὲν τᾶλλα.

Restat quarta forma inscriptionis Anchialeae. Quae
talis fuit:

Σαρδανάπαλος Ἀνακυνδαράξου παῖς Ταρσόν τε καὶ Ἀγχιάλην ἔδειμεν ἡμέρῃ μιῇ. ἔσθιε, πῖνε, ὄχευε· ὡς τάγε
ἄλλα οὐδὲ τούτου ἐστὶν ἄξια.

Ea est in Vaticana prouerbiorum appendice, apud Mich.
Apostolium, et apud Photium. Eamque Suidam in v.
ὀχεύω agnoscere, mature animaduerteram. Ibi altera
scriptura proposita, quam ad tertiam recensionem retuli, hoc addit: in aliis esse, ὡς τάγε ἄλλα οὐ τούτου ἐστὶν
ἄξια. Vbi pro οὐ legendum οὐδέ. Verum hoc nisi ex libris mss. nemo demonstrare poterat, quod nunc de-
monstraturus sum. Quartam recensionem, cuius particulam in v. ὀχεύω agnoscit, totam integramque in v.
Σαρδανάπαλος agnouit atque exhibuit verus et antiquus
Suidas. Notham et a Suida alienum est, quicquid ibi
Arriano proprium praebent vulgares codices atque editiones. Id docet eximius ille codex Batauus. Ex quo
quae enotata sunt apud Seullerum, inscriptionem totam,
sed totam, talem sistunt, qualem dedi ex Photio, Vaticana appendice, et Apostolio; nam quod Ἀγχιάλοι
esse in codice indicandum est ex Gronouii silentio, id
Gronouii negligentiae fortasse tribuendum est; in codice Ἀγχιάλην fuisse, paene persuasum habeo. Potuit
autem facile accidere, vt hoc vnum praetermitteret Gro-

nouim, quum tam multa haberet, ad quæ animus atten-
tendendus esset. Sed per me licet Ἀγχίαλον habuerit
codex: differentia non est tanti. Itaque hæc sua a Photio, vel etiam ab antiquiore auctore acceperat antiquus
et genuinus Suidas; et ab his eadem Vaticanæ appendicis auctor et Apostolius: illa, vt videtur, a Suida, et
Apostolius a Photio. Qui postea Suidam interpolauit,
quod factum esse non vno exemplo ostendi poterit ex
codice illo Batauo, pro ea, quam Suidas dederat, inscriptione recensionem secundam ex Arriano, qui gra-
vis auctor videbatur, intrusit. Quæ inde in vulgaribus
Suidæ libris obtinuit, licet in his quoque antiquæ scripturæ vestigia superesse suspicer, quale hoc est, quod
in libris mss. Parisinis non πεῖ, sed ὄχενε esse animaduertit Kusterus, plura fortasse animaduersurus, si
libros illos excussisset diligentius. Nos recuperata Suidæ
manu lætamur, et Seidleri liberalitatem, per quam re-
cuperare licuit, eo prædicamus impensius, quo euiden-
tius est, secunda recensione meliorem esse hanc quartam recensionem. Nimirum vulgatæ siue primæ recen-
sioni, Aristobuleæ, longe est propior, inter eamque et
tertiam quasi media. Sed hoc optime docebit comparatio. Ταρσόν τε καὶ Ἀγχίαλον, quantum ad ordinem
verborum, ex tertia recensione: sed quod Ἀγχίαλην legitur, non Ἀγχίαλον, et quod ἔδειμεν ἡμέρῃ μῇ, id ad
primam redit, ὄχεψε rursus ex tertia est. Desunt additamenta ista: οὐ δὲ ὦ ξεῖν, et τὰ ἀνθρώπινα εἰ ἀνθρώποισι.
Singularia, neque alibi obuia sunt τάγε ἄλλα pro eo,
quod cæteri, τᾶλλα; et οὐδὲ τούτων. Illud quidem etiam
in vulgato Suida legitur, quamuis non est apud Arrianum. Aliquid tamen huc irrepsit ex secunda. Hinc
enim est, quod apud Apostolium habetur: οὐ δ᾽ ἴσθι,
et in Photii apographo Dresdano, Ἀγχίαλον ἐδείματο ἐν
Idem apographum post Ταρσόν omittit particulam τε, et
pro τάγε præbet τάδε, quæ mera aberratio est.
In iis, quæ postremo loco leguntur apud Suidam,

assuta ex scholiis Aristophanis, ita discedit codex Batauus, vt excerpsit Gronouius: Ὁ δὲ Σαρδανάπαλος οὗτος υἱὸς — ἡμέρα Τιριὸν καὶ Ἀχχ. — τῷ οἴνῳ — γράφε-
ται δὲ ἐπὶ — Ἀσσυρίοις — Ἀνακυνδαραξου παῖς. Quae partim
ad scholiastam Aristophanis propius accedunt, quam
accedit vulgatus Suidas. Illud non excogito, quid sit
τῷ οἴνῳ pro τοῦ οἴνου. τοῦ οἴνου etiam Vaticana appen-
dix, in qua eadem leguntur, sed paullo breuiora et ante
inscriptionem posita, quum apud Suidam post eam addita sint.

Quae nunc dissipata est, nisi iniuria mihi gratulor,
Anchialeae inscriptionis obscuritas, ea etiam ad monumentum ipsum et Sardanapali statuae habitum ac gestum spectat. Ac si quid siue in hac inscriptione siue
in Choerilea illa profeci, dirimendo confusa scriptorum testimonia et explicando, fortasse id quoque efficietur, vt de statua Sardanapali paullo, quam adhuc,
centiora doceantur, et singuli scriptores sua luce do-
nentur. Negotii non multum ea difficultas exhibebit,
quam ad Arrianum II. pag. 67. monit Gronouius. Manus collisas habuisse Sardanapalum vult Arrianus: συμ-
βεβληκὼς τὰς χεῖρας ἀλλήλαις, ὡς μάλιστα ἐς κρότον συμ-
βάλλουσι. Quod secure accepit Hauercampius ad Oro-
sii lib. I. XIX. pag. 74. Gronouius quod neque Athenaeum neque Arrianum a Clitarcho sua accepisse concedit, recte facit, vt supra a me monitum est. Athenaeus et Strabo ex Aristobulo hauserunt. An Arrianus
ex Ptolemaeo, incertum relinquendum esse existimo. In
eo autem fallitur Gronouius, quod Arriani a reliquis
scriptoribus discrepantiam eam, quae pertinet ad habitum statuae, ita explicandam statuit, vt iam antiquis
temporibus, inter comites et scriptores Alexandri, diuersas ea de re narrationes extitisse dicat. Narratio
est optimorum et plurimorum scriptorum consensu fir-
mata, Schotto ad Prouerb. Gr. p. 315. Buherio p. 252.
et aliis, ipsi etiam Gronouio, approbata, statuam Sar-

duicupatione non manus complosas, sed digitos collisos habuisse; medium et pollicem. Vt habet, qui peracturus
est id, quod Romani *digitis concrepare* dicunt, Graeci
ἀποκροτεῖν, ἀνακροτεῖν, κροτεῖν τοῖς δακτύλοις, ὑποψοφεῖν
ταῖς δακτύλοις, ἀπολημεῖν τοῖς δακτύλοις. Quae omnia illorum scriptorum exemplis nituntur, qui de monumento
Anchialeo loquuntur. Quam dictionis varietatem dum
reputo, etiam ἐπικροτοῦντα videtur dicere potuisse Athenaeus: vbi Stephanus in thesauri indice p. 424 scribit
se malle ἀποκροτοῦντα. Et apud Suidam in v. ἀναπολη-
κοῦν fortasse ferendum erit, quamuis insolens, ἀνακρο-
τικῶν, modo recte explicetur. At male Pergerus in
Hesych. v. ἀπελήκησεν in hanc rem affert verba scholiastae ad Aristoph. Pacem v. 548. Hic igitur si Sardanapali statuae gestus fuit, vt fuit, eorum, qui ipsi inspe-
xissent, latere potuit neminem. Quare quod Arrianus
tradit de manibus complosis, ortum est ex narratione
non bene percepta, quum aliquis, et fortasse primus
Arrianus, κρότον siue ἀποκρότημα digitorum cum plausu,
κρότῳ, manuum commutauisset. Est tamen, quod errorem Arriani quodam modo excuset. Quum enim natura rei ita ferat, vt qui digitis concrepare velit, id non
vtraque manu faciat, sed tantum vna, sunt, qui Sardanapali statuam ambabus manibus erectis digitorum
illam crepitum repraesentasse narrant. Suidas in v. Σαρδαναπάλος: τὸ γὰρ ἐφεστὼς (liber Gronouii: ἐφεστὸς) τῷ
μνήματι ἄγαλμα ὑπὲρ τῆς κεφαλῆς ἔχον τὰς χεῖρας πεποιῆναι,
ὡς ἂν ἀπολῃκοῦν τοῖς δακτύλοις. Eadem idem in v. ὀχεύω,
vbi vulgo ἐπεποίητο, sed Gronouii liber πεποίητο; Photius, Mich. Apostolius, Vaticanae appendicis auctor.
Iam vero hanc narrationem quo minus ex recentiorum
scriptorum, fortasse Suidae demum, errore natam esse
existimemus, impedit vocabulum ἀπολῃκοῦν, quo isti
scriptores, Apostolio excepto, omnes, iique soli, vtuntur. Reliqui ἀποκροτεῖν et sim. quae supra recensui. Et
Apostolius ἀετ ἀνακροτεῖν. Verbum ἀπολήκεω omnino

satis rarum et dialecto memorabile, quippe cognatam
eam Homerico ἐπαλήμενος, non potest esse a Suida, sed
antiqui cuiusdam auctoris manum prodit, ex quo illa
sua descripserit Suidas. Quae coniectura egregie confir-
matur eo, quod hoc ipsum vocabulum ἐπαλημοῦν explicatione dignum censuerit Suidas in v. ἀνατολημοῦν hoc
modo: Ἀνατολημοῦν. τὸ εἴδωλον κροτοῦν τοῖς δακτύλοις,
ἀνακροταλοῦν, ὥστ᾽ ἀνατολημοῦν τοῖς δακτύλοις, καί ἐστιν ἐν
τῷ Σαρδαναπάλος. Ex Porti editione et Mediolanensi
locum adscripsi, quem non reperio apud Kusterum.
Male autem Suidas: ἀνατολημοῦν, pro ἂν ἐπαλημοῦν,
quod in Vaticana appendice etiam mendosius est: ἀνα-
πολημοῦν. Scriptoris nescio cuius, sed antiqui, vt credo,
est ἐπαλήμησαν apud Hesychium. Quis sit antiquus scriptor, qui primus docuerit, ambas Sardanapali manus
erectas fuisse, nescimus. Callisthenem dixeris: sed nihil affirmo. Quicumque fuerit, non hoc voluit, Sardanapalum vtraque manu strepitum digitorum edidisse.
Quid voluerit, ita clarum fiet, si comparaueris ea, quae
ex Aristobulo prodiderant Strabo et Athenaeus, vt nullus dubitationi locus relinquatur. Sardanapali statua,
quod ex parte etiam Gronouius ad Arrianum diuinaue-
rat, vtramque manum erectam habuit: dextram eo
modo compositam, vt digitis concrepare videretur; si-
nistram extensam, quo monstraret quasi, quod inscriptio dicebat, τἆλλα. Vides, quam egregie se inuicem
illustrent et suppleant Suidae auctor et Aristobulus. Digitorum crepitum, et quod is non pertinuerit nisi ad
dextram, accuratius, quam ille, indicauit Aristobulus;
de sinistrae manus gestu, vt minus memorabili et magis
ambiguo, monere neglexit. At Arrianus, vel is, qui
obuersabatur Arriano, quum aliquid legisset de manibus erectis et de strepitu, ambiguitate dictionis deceptus, ex digitorum crepitu complosas manus effecit.
    Haec quum per se curiositate et explicatione digna
erant, tum magnam vim habebit explicatio nostra, quo

saltabat is modus, qui vnicus remansit. Etenim de statua Sardanapali positione et gestu nouum quid et plane
singulare habet Plutarchus, quem aliquoties laudaui,
de fort. Alex. p. 336. C. καθεωρακότες δὲ αὐτοῦ λύσιν
ὁ δι τι καταπεπλεγμένον ἐπορχουμένου ἑαυτῇ βαρβαριστι, καὶ
τὰς δᾶκτυλος ὑπὲρ κεφαλῆς οἷον ὑποψοφοῦσιν, ἐπέγραψεν
ὠδὲ τι. Vid. Buher. p. 256. De vocabulo ἑαυτῇ secu-
rum esse diceret, in quo nihil quod offendat. Quæritur,
unde sit, quod Sardanapali statuam saltanti similem
fuisse scribat Plutarchus. Quem non sine idoneo auctore talia scripsisse, recte animaduertit Buherius. Ex
Apollodoro non habet, quem statuæ aut nullam aut
obiter mentionem fecisse dixi. At quid multa? Aut vehementer fallor, aut Plutarchi auctor est Clearchus,
Ex iis quæ desumsit Athenæus pag. 529. E. quum valde
perturbata sint et corrupta non leniter, mihi Plutarchum adhibenti et epitomen Athenæi, quam peroppor-
tune contulit Schweighæuserus, hæc exorta est emendatio: καὶ τελευτήσας δείκνυσιν ἐν τῷ τοῦ μνήματος τύπῳ
ὑπὲρ δακτύλους, οἷον κατεγέλαστός ἐστιν ἀξία ᾗ περὶ τὰ λοιπὰ σπουδή, εἰς τὰ τῶν ἀνθρώπων πράγματα οὐκ ἄξια ὄντα
ψόφου δακτύλων, ἃ πεποίηται ἐπορχούμενος διὸ ἐν χορᾷ
Pro διὸ coniectura non absona foret: Λυδιστί, ex Suida
in ἐπ᾽ ὀχείων, et ex Plutarcho, qui βαρβαριστί. Sed tenendum puto διὸ. Hæc non ita disputaui, acsi vera esse
putem, quod tradit Clearchus, et ex Clearcho Plutarchus. Adstanti, et fortasse saltaturo, conuenit aptius-
que est ista digitorum crepitus: saltanti non conuenit.
Quo pacto natus fuerit Clearchi error, id vero facillime demonstrari potest, postquam patefeci, qualis statuæ gestus fuerit. Qui vtramque manum erectam, et
lauam quidem extensam, qui gestus per se ambiguus,
videret, ei accidere potuit, vt saltantem videre sibi videretur, et dextræ quoque digitorum strepitum ad barbaricum quoddam saltandi genus referret. Hoc igitur
accidit ei, quem secutus est Clearchus. Accedebat

Sardanapali vestitus, de quo statim audiemus Suidam,
qui vestitus talis esse potuit, vt saltantis speciem quandam conciliaret Sardanapalo. Atque hic repeti velim,
quae disputaui, quum versabamur in Apollodoro. Fuerunt, qui in Sardanapali inscriptione non agnoscerent
vulgatam lectionem τούτου. Fuit inter hos, facile primus, Apollodorus; fuit post Apollodorum Plutarchus.
Quare hi digitorum illum gestum non solum potuerunt
ad saltationem referre, sed etiam debuerunt, quoniam
in inscriptione nihil agnoscerent, quo ille referretur.

Denique animaduersione et memoria dignum est,
quod Suidas in v. ὀχεύω, et Suidas solus, testatur, Sardanapali simulacrum fuisse ἐσχηματισμένον πρὸς τὸ ψηφίσασθαι πρὸς
ἑὸν τὴν ὕλην. Fide dignum haud dubie, et ex eo scriptore desumtum, ex quo Suidam reliqua hausisse dixi,
quae habet de gestu statuae. Hoc vero, quod spectat ad
vestitum et lapidem, semel adscribere satis habuit, in
v. Σαρδανάπαλος praetermisit, breuitatis caussa.

Semel ad Choerili epigramma reuerti licebit. Cuius
interpretatio latina, quam supra ex Guarini Strabone
protuli, quamquam, vt nunc est, recentissimae aetati
adscribenda esse videtur: tamen eius originem et compositionem illustrasse iuuabit. Nam quod obseruaui,
graecum epigramma non exstitisse subito, sed duorum
poetarum opera et industria tandem prodiisse integrum,
idem et latino epigrammati accidit, mira fati similitudine: vt poetarum antiquissimorum et recentissimorum
versus tandem coierint in vnum. Tum vero et hoc euenit, vt quae tam saepe confuderunt Graeci, duo Sardanapali epitaphia, iterum confunderentur infima a latinitate
aetate. Antiquissimi sunt, a Cicerone quippe facti, hi
versus:

Haec habeo, quae edi, quaeque exsaturata libido
Hausit: at illa iacent multa et praeclara relicta.
Quos ex versibus Choerilo Iasensi antiquioribus expres

... esse dictum est. Ante oculos Ciceronem habuit Au-
gustinus de ciuit. dei II. XX. *Quis hanc rempublicam*
sanus, non dicam Romano imperio, sed domui Sar-
danapali comparauerit? qui quondam rex ita fuit
voluptatibus deditus, vt in sepulcro suo scribi fecerit,
ea sola se habere mortuum, quae libido eius etiam
quum viueret, hauriendo consumserat. Etiam Rabi-
rio poetae Ciceroniana illa obuersata esse dixeris, quum
haec exclamantem faceret M. Antonium: *Hoc habeo,*
quodcumque dedi. Est apud Senecam de benef. VI. 3.
Indicauit Büherius pag. 250. Ciceronis distichon in Anthologiam intulit Burmannus lib. II. ep. I. et sic admo-
nuit pag. 187.: *Caeterum tertius versus ab aliis vulgo*
additur,

      Ede, bibe, lude: post mortem nulla voluptas.
Sed quem omisi, quia apud Ciceronem non habetur,
et in Pithoei editione etiam desideratur. Eum fortasse
alios addidisse, compositum ex verbis Anchialeae inscriptionis his: ἔσθιε, πῖνε, παῖζε, et ex secundo alterius
epitaphii versu: θανόντι τοι οὔτις ὄνησις. Versus, si hic
versus dici potest, satis tritus et multis laudatus. Auctorem tamen, vel vnde primum innotuerit, nemo dicit, neque ego memini. Et ipse ignorasse videtur Burmannus. Aliquam fortasse lucem praefert Mich. Neander in eo libro, quem Gnomologicum inscripsit, lib. II.
pag. 351. Vbi Choerili versus quatuor posuit cum interpretatione antiqua metrica, et haec in margine adscripsit: *Eiusdem epitaphium est: quod Satyricus reddi-*
dit hoc versu: Ede, bibe, lude, post mortem nulla
voluptas. Viderit hac de re qui volet: profecto non
magna est. Qui versum istum fecit, aut plane non egit
hoc, vt versum faceret; aut, quod lubentius credam,
homo recentissimus et imperitus fuit. Quem ego vltima, *post mortem nulla voluptas,* non ex graeco versu
expressisse, sed surripuisse suspicor paullo antiquiori
auctori, cuius distichon commemoraturus sum. At

priora: *ede, bibe, lude,* nunc in mentem mihi reuocant eum, qui inter romanos scriptores fortasse primus
hæc tria hoc modo coniunxit. Liuius Andronicus: *ad-*
fatim edi, bibi, lusi, apud Festum in v. *adfatim* p.
244. ed. Gothofr. Verum hæc ad Homeri Odysseam
XV. 372. pertinent, vt obseruarunt Scaliger ad Festum,
et Hermannus in libro de metris. Qui et metrum mon-
strauit. Ergo Liuius αἰδοίοισιν cum quibusdam seria
accepit de pudendis. Quam rem supra attigi. Liuium
ad Horat. Epist. II. II. 214. attulit Lambinus. Et fortasse ad illum respexit Horatius. Inter ea, quæ ibi contulit Lambinus, Bacchidæ inscriptionem referunt et faciunt ad illustrandum Choerilum, Plantina ex Milite III.
I. 83. At in talibus eius imitationis, quæ vere imitatio
dicitur, nulla suspicio. Priorum Choerili versuum hæc
interpretatio exstat, ignoto auctore:

   Cum te mortalem noris, præsentibus exple
   Deliciis animum: post mortem nulla voluptas.
Vid. Anthol. lat. Burmanni lib. III. ep. CXLVI. p. 594.
Apud Pithoeum est inter Prætermissa pag. 481. ed. Par.
Qui *diuitiis* edidit. Auctor bene assequutus est græcorum versuum sensum. Sunt autem hi quoque versus
recentioris auctoris. Ac fuit, fateor, quum ex fabrica
virorum doctorum Italorum profectos, et Epicuri nomen fraudis caussa præscriptum esse putabam. Nam
Epicuri nomen præscriptum est apud Pithoeum, et hinc
apud Burmannum, qui tamen insulse hoc factum esse
animaduertit. Pithoeus quidem, vnde illos acceperit,
non dicit; neque antiquiorem Pithoeo fontem indicauit
Burmannus. Bonifacius quidem, quem Burmannus
laudat, vnde illos accepisse videatur, statim patefiet.
Comparent iidem, vt vidimus, in Strabone Guarini
latino. Id quod primum istam mihi suspicionem inie-
cerat. Interea, donec ea confirmetur, quod vereor vt
fiat vmquam, statuemus versus ab homine latino quidem, sed recentioris ætatis, factos esse: qui Epicuri

nomen praescripserit, aut per errorem, aut callido consilio, ne ex Sardanapali inscriptione et ex graecis versibus translatos esse appareret. Guarinus autem, qui illos ex codice aliquo cognouisset, vidit, vnde essent, et quum boni essent, suae interpretationi inserere non dedignatus est, vt Ciceronis quoque versus inseruit. Denique, vt integrum epigramma exsisteret, de suo addidit tertium versum et sextum:

Namque ego sum pubuis, qui nuper tanta tenebam.
Hoc sapiens vitae mortalibus est documentum.

Quos ab ipso Guarino profectos esse paene persuasum habeo. Haec sic statuo, quandoquidem epigrammatis, quale Guarinus exhibet, testem non habeo antiquiorem Guarino ipso. Cui et hoc tribuendum censeo, quod in quarto versu pro eo, quod est apud Ciceronem, *iacent*, legitur: *manent*. Scilicet bono viro hoc videtur aptius esse et magis respondere graeco verbo κείσεται. Apud Ciceronem vulgata et quantum video communis librorum lectio est: *iacent;* eamdemque fuisse in Moroni codice inscriptionum latinarum refert Burmannus: *manent* post Guarinum Neander et Pithoeus.

Illud distichon: *Cum te mortalem noris etc.* cum epitaphio Sardanapali latino coniunxisse Bonifacium de componendis epitaphiis pag. 161. testis est Burmannus l. l. p. 594. Bonifacii librum nusquam inueni: sed Guarinum sequutus esse videtur. De Guarino nihil compererat Burmannus. Etiam Neander vtrumque distichon, Ciceronis et alterum, apposuit in Gnomologico p. 549. sq. Qui liber prodiit anno 1564. Non vidi Athenaei interpretationem latinam, quam curauit Natalis de Comitibus. Sed fortasse etiam hic illa disticha inseruit. Si inseruit, haud dubie a Guarino ea accepit.

De metro Choerileo.

Choerileum quod dicimus metrum, ex graecis grammaticis vix vnus et alter commemorant, Choerilei nomine,
quod sciam, nullus: latini aegius, et hoc et alia nou
nibus. Vid. Diomedes lib. III. p. 511. med. Seruius p.
1820. sq. Marius Victorinus p. 2514. fin. 2518. ibid. et
p. 2657. 2658. 2659. Plotius p. 2653. sq. Ex quibus Plotius de hoc metro disputavit vberrime, sed pro suis illis
vriSbns. Totum locum adscribam emendatum, et verborum ordine nexuque restituto. Nam, etsi de metris
saepe falsissima tradant grammatici, operae pretium tamen est agnoscere, quid tradant. Consistam autem in
priori disputationis parte, quae vehementer perturbata
est librariorum culpa, qui decepti fallaci verborum similitudine et crebra repetitione, ex vno versu in alium
rum aberrassent. Nisi pars culpae in Putschium trans-
ferenda, vel in eum, cuius apographo Putschius vsus
est. Reliqua et satis plana et ineptae; nam ineptae quae
que Plotius commentus est, octo Choerilei metri schemata. Igitur haec scripsit Plotius: *Choerileum metrum,
quod et Diphilium et Angelicum nuncupatur, constat
penthemimerica caesura, et syllaba, et altera penthemimerica. Vnde est metrum Hexametrum catalecticum: vna enim syllaba deest, vt sint in eo pedes
sex. Sed exemplis schemata octo doceamus. Prim-
mus igitur schemata quatuor huius metri, sed dupli-
cata vtriusque caesurae penthemimericae, sicut ante
docui syllabam adiicientes. Primae caesurae est Graecum exemplum:*

ἡνίκα μὲν βασιλεὺς ἦν Χοιρίλος ἐν Σατύροις.

Latine sic:

Inter enim pecudes stant corpora magna boum.

Bini dactyli cum suis syllabis, id est: *Arma virumque cano, bis;* et vna syllaba in medio plus, id est, in fine primae caesurae: in qua syllaba finitur pars orationis necesse est. Binis spondeis cum suis syllabis, et vna in medio plus:

Mox et frumentis est, mox et frumentis.

Hoc praecipit, obseruari debere in metro Choerileo eam caesuram, quae penthemimeres vocatur. Eamque Plotius, graecum versum sequutus, in omnibus, quae sequuntur, exemplis obseruauit. Bene hoc. At praeterea etiam post eam syllabam, quam *plus* esse dicit, incidendum putat. Quod numeros versus frangit. Enimvero Plotius doctrinam suam et exempla omnia conformauit ad versum graecum: in quo quum forte fortuna post ἦν incisionis species esset, non vidit, eam legendo posse ac debere celari, sed legitimam incisionem putauit. Rectius versum mensi sunt alii grammatici, quos statim videbimus. Praeterea hoc monere satis habeo, quum Plotius dicat: *Primae caesurae est graecum exemplum,* id idem esse, ac si dixisset *primi schematis.* In tertio Plotii exemplo,

Omnia Mercurio dant Musae dulces,

vna syllaba deest, siue librariorum, siue Putschii, siue auctoris ipsius incuria. Fortasse post *Mercurio* excidit *nunc.* Quarti schematis, quod tale est ex mente Plotii:

$$— — — — — \mid — \mid — \smile\smile \smile\smile —$$

exemplum excidit. Sed mitto hunc hominem cum schematis et exemplis suis.

Meliora sunt, quae finxerunt Diomedes, Seruius, Marius Victorinus, Choerilei versus exempla:

Optima Calliope miranda poematibus.
Pulcra puella comas ambit sibi palmitibus.
Alma parens genitrix diuum decus Oceano.
Nunc age Pierios versus dea Calliope.

De genere quod in his sit metri, varia tradunt. Marius p. 2558. ex pentametro elegiaco deriuare velle videtur. Contra Plotius p. 2654. pentametrum elegiacum metri Choerilei speciem dicit. Seruius l. l. pentametrum hypercatalectum appellat. Verum est, quod Plotius pag. 2655. dicit, *metrum hexametrum catalecticum,* vel etiam accuratius Marius p. 2518. *Hexametrum catalecticum in syllaba.* Legendum videtur *in syllabam.*

Hæc veri sunt similia, certa non sunt. Namque omnia grammaticorum auctoritate nituntur, et latinorum. Verum isti a Pindaro lucem confirmationemque et accipiunt, et mutuo afferunt Pindaro.

Apud Pindarum multa hexametri catalectici speciem habent. Exempla congessit Hermannus in commentatione de metris Pindari p. 222. Quæ tamen idem remouit omnia. Et profecto dubitari nequit, quin longe pleraque remouenda sint. Etenim si versum accipimus hac cæsura:

καὶ μέγαν ὅρκον ὀμόσσας, τοῦτό γέ οἱ σαφέως;

si etiam hoc ferimus, vt exstant quædam eiusmodi exempla, vt illa syllaba, post quam eo modo inciditur, pro ancipite habeatur: quid tandem est in tali versu, cur versus esse videatur? quid esse potuit, cur Pindarus tam male cohærentia in vnum versum cogere, quam disiuncta per duos versus efferre maluerit? Ergo Hermannus prudentissime ita administrari ista exempla iussit, vt singulis locis bini exsisterent versus. At nescio, an vnum tamen carmen sit, idque, si recte memini, solum in Pindaricis, in quo hexameter catalecticus placuerit Pindaro: Nemeorum XI. vs. 5. In quo carmine nusquam praua ista cæsura, quæ versum fran-

git, post quartum pedem; at in singulis versibus, vno
tantum versu excepto, illa conspicitur, quæ penthemimeres dicitur. Atque hoc vnico loco, vt monuit Hermannus, metri illud genus agnoscit et ἔπος παρὰ συλλαβὴν appellat scholiastes Pindari metricus. Itaque in hoc
carmine placuit Pindaro, vt, quæ membra alibi per
singulos versus efferre soleret, in vnum versum coniun-
geret, ea cæsura adhibita, quæ huic versui notam et
characterem suum imprimeret. Hæc quum sit huius
metri origo, mirum non est, quod in tertia sede semper seruatus sit spondeus. At omnino rarum fuit hoc
metri genus. Scholiastæ illi Pindari ego ex græcis
grammaticis vnum habeo quem addam, si operæ pretium est addere, scholiastam Hephæstionis pag. 89. Pau.
Ἑξάμετρον δὲ καταληκτικὸν μὲν εἰς συλλαβὴν ἐκ τῶν Ὁμηρι-
κῶν οὐκ ἔχομεν· εἴ που δέ τις ἐντύχοι, ἐστὶ τὸ μιᾷ συλλαβῇ
περιττεῦον τοῦ πενταμέτρου ἀκαταλήκτου.

Pindari carmen latuit eos, quos nunc habemus,
grammaticos latinos. Quorum tamen exempla recens
ficta Pindaricis respondent. Ea intelligo, quæ promunt
Diomedes et alii. Ad hanc normam igitur exigendus
est ille versus, quo abutitur Plotius. In eo quæ inci-
sio est post ἦν, eam tenendum est non veram incisionem esse. Quæ versum euerteret. Nimirum vt hic versus non malus hexameter heroicus futurus esset:

ἡνίκα μὲν βασιλεὺς ἦν Χοιρίλος ἐν Σατύροισιν;

ita hic versus bonus est:

ἡνίκα μὲν βασιλεὺς ἦν Χοιρίλος ἐν Σατύροις.

Et simili ratione Pindari versus ille se tuetur, quem
vnicum legitima cæsura carere dixi:

καὶ ξενίου Διὸς ἀσκεῖται θέμις ἀεναοις.

vbi legitimæ cæsuræ vice fungitur cæsura proxime se-
quens.

Versus est manifesto melicus. De cuius origine

quæ modo disputabam , non eo consilio disputaui , vt
pro inuentore haberetur Pindarus. Immo haud contemnenda est obseruatio Diomedis, inuentionem Stesi-
choro tribuentis. Atque in eo acquiescendum, et metrum hinc *Stesichorium* potius dicendum est, quam
Choerileum. Multum illo loco Putschio debet Diomedes. Cuius editiones antiquæ et antiquissimæ non solum *terpsichorum* præbent pro *Stesichora,* sed etiam
ita corruptæ sunt et misere contractæ, vt angelici metri, quod dicit Diomedes, descriptio prorsus oblitterata
sit et commissa cum descriptione priapei; quasi hoc sit
angelici siue choerilei metri exemplum : *Incidi patulum in specum procumbente Priapo.* Quæ, nescio an
primus, ex codicibus correxit et suppleuit Putschius.
Contuli autem Diomedis editiones has : principem, nam
quin ea princeps sit, non dubito, quæ cum Diomede
continet Phocam, Caprum, Agroetium, Donatum, Ser-
vium et Sergium, sine anno et sine loci indicio, sed
apposito in fine Nicolai Iensoni Gallici nomine, et as-
seruatur in bibl. Regia Dresd. Mediolanensem a. 1515.
per Jo. Angelum Scinzenzeler, quæ eosdem complecti-
tur, et Prisciani epitomen et Probi quædam ; Colonien-
sem a. 1518. quæ solum Diomedem continet, emendatum, vt fert præfatio, ab Hermanno Buschio ; Lipsiensem a. 1542. quæ Donatum adiunctum habet. Ac Lipsiensi quidem qui præfuit, Ioannes Cæsarius, quum
iter a Buschio coeptum se continuasse scribat, et Diomedem ita emendatum promittat, vt nulla porro labes
insideat, *Stesichori* nomen illo loco bene restituit, sed
reliqua longe, quam Buschius, audacius, id est, infeli-
cius administrauit. Iensoniana et Mediolanensis hæc
præbent : *angelicum metrum celeritate nuntiis aptum
terpsichorus inuenit Vna enim syllaba ultimam hexametro efficit : id tale est : Incidi patulum in specum* etc. Eadem Buschius dedit, asterisco apposito post
verbum *inuenit.* At Cæsarius ita : *Angelicum metrum,*

celeritate nunciis aptum, Stesichorus inuenit. Id tale est, Ineidi patulum etc. resectis iis, quae viam emendandi aperire possent. Vt vel hoc exemplo appareat, etiam in illo grammaticorum latinorum genere religiosam antiquissimorum editorum fidem praestare male sagaci emendatorum acumini. Qui emendatores iam ante Putschium exstiterunt, et Putschio infeliciores, quippe codicum auxilio destituti. Eius rei aliud exemplum ante oculos est prorsus lepidum. De versu Saturnio haec praecipit Diomedes Putschii: *Saturnium in honorem dei Naeuius inuenit, addita syllaba ad Iambicum.* Ex codice, vt puto. Ad quem vide quam prope accedat editionis principis et Mediolanensis lectio: *Sat in honorem dei Kenus inuenit addita* etc. At quid Buschius et Caesarius? Priora penitus resciderunt; ex *Venera* fecerunt *Venusinum,* sic: *Venusinus inuenit addita* etc.

Tutissimum fore dixi, vt *Stesichorium* metrum dicamus, Diomedis auctoritate. Si necesse est, vt nomen quaeratur. Quae vulgo circumferuntur huius metri appellationes, nisi retinere velimus, vt sancitas grammaticorum latinorum vsu, neque a testium auctoritate prorsus firmae sunt, neque in se habent, quo magnopere commendentur. Perlustrabimus singulas.

Angelicum metrum, vnico nomine, appellat Diomedes l. l. p. 512. Quam appellationem iam cognouimus ex Plotio. Rationem addit Diomedes: *celeritate nunciis aptum.* Inepte. Sic quem graeci grammatici trochaicum dimetrum acatalectum, Marius Victorinus p. 2531. *Angelicon* vocari testatur. An et hoc metrum *nunciis aptum?* Certe non minus aptum quam illud. Tertium quoddam *angelici* genus, idque ex ipso Virgilio, nobis propinat auctor fragmenti eius, quod cum Censorino edi solet. Qui cap. XIV. p. 163. Cantabr. *Angelicus,* inquit, *numerus syllabam coarctat hexametro, vt, Hectoris Andromacke Pyrrhin' connubia seruias.* Sic correxerim. Cf. cap. XV. p. 165. Homo imperitissimus quae ab aliis grammaticis accepisset, mirum in modum detorsit. Virgilii versus vna syllaba abundare illi videbatur, quae *breuianda,* id est, legendo obtegenda et opprimenda esset. Atque hoc *angelicum* appellat. Quod nemo non videt alienissimum esse ab eo genere, quod *angelicum* vocant Diomedes et Plotius.

Verum hoc metri genus etiam altero nomine, *Diphilium* appellat Marius Victorinus. Quod inde restitui Plotio. Vel potius *Diphilicum* scripserat Plotius. Putschius ibi vulgauit *Delphicum.* At *Delphicum* his grammaticis est ipsum metrum hexametrum heroicum: v. eumdem Plotium p. 2629. et Atilium Fortunat. pag. 2680. vbi quod legitur *deliacum,* corrigendum est: *Delphicum.* Similiter *Pythius* appellatur versus hexameter heroicus, quum ab latinis grammaticis multis, tum a graecis, veluti ab Hephaestionis scholiasta pag. 22. Vnde autem illud metrum, de quo nunc loquimur, *Diphilii* cognomen acceperit, alius dicat. Ego Diphilum, quem eo metro vsum esse credam, noui nullum. Nisi ille Diphilus fuerit, de quo mentio apud scholiastam Aristophanis ad Nubes v. 96. Quod parum probabile. Nominis quaedam similitudo in mentem mihi reuocat Philisci Comici versum, quem a Salmasio acceptum posueram in Schedis criticis pag. 27. Eum postea cognoui Salmasio innotuisse ex Anthologia: v. Holsten. ad Steph. Byz. v. Πειραιός, et Huschkii Analecta crit. pag. 290.

Denique *Choerileum* metrum dicit Plotius; *Choerilium* Marius Victorinus p. 2514. 2558. et *Chaerilium* Seruius p. 1820. Vossius, vbi de Choerilo Samio agit, de histor. gr. IV. VII. satis confidenter: *Ab hoc nomen accepit* Χοιρίλειον μέτρον; *de quo Suidas, Marius Victorinus, et Photius, in iis, quae de re metrica reliquerunt. Plotium voluit dicere, et Seruium, non Suidam,* qui de hac re nihil. Vossio ista praeiuit Meur-

sius ad Hesych. Miles. p. 221. Paullo sapientius Gyraldus de poet. hist. pag. 108, Choerilium metrum dictum
putat a Choerilo tragico. Verum neque hic, neque ex
iis, quos vidimus, Choerilis vllus tales versus fecisse
videtur. Alium autem Choerilum non nouimus, qui
poeta fuerit. Igitur neque ab inuentore metrum *Choe-*
rileum nuncupari potuit, neque, vt grammatici loquuntur, a frequentatore. Vt aliunde nominis origo dedu-
cenda sit. Sane leuem caussam interdum habent et
longe repetita sunt metrorum apud grammaticos nomina.
De hac appellatione ego sic statuo. Metrum illud non
valde frequens fuisse omnia ostendunt. Ostendit græcorum grammaticorum silentium; ostendunt latinorum
grammaticorum testimonia, qui tantum non omnes
fictis exemplis vtuntur. Pindarus quos habet versus
illo metro scriptos, non multis innotuisse videntur.
Vnum ad grammaticos latinos exstat exemplum græcum:

ηνίκα μὲν βασιλεὺς ἦν Χοιρίλος ἐν Σατύροις.

Hoc ego quin vere græcum sit et antiquum nullus dubito. Latina quandoque exempla sibi fingentem Plotium ipsi vidimus. Sed eumdem græca fingere, quam
ex græcis grammaticis siue ex romanis antiquioribus exempla antiqua græca depromere maluisse, nemo de-
monstrauerit. Atque græca Plotii exempla, habet autem multa, partim sunt notissima, partim si quis eam
operam impendere velit, exquiri poterunt, partim etiamsi sint, quæ alibi non exstent, talia sunt, vt antiquitatis notam habeant. Denique certe hoc, de quo nobis
sermo est, tale est, quod nulli grammatico in mentem
venerit fingere. Haud dubie autem illud a grammaticis
græcis demum ad latinos venit, quorum vnus alteri tradidit, donec ad Plotium delatum est. Sic quum multo
illud tereretur vsu, ab eo, quod inesset mentio *Choerili,*
coeperunt metrum *Choerileum* dicere siue *Choerilium.*
Id vero a latinis demum grammaticis, vt videtur, factum
est.

Quodsi quæratur, de quonam Choerilo loquatur
illius versus auctor, Choerilus Atheniensis Tragicus est.
Ita auctor descripsit artis tragicæ antiquissimæ tempora,
inter cuius præsides et auctores iure nominatur Choerilus Atheniensis. Tragicæ artis tempora dixi: namque
eorum opinioni, qui Choerilum Tragicum etiam satyricas fabulas docuisse suspicati sunt, nihil accedit ex
hoc loco ponderis. Cæterum hoc, ἡνίκα βασιλεὺς ἦν,
eleganter dictum est, et quodam modo refert sollemnem
græcis hominibus imaginem, qua res valde antiquas
Saturni regno assignare solebant: veluti quod Cratinus
apud Athen. VI. p. 267. E.

— οἷς δὴ βασιλεὺς Κρόνος ἦν τὸ παλαιόν.
Alias artis tragicæ initia Thespidis nomine nuncupant.
Aristophanes in Vespis 1470. ὀρχούμενος

τἀρχαῖ᾽ ἐκεῖν᾽, οἷς Θέσπις ἠγωνίζετο.
Satyrus quum omnino omnis tragoediæ, etiam cultioris, persona primaria et quasi præses haberetur, vtpote
a quo repeteretur origo tragoediæ, tum vero optime re-
præsentabat tragoediam Choerileam, quæ proxima fuit
ab origine illa.

Marius Victorinus etiam *Choerilium* ἀμφιλιπὲς quoddam commemorat pag. 2559. Cuius hoc comminiscitur
exemplum:

Tibi namque decens lucet rosa vertice.
Absurda appellatio. Quis est, qui hunc versum ab eo
metro, quod Choerileum dicitur, repetere velit? Aeo-
licus est. Si versus est. Nam spondeus dubitationem
iniicit.

Hexametros catalecticos in syllabam duos fecit is,
qui Syringem lusit, quod carmen vulgo additur Theo-
crito. Verum hi quum ea tantum lege sint compositi,
vt hexametro heroico breuiores essent vna syllaba, non
pertinent ad metrum Choerileum.

Dum in eo versor, vt extrema huic libello accedat
manus, interuenit, quem cupide prospexeramus, Her-

manni liber de metris, egregia opera instauratus et ex-
politus. In quo quod nihil insertum legitur de metro
Choerileo, hoc est, quo quæ ego disputaui, mihi ipsi
poterant fieri incerta. Insto tamen iterata deliberatione.
Sed quoniam ibi, Alcaicam strepham vbi explicat Hermannus, nobile Sapphus fragmentum tractat pag. 689.
ab Aristotele seruatum, in quo memini, quum ego quoque iuuenilem, vel potius puerilem ponebam operam:
fortasse non ingratum fuerit viro summo audire, quid
ibi scriptum præbeat codex Aristotelis Regius, cuius
mentionem feci ad Choerili fragmenta. Igitur sic fortasse legenda sunt Sapphus verba, ex vestigiis codicis
Regii:

αἰ δ' εἶχες ἐσθλῶν ἵμερον ἢ καλῶν,
καὶ μή τι Γειπῆν γλῶσσ' ἐκύκα κακόν,
αἰδώς κέ σ' οὐκ ἂν εἶχεν ὄππατ',
ἀλλ' ἔλεγες περὶ τῶ δικαίω.

Vs. 3. codex: αἰδώς κέν σε οὐ κἂν χεν ὄμματα. Particulas
κεν et ἂν coniungere, etsi recentioribus magis vsitatum
fuit, quam Homero, sunt tamen exempla apud Homerum. Quod loquendi genus quo tempore in frequen-
tiorem vsum venerit, quo non, quis definire audeat?
Quod εἶχες scripsi vs. 1. feci et hoc codicis regii auctoritate. Scaligeri, nisi fallor, emendatio est, ad Eusebium pag. 85. proposita: αἰ δ' ἴκέ σ' ἐ. ἵμερος. ἵμερον cum
omnibus codicibus noster. Idem, quod non superfluum
fuerit monere: ἐσθλῶν. In vltimo versu recte nunc editur: περὶ τῶ δικαίω. Aliam suspicionem mouere posset,
quod legitur in nostro: περὶ ὧι δικαίωι: iuxta apposita
littera iota, vt fieri solet in hoc codice. Et assentiunt
antiquæ editiones. Sed præstat facillima et planissima
illa emendatio. Dialectum quod iuuerit, nihil affert codex regius. Qui in secundo versu post τί intrusum habet τ', vt in Alcæi versu: Θέλω τί τ' εἰπεῖν. In codem
pro verbo ἐκύκα lacuna est.

ADDENDA ET CORRIGENDA.

p. 33. med. Etiam in Florentina editione Apollonii χοιρίλος est.

— **35. v. 10.** vel pag. 546. vol. VII. ed. Harlesii, qui Fabricii coniecturam, leuem illam per se et infelicem, repetere satis habuit.

— **39. v. 14.** et si qua alibi occurrit *uspiam* vel *nuspiam*, leg. *usquam*, *nusquam*.

— **57. v. 22.** leg. Ἐκχοιρηξες.

— **74. v. 12.** a fine: *Quod p. 74. de Asii fragmento disputans* χθονὸς εὐρέος *immanem dicis soloecismum, vide ne sis iusto seuerior. Vt enim rara sint exempla adiectiuorum quæ oxytona in* υς *exeunt, κοινῶς usurpatorum, passim tamen occurrunt, idque in versu heroico. Homerus Odyss. XII. 369.*

καὶ τότε με κνίσσης ἀμφήλυθεν ἠδὺς ἀϋτμή. *Theocritus XX. 8.*

ὡς μαλακὸν τὸ γένειον ἔχεις, ὡς ἀδέα χαίταν. *Moschus III. 85.*

καὶ σύριγγας ἔτευχε, καὶ ἀδέα πόρτιν ἀμέλγε. Hæc ad me dedit Schæferus: ac fateor nona me docuisse virum eruditissimum. Nimirum similia noueram non pauca, veluti, vt vnum commemorem, Orphicum ὑλήεντι κολώνῃ ex Argonauticis v. 265. in quo ego, quod obiter dictum esto, imitationem animaduertere mihi visus sum, sed infelicem, Homericæ dictionis: ὑλήεντι Ζακύνθῳ. Verum illa exempla nominum adiectiuorum in υς non recordabar. Itaque, etsi vel sic dubitatio restat, an χθονὸς εὐρέος non dicturus fuisset Asius, quippe cui obuersari debebat ex Homero εὐρεῖα χθών: soloecismum certe crepare non debueram. Cæterum vellem de coniectura mea, πέδου, sententiam mihi suam aperuisset Schæferus.

Qua coniectura neque nunc noui quod melius sit.

p. 108. seq. Si quid erat, quo suspecta mihi reddi posset vulgata scriptura πελάσσαι, hoc erat, quod intellexi, eam male habere Schæferum. Qui nouam mecum communicauit emendationem. *P. 108. sq. vereor ne vulgatam in Choerilo scripturam, πελάσσαι, frustra defenderis. Hoc enim verbum nihil aliud significat nec potest significare, quam* admonere *aut* appropinquare*, siue res, cui quis* πελάζει, *indicata sit, siue ex orationis serie* ἐννοηματικῶς *subaudienda. Hoc autem loco talis res nusquam commemoratur. Præterea non hoc optat poeta, vt* νεοζυγὲς ἅρμα, *quocunque lubet, admoueat, sed vt talem currum conscendat, tali curru vehatur. Deest poetæ* ἅρμα νεοζυγές· *nedum vt conscensum quoquam* πελάσαι *possit. Quæ cum ita sint, Hemsterhusium vere scripsisse puto* ἐλάσσαι*. Sed aliquantillum restat faciendum, vt locus perpurgetur. Scribo:*

πάντη παπταίνοντα νεοζυγέ᾽ ἅρματ᾽ ἐλάσσαι.
Iam apparet, vnde natum sit νεοζυγές: *scilicet ex confusione apostrophi cum compendio tachygraphico syllabæ* ἐς*, de qua dixit Bastius ad Gregor. Corinth. Præterea intelligitur, quæ sit origo litteræ* π̄ *in vulgata scriptura* πελάσσαι*. Denique* νεοζυγέ᾽ ἅρματα *compares cum Homerico* περικαλλέ᾽ ἄεθλα *Odyss. XXIV. 85. et 91. Acute et caute omnia: veluti hoc quod elisam litteram in* νεοζυγέ᾽ *exemplo tuitus est Homerico. Quod exemplum ego sufficere credo, licet quæ elisio fit in secunda syllaba dactyli, aliquanto lenior sit ea, quæ in tertia. At nondum potui a me impetrare, vt vulgatum* πελάσσαι *desperem. Quod rem desiderat vir eruditissimus, ad quam* appropinquare *dici possit poeta, ego loci indicium suppleri posse putabam ex voc.*

πάντῃ, et ex praecedentibus, vbi arenæ siue curriculi notionem intulit Choerilus: ὕστα-τοι ὥστε δρόμου καταλειπόμεθ᾽. Deinde ve-rissimum quidem est, antequam nouum currum admoueret quoquam poeta, id agi debuisse, vt haberet talem currum: sed hæc duo inter se miscuisse videtur, vt poeta. Nec male: etenim nouo curru vehi Choe-rilum, id tum demum appariturum erat, nouusque currus tum demum se præstitu-rus erat tamquam nouum, quum ad loca nemini ante trita appropinquasset.

p. 126. v. 3. pro *poetis* leg. *scriptoribus*.

— — v. 9. seqq. Pudet hæc scripsisse. Audiamus Schæ-ferum benigne castigantem. *P. 126. meam de Xenophonteo loco sententiam secus ce-pisti. Citaui illum ad Gregor. Cor. non vt quidquam mutarem, (nam sanissimus est,) sed quod ibi reperissem exemplum com-mutationis adiectiuorum* νομικὸς *et* νόμι-μος: *cuius commutationis aliud exemplum commemorauit Kiefslingius ad Iamblichi Protrept. p. 255. Nam, quod fugit te sola, vt opinor, vtentem Weiskiana editione Xenophontis, Schneiderus ad l. c. notauit hæc:* „νόμιμοι] *Editionis Paris.* νομικοὶ *Bessario vertit iuris consulti.“ Quod autem scripsisti: Infrequens est hæc vocis* νόμιμος *significatio,* μνημονικὸν ἁμάρτημα *esse de-puto. Xenophonteorum quidem exemplo-rum huius vsus quantum satis sit, habet Lexicon Sturzii.*

— 130. v. 12. a fine: λιμνῶν etiam Lipsiensis 1691. sed princeps Basileensis λίμνῃ.

— — v. 8. a fine: in Eusebii loco editio princeps Ro-berti Stephani p. 241. non habet capitis in-scriptionem Χοιρίλου π. π. Ἰ.

— 136. med. Quæritur, vnde Choerilea habeat Iosephus. Disputationis seriem reputanti, quæ est apud Iosephum, veri simile erit, eum poe-tæ librum adiisse ipsum. cf. pag. 100.

— — — τῷ δ᾽ editio Iosephi princeps Basileensis. Semel moneo, Lipsiensem a. 1691. hoc loco

prorsus referre eam editionem, quæ prodiit anno 1611. Igitur ad hanc referenda
sunt, quæcumque prædicaui de Lipsiensi
siue Coloniensi.

p. 137. init. Editio Iosephi princeps: ὤκεεθ'.

— — v. 6. Editio Eusebii princeps: ὦκουν δ' ἐν σ. Ea,
præter hoc, in Choerili verbis prorsus consentit cum Lipsiensi siue Coloniensi.

— — v. 6. a fine: ἐν Iosephi editio princeps.

— 142. v. 11. Recte interpungunt Iosephi ed: princeps
cum Hauercampio, et Eusebii editio princeps et Lipsiensis siue Coloniensis.

— 145. v. 8. τροχοκουρίδες habet Iosephi ed. princeps, vt
cæteræ.

— — v. 9. a fine: leg. deleto commate: poetæ qui.

— 150. med. leg. 1524. Editio Iosephi latina, continens
de bello Iudaico libros septem et contra
Apionem libros duos, quæ est in bibl. Reg.
Dresd. impressa Veronæ per Magistrum Pe-
trum Maufer Gallicum a. 1480. quum in
reliquis consentiat cum Basileensi 1524.
primo Helladam, huic scriptori conue-
nientius, deinde transibat, quod melius,
denique habet Aphaltis.

Eusebii Præparationis euangelicæ interpretationem latinam, confectam, quod Fabricius docet, a Georgio Trapezuntio,
splendide editam Venetiis a Nicolao Iensono
anno 1470. cuius editionis exemplar est in
bibl. Dresd. quum euoluissem animi caussa,
an forte delicias offenderem Rufini similes:
ipse sensi, de quo queruntur viri docti
apud Fabricium bibl. gr. VII. p. 544. Harles. et apud Leonem Allatium in Fabricii
bibl. gr. vol. X. pag. 724. ed. Hamb. De
tota Eusebii disputatione nihil dedit interpres ille præter hæc:

Sed iudaicæ gentis Chorilus (sic) etiam poeta priscus meminit: et multos eorum cum Xerxe in græciam militasse affirmat.

Choerili versus et reliqua prætermisit
omnia.

— 160. Non Schowius primum, sed ante Schowium iam Gesnerus, in editione ea, quæ prodiit anno 1543. præter latinum, qui est in reliquis Gesnerianis, titulum, græcum præfixit hunc: *Χοιρίλου περσηΐδος.* Quæritur, au ex codice ms.

p. 166. v. 11. leg. *nihil vsquam.*

— 169. v. 6. a fine: leg. *ἐνδελεχείη.*

— 170. v. 9. a fine. Non memini viros doctos adhibere Propertium II. XXV. 16.

— 176. v. 9. a fine: adde primam Gesneri edit. 1543.

— 189. Addendorum, quæ cernitur, multitudo et longitudo haud verepr ne mihi obfutura sit apud æquum lectorem. In quibus quæ debentur doctæ Schæferi liberalitati, suam excusationem in se habent. Reliqua maximam partem ex iis libris accesserunt, quibus sero potitus sum, quum, operas dum exercebat liber meus, bibliotheca Regia Dresdana per aliquot dies vti licuit. Ibi Iosephi Eusebiique antiquas editiones videre mihi datum est. Ibi fragmentum Choerili, quod proposui p. 189. a Ruhnkenio acceptum, ex ipso fonte vt repeterem, contigit. Namque alia inuestigans, codicem Hermogenis cum exegesi Tzetzæ inedita asseruari in bibliotheca illa intellexi; eiusque copiam mihi fecit, ea comitate, quam iam prius laudandam habueram, Beigelius. Liber est non contemnendæ vetustatis, in charta bombycina scriptus, hac inscriptione: *Ἑρμογένους Τέχνη ῥητορική μετ' ἐξηγήσεως τοῦ τζέτζου, διὰ στίχων πολιτικῶν.* In bibliothecam Regiam ille venit e bibliotheca Io. Wern. Huberi Icti Basileensis. Huius codicis igitur comparationem instituam hoc loco, non solum cum his, quæ ex codice Lugduno - Batauo protulit Ruhnkenius ad Longinum, sed etiam, quoniam ea sunt proxima, cum illis, quæ ex eodem ad Gregorium Cor. Koenius p. 329. ed. Schæf. Vnde nostrum codicem Batauo passim præstantiorem esse patebit. Itaque quæ ab ea lectione, quam in Batauo libro dicit esse Koenius, recedunt in nostro, hæc sunt.

Vs. 1. Dresd. Φέρει γὰρ ὁ θ. V. 2. ἀδωνίζουσαι εἴτε ονυρμακουσαί γε, V. 3. λαλούσας π. ἀ. V. 4. θᾶσαι πραξινόα· θᾶσαι φίλα. V. 5. τε γραῖαν (sic) ἁ, πηρῶν. V. 8. ἄμεινον καὶ τὰ ἔπη δε (sic) τοῦ θ. λ. V. 9. παύσασθ' ὦ δ. ἀ. κωτίλλουσαι. παύσασθ' omnino recte, vt Batauus: ipsum versum heroicum ponit Tzetzes. V. 10. εἶτα καὶ ὡς πρὸς τὸν ἕτερον τὸν λόγον ἐπιφέρει. Hunc versum Batauus rectius. V. 11. τρ. ἐκπασσεῦντι πλατειασδοισαι πάντα Tantum non prorsus, vt Batauus. Fortasse librario, vel etiam Tzetzæ ipsi, inter scribendum recurrerat numerus politicus: vt πάντα scriberet, non ἅπαντα. Cæterum Tzetzem in versu Theocriti post κωτίλλοισαι distinxisse patet; quæ olim obtinebat distinctio. V. 12. λαλοῦσιν V. 13. 14. vt Batauus liber, sed sine distinctione post τι, si hoc obseruatione dignum. V. 15. πελλεπονναςαστι

Iam sequuntur versus hi, nondum editi:

αἱ μέντοι λέξεις τροπικαὶ σεμνότητα ποιοῦσιν·

αἱ ἔγγιστα τοῦ πράγματος ὑπάρχουσαι ὡς ταῦτα·

προβαλλομένους τὴν χρηστὴν ἥν περ φησιν ἐλπίδα.

Quos statim excipiunt versus illi:

ἂν πόρρω δε (sic) λαμβάνωνται ὥς περ ποιεῖ χοιρίλλος

καλῶν τοὺς λίθους γῆς ὀστᾶ· τοὺς ποταμοὺς γῆς φλέβας.

Sic Dresd. Vt iam restitutus sit disputationis Tzetzæ ordo et nexus, quem perturbauerat, qui et mihi imposuit, Ruhnkenius, exhibens: Πόρρω δὲ λαμβάνονται. Reliqua quod attinet, hæc sunt libro nostro propria. Primo σίγμα exhibet vtroque loco; deinde in versu, qui ante vltimum, ἔλαμπε; denique καὶ πίσσαν ἐφθὴν (sic) etc. καὶ πίσσαν sine distinctione, vt etiam in codice Lugduno-Batauo fuisse existimo.

Placuit et Hermogenis ipsius ea conferre,
quæ proxima. Quo intellexi, librum Dresdanum ordinem verborum aliquoties habere alium, quam in vulgatis libris. Hermogenis verba, quibus Theocritum respicit, ita leguntur in Dresdano: ὁ γὰρ Θεό-
κριτος ἀχθόμενον τινὰ πεποίηκε δωριζούσαις

γυναιξὶ, διὰ τὸ πλατύνειν, τῷ ἃ πλεῖστον (sic)
χρωμέναις, τὴν φωνήν. Cf. edit. Laurentii
pag. 283. Mox codex: τὰς τελευταίας εἴη
συλλαβὰς τῶν λ. Tum in loco de metaphoris, vbi Laurentius p. 284. αἱ μετρίως μὲν
οὖν ἔχουσαι, codex omittit articulum. Mox
in verbis Demosthenis ex oratione de co-
rona pag. 240. 28. Reisk. codex: ἐν τῷ πο-
λιτεύεσθαι καὶ προστάττειν. Mox idem: εἰ δὲ
ἐπὶ πλέον ὑπερβαίεν. αἱ τρ. et λωποδυτῶν habet, non λωποδυτεῖν.

p. 204. v. 9. *Guarini* interpretationem, et *Guarini* codicem non recte dixi hoc loco. Si vera sunt,
quæ Brissonio præeunte Fabricius Bibl. gr.
vol. III. p. 5. seq. ed. Hamb. Bibl. latin. med.
et infimæ ætatis tom. III. p. 101. 119. edit.
Pat. et Siebenkeesius in Bibl. gr. ab Harle-
sio instaurata vol. IV. pag. 569. sq.

— 217. v. 9. Hunc in locum a viro doctissimo ad me
scripta sunt hæc, quæ sequuntur. *P.* 217.
in Nicandri versu nollem mirabile dixis-
ses χαλκρατέρη. *H. Stephanum oportebat*
dicere confidentius, in hac forma obti-
nere syncopen; tuque debebas viro summo
assentiri sine vlla dubitatione. Tales
enim formæ comparatiuorum et superla-
tiuorum, vel ob metri necessitatem vel
commodioris causa pronuntiationis cur-
tatæ, haud raro leguntur. Nicandreo
prorsus geminum est quod habet Strato
LXXXVIII. 4. χρωτὸς ἀκηροτάτου, *ad q.*
l. permiram legas Wyttenbachii animad-
versionem deriuantis hunc superlatiuum
a positiuo ἄκηρος *posito pro* ἀκήρατος:
quamquam, inquit, simul alludere potuit

S

ad significationem ceræ. *Bibl. Crit. II.* 2.
p. 54. *Illud* ἄκηρος *non minus barbarum
est, quam* χάλικρος (*ita enim* τονωτίον),
*de quo tute monuisti. Eodem compendio
Græci flexerunt:* δυςφώρατος, δυςφωρότε-
ρος, δυςφωρότατος; δυςχείρωτος, δυςχειρότε-
ρος, δυςχειρότατος; εὔφωρατος, εὐφωρότερος,
εὐφωρότατος; εὐχείρωτος, εὐχειρότερος, εὐ-
χειρότατος. *Quorum comparatiuorum et
superlatiuorum si qui positiuos esse dicunt* δύςφωρος, δύςχειρος, εὔφωρος, εὔχειρος,
Græcæ Linguæ Thesaurum onerant sor-
dibus foedissimis. Et fuerunt qui hoc facerent: quorum nomina taceo. Quod sicubi librarii inter formas curtatas ple-
nasque incerti errant, ego quidem, nisi
alia obstent, curtatas præferam. Diodorus Sic.* V. c. 34. δυςχείρωτοι *τοῖς* ἄλλοις εἰσί.
Wesselingius: δυςχειρότατοι Reg. Cois.
Mut. *Hinc dudum elicui* δυςχειρότατοι: *et
sic Eichstadius a me monitus edidit. Vt
non sine causa vir clarissimus extrema
præfatione fateatur, admonitiones sibi a
me impertitas esse, quæ ad* ἀκρίβειαν *in
græca scribendi ratione facerent. Vel
hac laude contentus sit modestior,* ὀρθο-
γραφικῶς *se bene mereri de scriptis veterum, si alia ratione non posse videatur.*

p. 226. v. 13. a fine: leg. *dubitabit*
— 252. v. 12. a fine: leg. *verum*
— 253. 255. seq. quoties *Guarinum* dixi, toties *Gregorii Tifernatis* nomen reponendum esse videtur.
— 256. fin. Coniectura mea me non fefellit. Quam ex
Strabone latino posui pag. 204. inscriptionem Sardanapali, eamdem Natalis de Comitibus Athenæo suo latino lib. VIII. cap.
IV. p. 137. ed. Venet. 1556. inseruit. Sexto
versui addidit hos a se factos:
*Quod mihi sit cordi. nummi cumulen-
tur et aurum
Immensum reliquis, cupiunt qui multa
tenere.*

DISSERTATIONIS

DE

CHOERILO ET CHOERILIS

CAPITA.

INDEX SCRIPTORVM.

INDEX RERVM ET VERBORVM.

Boreas Atheniensium propter
Orithyiam adiutor 152. 154.
Breuiare syllabam 263.
Brilessus mons, ad quem Ori-
thyiae raptum retulit Simo-
nides 153. seq.

C.

Caerulus miles Memno Proper-
tio 186. 188.
καὶ non facit crasin apud epicos 76.
καὶ non facit elisionem ante
breuem vocalem 77.
Callimachi numeri 74. 214.
scazontes 227. in scazontibus
dialectus 230. 231.
Canon Alexandrinorum 18. 61.
195.
Καπνίας, Ecphantidae cognomen; καπνίας οἶνος 51. seq.
κὲν et ἂν coniuncta 266.
Cephissus Atticae 153.
χαλκροτέρη per syncopen: χα-
λκρος nemo dixit 217. conf.
Addenda.
χάλις, quatenus atticum, χαλίκρατος, χαλμάς Aeschyleum
217.
Chloricum aliquis dixit Nestorem 185.
De Choerilo et Choerilis
dissertatio quid praestet et
qua rerum serie, breuiter de-
clarant additae singulis capi-
tibus inscriptiones. Quibus
inscriptionibus quae non con-
tinentur, et quae praeter haec
alibi leguntur per librum
sparsa, de Choerilis memorabilia, haec fere sunt.
Choerilus Samius Herodoti auditor et deliciae 19. seqq. 24.
28. cum Lysandro versatus
26. seqq. 46. seq. 48. seqq.
apud Archelaum Macedonem
vixit et obiit 24. seqq. 27.
50. 87. seq. quando floruerit
89. conf. cap. III. eum γενέσθαι κατὰ Πανύασιν 28. seq.
priorem Antimacho 29. scriptores ei aequales alii 30.
eius patria 32. mores 88. seq.

carminis eius longitudo 80.
et terminus 159. conf. 79.
Darii bella non attigit 126.
seqq. Atheniensium an studiosior: quid de Leonida fortasse narrauerit 81. patriae
in Choerilo studium 80. 158.
seq. eius dispositio 66. ars
79. seq. 81. 129. deorum mi-
nisterii rarus vsus 63. 152.
eius comparationes 85. seq. 92.
94. 173. Persicorum exor-
dium 105. 107. seq. 111. 113.
Catalogum fecit Homerum
Herodotumque imitatus 80.
150. Iudaeorum an notitiam
habuerit 131. seqq. et quam
notitiam 134. seqq. quid de
Solymis 135. Orithyiae raptum ad Cephissum retulit
152. seq. Choerilus cum Herodoto comparatus, a quo
passim discessit 79. cf. 158.
seq. 81. 129. 135. seq. 140. seq.
145. 149. 150. 152. 156. seq.
Choerilus cum Aeschylo comparatus 117. cum Scymno
Chio 123. seq. cum Simoni-
de 154. Homericum hemi-
stichium assumpsit Choerilus
108. Homerum respexit 121.
seq. Choerili oratio figurata
65. seq. 105. 164. 165. seqq.
191. numeri 73. 137. 145.
157. 161. 206. synaereseos
vsus 147. seq. ὄρεσιν scripsit
ante consonantem 137. Choerili sigmatismus 157. Choerili vocabula vel non epica
vel non Homerica 105. 115.
118. 124. 125. seq. 142. 145.
146. 160. 173. alibi non ob-
via 144. An praeter Persica
scripserit aliquid cap. XII.
an epistolas 101. seq. an epigrammata 102. conf. 160. 168.
172. seq. 182. 191. Eius carmen Panathenaeis non lectum,
sed cantatum a rhapsodis 89.
seqq. In Choerilo quid lau-
dauerit Euphorio 98. Choerilus post Alexandrinos cur
neglectus sit 99. eius frag-

LIPSIAE

IMPR. BENEDICTUS GOTTHILF TEUBNER.

CPSIA information can be obtained at www.ICGtesting.com
Printed in the USA
BVOW07s1157030614

355265BV00010B/461/P